APRENDER COM OS ERROS

T689a   Torre, Saturnino de la
          Aprender com os erros : o erro como estratégia de mudança /
        Saturnino de la Torre ; tradução Ernani Rosa. – Porto Alegre :
        Artmed, 2007.
          240 p. : il. p&b ; 23 cm.

          ISBN 978-85-363-0832-6 ou 85-363-0832-X

          1. Pedagogia. I. Título.

                              CDU 37.03

        Catalogação na publicação: Júlia Angst Coelho – CRB 10/1712

APRENDER COM OS ERROS
O ERRO COMO ESTRATÉGIA DE MUDANÇA

Saturnino de la Torre

Catedrático de Didática e Inovação Educacional na Universidade de Barcelona.
Doutor em Filosofia e Letras pela mesma Universidade.

Tradução:
Ernani Rosa

Consultoria, supervisão e revisão técnica desta edição:
Maria da Graça Souza Horn
*Pedagoga. Doutora em Educação pela
Universidade Federal do Rio Grande do Sul.*

2007

Obra originalmente publicada sob o título *Aprender de los errores: El tratamiento didáctico de los errores como estrategia de innovación*

ISBN 950-550-304-0

Tradução publicada sob acordo assinado com o autor. © Saturnino de la Torre.
© Artmed Editora SA. 2007

Capa
Gustavo Macri

Preparação do original
Maria Lúcia Barbará

Leitura Final
Simone Dias Marques

Supervisão editorial
Mônica Ballejo Canto

Projeto e editoração
Armazém Digital Editoração Eletrônica – Roberto Vieira

Reservados todos os direitos de publicação, em língua portuguesa, à
ARTMED® EDITORA S.A.
Av. Jerônimo de Ornelas, 670 – Santana
90040-340 Porto Alegre RS
Fone: (51) 3027-7000 Fax: (51) 3027-7070

É proibida a duplicação ou reprodução deste volume, no todo ou em parte, sob quaisquer formas ou por quaisquer meios (eletrônico, mecânico, gravação, fotocópia, distribuição na Web e outros), sem permissão expressa da Editora.

SÃO PAULO
Av. Angélica, 1091 – Higienópolis
01227-100 São Paulo SP
Fone: (11) 3665-1100 Fax: (11) 3667-1333

SAC 0800 703-3444

IMPRESSO NO BRASIL
PRINTED IN BRAZIL

Sumário

PARTE I
Fundamentação e bases teóricas do erro

1. A relatividade do erro 09
   - Erro, estratégia e mudança 09
   - O erro: um tema multidisciplinar 11
   - O lado construtivo e criativo do erro 18
   - Do erro na aprendizagem à aprendizagem pelo erro 26

2. Bases teóricas do erro 31
   - A intuição ou como a ciência se constrói sobre as *ruínas* dos erros 31
   - Papel do erro na construção do conhecimento 40
   - Perspectiva psicopedagógica do erro na aprendizagem 47

3. De uma *pedagogia do êxito* a uma *didática do erro* 73
   - O "erro" como categoria pedagógica 73
   - O valor didático do erro 83
   - Tipos e tratamentos didáticos do erro 95

PARTE II
Desenvolvimento de uma pesquisa

4. Projeto da pesquisa 147
   Antecedentes vinculados à pesquisa 147
   Planejamento e objetivos da pesquisa 153
   Projeto empírico da pesquisa 157

5. Estratégias de coleta de informação 163
   Estratégias centradas no professor 164
   Estratégias centradas no aluno 172

PARTE III
Resultados

6. Análise e discussão de resultados 177
   Centradas nos professores 177
   Centradas nos alunos 197

7. Conclusões. O que aprendemos com os erros 213
   Considerações gerais 214
   Conclusões centradas nos professores 217
   Conclusões centradas nos alunos 221
   Questões para futuras pesquisas sobre os erros
   nos processos de ensino aprendizagem 224

Anexo 229
Referências 233

Parte I

FUNDAMENTAÇÃO E BASES TEÓRICAS DO ERRO

Toda ciência é a busca de uma unidade existente entre semelhanças ocultas (J. Bronowski, 1968, *Ciencia y valores humanos*).

Os erros são sinais de inteligência,
a face oculta dos audazes intelectuais
(A. Corral, 1986).

1
A relatividade do erro

> A casualidade, a observação e o ensaio constituem a base de muitas invenções
> (De Bono).
>
> As pessoas acham que certo e errado são absolutos, que tudo o que não é correto de modo perfeito e completo está errado de modo total. Eu discordo disso. Acho que certo e errado são conceitos indefinidos
> (I. Asimov, *La relatividad del error*).

ERRO, ESTRATÉGIA E MUDANÇA

O *erro como estratégia de mudança* tem sua razão de ser no contexto de um projeto mais amplo, orientado para a formação dos professores no meio escolar. Esta obra se inscreve em um projeto de desenvolvimento profissional e institucional por meio da Inovação Centrada na Escola. Erro, estratégia e mudança são termos carregados de significado e de conotações educativas.

O erro é um conceito que se inscreve na perspectiva cognitiva da educação, legitimada pela Reforma e avaliada por destacados psicólogos e pedagogos desde Dewey e Piaget até manuais como os editados por Estes (1975), ou, mais recentemente, por Entwistle (1990), em que predomina um enfoque de orientação cognitiva ou sociocognitiva que tem minha adesão pessoal. É um enfoque humanista, integrador e compreensivo, que atrai cada vez mais adesões e imigrações de outros paradigmas.

O erro faz parte do currículo oculto, de que fala J. Torres (1991), nutrindo boa porção das ações, decisões e avaliações que ocorrem na educação. É a realidade mais contundente e menos estudada de quantas acontecem no ensino. Está em muitos pressupostos e em muitas rotinas do professor. É um mecanismo do pensamento que escapa ao nosso controle porque integra os valores culturais. Como veremos mais adiante, o erro é um dos temas preferidos da sabedoria popular, presente em numerosos ditados e refrões, quase sempre com sentido negativo. Por isso, interessa exibi-lo à luz da consciência e adotar uma postura diante ele. Ainda prevalece no pensamento de muitos educadores a prescrição skinneriana de se evitar o erro como princípio de ensino.

Nesta obra, pretende-se descobrir o potencial construtivo, didático e criativo do erro, diante de seu habitual caráter sancionador. Essa é a razão pela qual me interessa abordar um tema que, *tendo grande transcendência prática no ensino e, mais precisamente, na avaliação, apenas conta com estudos relevantes no âmbito da Didática*. É um tema, no mínimo, inovador. Vale a pena, portanto, tentar uma primeira aproximação interdisciplinar, epistemológica e de implicações didáticas. Isso é o que tentarei na primeira parte de fundamentação. A seguir, farei uma análise a partir de uma perspectiva empírica. Não oculto meu temor de internar-me em um terreno pouco transitado, sem corpo teórico, sem outras trilhas que as de alguns trabalhos dispersos em tratados de psicologia e análise de erros em língua (*analysis error*); mas, pelo menos, tem o atrativo da aventura que guia os pioneiros. Como é natural, meu interesse não está no erro estatístico, sobre o qual existe uma ampla literatura, mas em poder proporcionar uma *visão pedagógica e didática do erro*. O perigo desta aventura está na distorção "positivadora" do erro, sem perceber o risco que isso implica.

Mas o erro não é um fim, não pode sê-lo: é **uma estratégia**. Nesse sentido, o erro faz parte da mesma visão estratégica do Projeto Docente. A utilização do erro deve ser instrumental; mas não como técnica precisa nem como pauta normatizada, senão como procedimento ou conjunto de procedimentos que nos ajudam a organizar seqüencialmente as ações com o objetivo de alcançar determinados fins educativos. A utilização do erro deve ser entendida como uma ferramenta conceitual da qual se necessita ante os conceitos específicos, como um veículo que encurta as distâncias entre intenções e realizações. O erro pode ser utilizado como uma estratégia inovadora para aproximar a teoria e a prática, para passar de um enfoque de resultados para um de processos, de uma *pedagogia do êxito* para uma *didática do erro*, de ensino de conteúdos para aprendizagem de processos. Em suma, que uma adequada conceitualização e utilização do erro no ensino possa tornar-se uma estratégia a serviço da inovação educativa.

O erro como estratégia de **mudança** não é somente um título, mas um plano estratégico de inovação. Porque, no fim das contas, não é suficiente que conheçamos o pensamento do professor, suas opiniões, suas atitudes e sua forma de atuar: isso pode ser válido do ponto de vista psicológico, mas não pedagógico. A didática não pode ficar na descrição de processos cognitivos, deve dar pautas e orientar a ação. Toda a literatura vertida sobre o pensamento do professor serviria de pouco se não se direcionasse para a ação, para a mudança. Se aceitamos que não há melhora sem mudança, é preciso propor o ensino como estratégia que nos leve a conseguir mudanças em conhecimento, habilidades e atitudes. A pergunta-chave é: como realizar a mudança em professores e alunos? Serve de muito pouco dispor de teorias se não conseguimos que os alunos melhorem em algum aspecto de sua aprendizagem e os professores, em algum aspecto de seu ensino. O desenvolvimento profissional do docente está por trás desse trabalho, como finalidade de qualquer inovação centrada na escola.

O objeto da didática não está tanto em definir e legitimar as finalidades educativas, nem em analisar os processos de ensino-aprendizagem, nem em comprovar os resultados previstos, mas em propor estratégias de formação, entendendo esta como mudança nas facetas cognoscitiva, afetiva e efetiva. É importante saber o que se pretende e para que, mas não o é menos conhecer os meios para alcançá-lo. Se fazemos um excelente planejamento que não é seguido de uma mudança efetiva, realizamos esforços em vão. Fica plenamente justificada a importância que Fullan atribui à *implementação*. É o "nó górdio" da inovação. Quando falo do *enfoque estratégico* como referencial teórico estou pensando em uma perspectiva que integre o que, para que, quem, onde e como. Não se limita a propor o método para realizar alguma coisa, senão que comporta todo um processo em que se levam em conta o contexto e os aspectos diferenciais de cada situação. Em suma, o que mais deveria nos importar em um processo de formação de alunos e professores é facilitar aquelas mudanças que representam uma melhora pessoal, institucional e social.

O ERRO: UM TEMA MULTIDISCIPLINAR

Acontece com o tema do erro o mesmo que com o da comunicação, que aparece onde existe um ato humano. Um e outro podem ser classificados de temas multidisciplinares porque são estudados por diversas áreas do conhecimento experiencial e científico. A comunicação é estudada por mais de 50 disciplinas, segundo revela F. Valbuena. Uma consulta aos bancos de dados como *current cotens*, ERIC e a outras fontes biográficas, demonstra que o erro é objeto de consideração por parte da sabedoria popular, da estatística, da física, da história, da orientação, da filosofia, do ensino, da língua, da matemática, das novas tecnologias, da literatura, do direito, da política, da linotipia, etc. A elas se juntaram as variáveis relativas ao sujeito que os comete (criança ou adulto), a erros de pensamento, linguagem, ação ou engano voluntário. Haywart (1989) apresenta uma bibliografia comentada de 80 artigos sobre o erro.

Como é natural, nosso foco de atenção se centrará primordialmente na didática. Em fases sucessivas do projeto, aprofundaremos a análise do erro nas didáticas especiais – e muito particularmente no ensino das línguas e da matemática. O banco de dados ERIC, específico de educação, contém mais de 2 mil referências sobre "erro". Após esse avultado pacote, nota-se uma escassa atenção à intervenção didática e menos ainda que proporcione uma base teórico-didática do erro.

Façamos uma breve incursão por alguns dos âmbitos assinalados para mostrar como o estudo do erro é um tema muito mais difundido do que poderia parecer à primeira vista. Em todos eles costuma prevalecer, no entanto, sua vertente negativa. Algumas vezes, o erro é apresentado como algo real, que ocorre onde existe algum processo ou alguma atividade humana; outras, apresenta-se o modo de evitá-lo.

Encontramos o maior número de referências no campo da *estatística* (583 referências no ERIC), em que o erro de tipo *alfa e beta* (α, β) explica o risco de erro admitido ao aceitar ou negar determinadas hipóteses. Nas ciências humanas não podemos fazer afirmações terminantes, temos de admitir certo risco de que, mesmo se confirmando empiricamente, nossa hipótese não seja certa. Trata-se realmente de um conceito de lógica formal. Os erros referentes à física ou à matemática são um caso específico da estatística, sendo mais escassos. Nesses campos se desenvolveu a chamada teoria dos erros ou análise do erro (*error analysis*), recolhida assim nos diferentes léxicos.

Chama nossa atenção, no entanto, o fato de que seja o ensino das línguas, principalmente de uma segunda língua, o que conta com maior número de referências (474). Realmente, tanto a *teoria da análise do erro* como a dimensão didática do erro na aprendizagem da língua e idiomas já constam na Enciclopédia Internacional da Educação (1989), mostrando com isso a ressonância pedagógica que tal conceito está adquirindo. Contamos com diversas análises do erro nas aprendizagens instrumentais – e muito particularmente da leitura-escrita. N. Bennett (1979) nos apresenta alguns resultados a respeito, diferenciando o efeito que tem o estilo de ensinar do professor (democrático, liberal ou misto) sobre os erros na composição escrita dos alunos. O erro não é, pois, um tema recente no âmbito didático, mas faltou a reflexão teórica que aqui queremos lhe dar. Não houve aprofundamento nas direções do erro na estrutura epistemológica que comporta.

Entendendo o erro como *distorção, inadequação ou improcedência em um processo*, onde quer que haja processo o erro é possível. Em tal sentido, encontramos o erro também naqueles fenômenos que comportam *mudança*, como os processos histórico, jurídico ou político, e naturalmente no processo lógico. G. Fernández de la Mora (1986) abordou o tema dos erros da mudança na política espanhola da transição, criticando o método seguido. Eis aqui uma de suas afirmações:

> As pedagogias sociais mais antidemocráticas que existem são a da ambigüidade e a do engano. A ambigüidade não informa, confunde; não educa, perturba; e o homem comum não se sente escravizado pelas palavras, mas confundido. O caos verbal se traduz na obscuridade das idéias. [...] Em suma, quando a classe dirigente pratica sistematicamente o equívoco e o engano, incapacita a sociedade para participar democraticamente no governo e cria as condições estruturais que levam à ditadura soberana[1] (p.39-40).

Prescindindo de que se esteja de acordo ou não com o autor, é claro que se aborda o tema do "erro" político como resultado, no sentido de engano ou acobertamento voluntário da verdade.

Contamos em língua espanhola com diferentes trabalhos sobre "o erro judicial". Foi tratado, entre outros, por M. de la Torre (1983) em sua obra *La jusiticia se equivocó*; Muñoz (1989) em seu trabalho *Error en derecho penal;* Lluis (1980); Rododera (1982); Martín (1983); Cobos Gómez (1987).

Também se abordou o erro como tema literário, tanto no romance como no teatro. Sirvam de exemplo as obras de Solzhenistsin: *O erro do Ocidente;* Castañar (1883): *Los frutos del error*, drama em verso; Berkeley (1983): *O dono da morte*; La Fuente (1982): *El último error*, ou *Error de ventajista*; Villalonga: *La nostalgia es un error;* Denker (1981): *Error de diagnóstico.*

As direções do erro

Seguindo um modelo de análise semelhante ao utilizado com o conceito de mudança (S. de la Torre [1992] Projeto Docente) podemos nos referir às *quatro direções semânticas* ou aos pontos cardeais do erro: efeito destrutivo, deturpativo, construtivo e criativo. Enquanto as duas primeiras acepções se referem ao erro como resultado, o efeito construtivo e criativo se inscreve em uma consideração processual. A polaridade resultado-processo nos permite, pois, apresentar uma dupla consideração do erro: a negativa e a positiva.

Na linguagem habitual nos referimos muitas vezes ao *efeito destrutivo do erro*, entendendo como falha irreversível, provenha da natureza, da técnica, do homem ou seja atribuído ao acaso. Esse é o caso de possíveis catástrofes ecológicas, acidentes de trânsito, doenças e mortes como conseqüência de erros humanos, cataclismos ou causas desconhecidas. Um acidente de trânsito pode provir de falha mecânica ou humana; os erros médicos podem causar algumas mortes ou o agravamento de doenças. A imprensa é o melhor divulgador desse tipo de erros, não só médicos como também políticos. Outro tanto podemos dizer de falhas ou erros educativos com efeito destrutivo que, mesmo que menos evidentes, não são por isso menos negativos. As injustiças cometidas com os alunos sobrevivem durante muito tempo. Enquanto que o erro costuma ser atribuído à causa humana, atribui-se a falha comumente ao funcionamento técnico ou mecânico. Realmente, na vida diária nos deparamos com uma infinidade de efeitos negativos derivados de falhas ou de erros, mas estes se caracterizam por sua irreversibilidade. A transmissão de doenças como a Aids, como conseqüência de uma determinada conduta irrefletida, desencadeia uma forte consciência de haver cometido um erro que leva irremediavelmente à destruição. Esses erros criam, em geral, culpa e arrependimento, quando poderiam ter sido evitados. Vemos o erro como um resultado incontrolável, do qual não se pode esperar nada de positivo.

No pólo oposto temos o *erro como estímulo criativo*. Embora esta seja uma acepção pouco usual, não deixa de ter certo interesse no âmbito da ciência, da literatura, da arte, como estratégia heurística ou descobridora. O erro tem sido fonte de novas indagações e foi utilizado na literatura e na arte como fonte de inspiração. Não se trata de transformar em positivo o negativo, mas de valer-se do efeito ou da falha como um instrumento produtivo ou de progresso, reconverter em processo o resultado do erro. Isso quer dizer que a

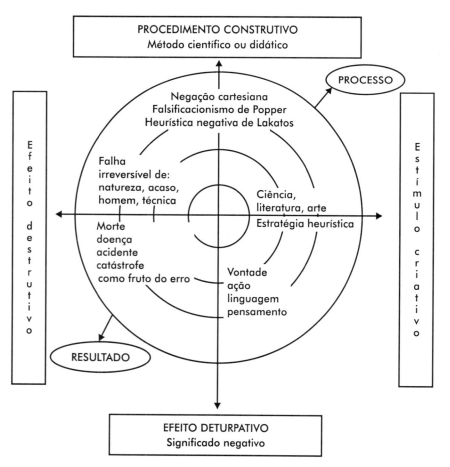

FIGURA 1.1 As direções do erro.

pessoa adota uma atitude transformadora dos fatos. A morte de uma pessoa querida pode ser chorada com sentimentos de impotência, inspirar uma obra pictórica, literária ou ser objeto de estudo. A pessoa criativa cresce nas situações problemáticas, estas lhes proporcionam maior estímulo que as ações rotineiras. Os estudos empíricos sobre a personalidade criadora apóiam a idéia de que muitos dos criadores levaram uma infância cheia de tensões, problemas de diversos tipos e uma vida pouco regrada. A criatividade não está, como é natural, no erro, mas nas pessoas que são capazes de gerar novas idéias apoiando-se nele.

O erro pode ainda ser considerado como *procedimento construtivo*, como método de descoberta científica e transmissão didática. Temos exemplos dessa aplicação na negação cartesiana, como métodos de descoberta a partir da negação de quanto nos precede. É um "erro" estratégico, calculado, uma "armadilha para o pensamento", partindo do pressuposto de que nada se conhece, iniciar-se a busca racional do conhecimento. Em nosso século cabe nos referir ao "falsificacionismo" de Popper ou à "heurística negativa" de Lakatos. Eles recorrem ao erro como instrumento de verificação do conhecimento. O programa (de pesquisa científica), afirma Benedito (1987, p.26),

> consiste em regras metodológicas, algumas das quais nos indicam as rotas de investigação que devem ser evitadas (heurística negativa), e outras, os caminhos que devem ser seguidos (heurística positiva) [...] O autêntico núcleo do programa se desenvolve lentamente mediante um processo longo, preliminar, de tentativa e erro.

O erro, como vemos, também pode ser abordado construtivamente, seja com valor *filosófico e epistemológico* de descoberta da verdade, seja como *estratégia didática*, como fizemos neste trabalho. Nesse sentido, se concentra mais em sua vertente processual do que como resultado. Como resultado final, costuma estar carregado de conotações negativas, seja como falha irreversível ou deturpador. Pelo contrário, se for considerado em sua vertente processual, como procedimento ou mudança para algo, o erro adquire uma dimensão construtiva e criativa. Sua vertente teórica e epistemológica será analisada mais detalhadamente no próximo capítulo.

O *enfoque didático do erro* consiste em sua consideração construtiva e, inclusive, criativa dentro dos processos de ensino-aprendizagem. Como as descobertas científicas, a aprendizagem pode se realizar mediante metodologias heurísticas e por descoberta. Tais procedimentos didáticos incidem na atividade do sujeito para, seguindo processos semelhantes aos da ciência, chegar a redescobrir aqueles conteúdos culturais que estão ao seu nível. Mas, além dessa via metodológica, o professor pode se valer do erro em outros sentidos, como: analisando as causas do erro, adotando uma atitude compreensiva, propondo situações ou processos para que o aluno descubra as suas falhas, utilizando-o como critério de diferenciação de processos de aprendizagem, etc. No Capítulo 3, ampliaremos tais conceitos, objeto central deste trabalho.

O campo semântico do "erro" é tão amplo que talvez existam poucas palavras com um leque de variantes e nuances tão grande. O erro como *efeito deturpador* leva implícito um significado negativo, cuja terminologia cobre campos do pensamento, da linguagem, da atuação e do engano ou do erro voluntariamente cometido. A sinopse anexa sobre "os significados do erro" ilustra a sinonímia do erro em todos esses campos. Cada categoria tem suas próprias características e seus próprios mecanismos e processos. Em nossa análise, atenderemos aos erros de pensamento e execução ou ação.

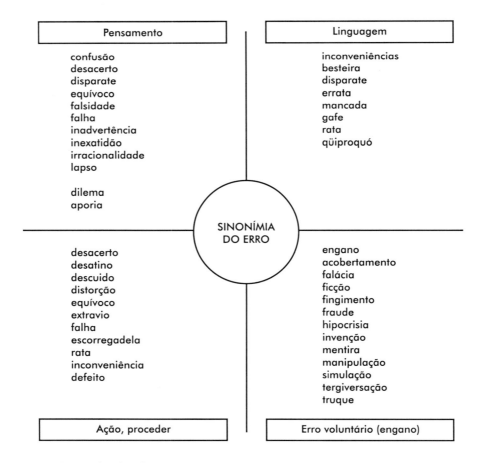

FIGURA 1.2 Os significados do erro.

Aprender com os erros

Infração de alguma norma	Grau da responsabilidade						
	Sem consciência e sem vontade (comprovação simples)	Conhecimento possível	Obrigação de saber	Início do conhecimento	Fim da falta de boa vontade	Com conhecimento e vontade	Na disposição
Do que é adequado	Equívoco	Mancada (lapso)	Descuido	Irreflexão	Falta de reflexão	Insensatez	Necessidade
Do que é pertinente	Falta	Falta leve	Impropriedade	Inconveniência	Abuso	Malícia	Imprudência
Do que é razoável	Erro	Desatino	Besteira	Desconsideração	Insensatez	Loucura	Maluquice
Do que é conveniente	Deslize	Desacerto	Impertinência	Improcedência	Insolência	Baixeza	Brutalidade, grosseria
Do que é preceptivo	Transgressão	Contravenção	Transgressão	Violação	Desacato	Desacerto	(Rebelião)
Do que é justo	Delito	Rasteira	Abuso	Crime	Atropelo	Atentado	Malandragem, sem-vergonhice
Do que pertence à ordem moral	Extravio	Travessura	Infâmia	Atrocidade	Ultrage	Pecado	Travessura

FIGURA 1.3 O grau da responsabilidade.

O LADO CONSTRUTIVO E CRIATIVO DO ERRO

Quantas vezes tratamos de animar alguém que teve algum efeito negativo em sua vida com expressões como: "olha pelo lado bom", "há males que vêm pra bem", "tudo tem solução, exceto a morte", "tente ver pelo outro lado", "trate de tirar algum proveito da situação", etc. Todas essas expressões são tradução de um espírito otimista e construtivo que leva a considerar o copo meio cheio, quando está pela metade, em vez de considerar que está meio vazio. Os fatos são interpretados conforme o modo como nos afetam, de maneira que o que é negativo para uns pode ser interpretado positivamente por outros. Mesmo que seja muito difícil considerar positiva uma infelicidade, um desemprego, um acidente, uma doença, etc., uma atitude construtiva termina extraindo deles algum benefício, alguma reflexão para a vida. Lembro como descobri Bruner durante o repouso forçado por uma crise de ciático. Se não fosse isso, talvez não tivesse encontrado tempo suficiente para ler alguma de suas obras. Quero afirmar com isso a relatividade do erro, das distorções ou dos desacertos. É importante formar os professores em uma atitude construtiva e criativa, não apenas do processo didático, mas de outras ações imprevistas.

Demos um passo a mais na consideração construtiva do erro, descobrindo seu *lado criativo*, aliando-o com o acaso em múltiplas descobertas científicas, em sua utilização artística e criadora, na composição literária e, por que não, valendo-se dele como estratégia didática de ideação. O imprevisível, o absurdo, o distante da realidade (irreal), o errôneo ou falho, pode nos levar a realizações criativas. Tanto os chamados "gênios" como as grandes descobertas da humanidade não foram fruto de inteligências excepcionais, mas da conjunção de três fatores principais: capacidade criadora, esforço e conhecimentos, às vezes acompanhados do acaso. É o triângulo em que acredito firmemente como fonte de objetivos educativos.

Em qualquer realização humana contamos sempre com algo dado e com algo modificável. O homem, como ser sujeito a mudanças e agente de mudanças, está condicionado em suas capacidades e em sua disposição a melhorar pelo imprevisível do acaso que o acompanha. Mas esta é uma face da questão; a outra é que a ação educativa é capaz de modificar essas condições, tornando as predisposições ou possibilidades verdadeiros potenciais, a atitude de autosuperação em esforço constante dirigido a um determinado objetivo, e o acaso ponto de reflexão para retransformar o imprevisto em um novo foco de ampliação para novos interesses. "O êxito", escreveu Luria (1986, p.344), prêmio Nobel,

> depende em grande parte de concentrar recursos que podemos ter na tarefa que temos em mãos. O estilo pessoal é, em parte, a forma como os obstáculos são enfrentados e como, às vezes, eles são superados.

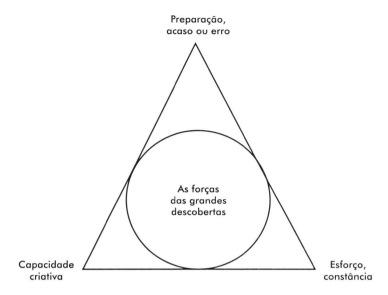

FIGURA 1.4 Modelo de achados bem-sucedidos.

A capacidade não é tudo, como tampouco o é o esforço. Ambos se ativam com os conhecimentos adquiridos e o acaso, o erro ou as circunstâncias imprevistas nos grandes acontecimentos.

Se vamos acreditar em filósofos da ciência tão prestigiosos como Popper, Lakatos, Kuhn e outros, a ciência progride mediante processos de tentativa e erro. O erro é um ponto de referência importante para dirigir nossas hipóteses para outros caminhos. Assim o entende Lakatos ao considerar que o autêntico núcleo de um programa de pesquisa científica é construído mediante um lento processo de tateio, de tentativa e erro. Chalmers (1984, p.66) afirma igualmente: "A ciência progride mediante a tentativa e o erro". Popper é partidário de enunciados que suponham uma improcedência mediante o *falsificacionismo*. E o prefere porque afirma ser esta *uma das maneiras de aprender com nossos erros*. Não somente a aprendizagem comum, como também a científica está submetida, pois, à tentativa e ao erro. O avanço científico não é linear, mas em ziguezague, partindo de idéias aparentemente consolidadas, mas que logo se demonstram inconsistentes para explicar certos fenômenos.

Temos um exemplo ilustrativo disso na física de Isaac Newton, que parecia ter desentranhado as insondáveis leis divinas reguladoras de todos os fenômenos naturais do cosmo. Desde seu tempo até nossos dias, as teorias de Newton possibilitaram novos achados. A teoria da relatividade desmente muitas de suas afirmações e esta fica à espera de alguma futura teoria integradora do macrocosmo e do microcosmo. Qualifico esses casos de *erro criativo* – pelo que têm de valor em si e por serem geradores de novas contribuições valiosas.

Quem cairia na bobagem de desvalorizar o que permitiram para o avanço do conhecimento humano as idéias de Aristóteles, Platão, Copérnico, Bacon, Descartes, Hegel, Darwin, Freud, Newton... observando unicamente o que têm de errôneo, a partir dos conhecimentos atuais? Que dizer dos erros cometidos por Colombo ao buscar o caminho para as Índias? Não foi um erro a cisão de Lutero? Há erros que marcam a História. Será um erro o fato de que a ciência física não se preocupe com os fenômenos paranormais? Como explicar mediante as leis físicas a levitação ou a rigidez de um corpo hipnotizado? Ainda existem incógnitas que talvez algum dia consigamos esclarecer. Justamente pelo que tiveram de erro alguns desses homens foi possível continuar avançando na busca da verdade. Somente nesses casos falo de erro criativo.

O erro está presente também na *filosofia popular*, tanto em seu lado negativo ou rejeitável como no que tem de construtivo. Mas o erro não o é tanto como falsidade ou engano. Esta não admite igual justificação. O erro, pelo contrário, tem seu lado bom ou positivo. A literatura está cheia de expressões que assumem o erro como um fato humano natural – e inclusive como princípio de melhora. Vejamos alguns exemplos:

"Um erro é tanto mais perigoso quanto mais verdade contém" (F. Amiel).
"Errar é humano, mas perseverar no erro é burrice" (autor desconhecido).
"O homem erra enquanto busca algo" (Goethe).
"Erros foram cometidos dentro e fora dos muros de Tróia" (Horácio).
"Todos nos enganamos, mas cada um a seu modo" (Lichtenberg, escritor satírico alemão).
"Quando você cometeu um erro, não minta para negá-lo. A mentira é uma desprezível fraqueza. Aceite que errou; nisso há magnanimidade" (Silvio Pellico, poeta italiano).
"Os melhores podem escorregar e os mais cautelosos, cair. Está acima dos mortais não errar nunca" (Pomfret, escritor inglês).
"Aprendemos a ser sábios mais pelo fracasso que pelo êxito" (Smiles, moralista inglês).
"O erro é uma planta resistente: floresce em qualquer terreno" (M. Tupper, escritor inglês).
"Não existe um erro tão intrincado que não encerre um pouco de verdade" (Tupper).
"O erro faz parte do desenvolvimento humano" (autor desconhecido).

Foi F. Rückert (1788-1866), poeta lírico alemão, que melhor refletiu a dimensão construtiva e criativa do erro: "Todo erro contém um núcleo de verdade, e cada verdade pode ser uma semente de erro". "Um erro esclarecido proporciona uma sólida base; desse modo, por meio dos erros vai crescendo continuamente o tesouro da verdade". "São os sábios que chegam à verdade pelo erro; os que insistem no erro são os estúpidos". Como vemos, a literatura é abundante. Resta-nos dizer que o erro não pode ser tomado como objetivo ou meta em si, mas como um obstáculo provocativo que temos de superar. É aí que reside seu lado positivo, ao ser removido por uma mente desperta e vontade constante. Reafirmamos, pois, nosso triângulo: competência cognitiva, constância e acaso ou erro. O erro por si mesmo não leva a nada se não for seguido de uma reflexão para revelar a verdade.

Uma olhada retrospectiva e histórica nas grandes descobertas humanas ilustrará como em muitas delas ocorreu o acaso ou o erro como força aleatória que possibilitou um resultado bem-sucedido; em outros casos, deveu-se à atenta observação de certos fenômenos ou de discordâncias insignificantes. Não se deve condenar nem desprezar, pois, o erro, por mínimo que este pareça, mas sim analisar seus efeitos. Muitas teorias, mais que equivocadas, são incompletas. Nos exemplos que darei se verá com clareza a *relatividade do erro na ciência*.

As teorias astrofísicas e a própria teoria da relatividade de Einstein se apóiam em nuances mínimas, erros que não o são em certos âmbitos, e naturalmente desprezíveis para muitos de nós. Algo assim como uma mudança insignificante (como a da Terra, ao longo de décadas) e uma mudança nula. A diferença entre não mudar e mudar tão lentamente invalida a teoria newtoniana. A correção introduzida por Einstein na velocidade da luz (0,0000000033 segundos por metro) diante da velocidade infinita que Newton propunha, ou seja a "zero" segundo por metro. Mas, falando-se de diferenças insignificantes, a constante de Planck se apóia na consideração "granular" da energia do Universo, recusando a idéia de força contínua que vai se dividindo infinitamente em partes menores. Se a constante de Planck fosse igual a "zero" érgio/segundo, a energia seria contínua, e não haveria granulosidade no Universo. A diferença entre o valor "zero" e o valor de 0,00000000000000000000000066 érgios-segundo é a que determina uma concepção ou outra de energia. Concepção que leva os físicos a desprezarem a teoria de Newton sobre a energia.[2] Diante desses fatos a gente fica surpreso com a relatividade do erro na ciência. É tão fácil se enganar!

Qual a diferença matemática entre o fato de que a Terra seja plana ou redonda? Se fosse plana, a curvatura dela seria de "zero" por km; como é esférica, sua curvatura é de 0,0000786° por km. Essa pequena diferença a torna esférica em vez de plana. O filósofo grego Eratóstenes, um século depois de Aristóteles, calculava o tamanho da Terra dando-lhe uma circunferência de quarenta mil km com base nas diferentes longitudes das sombras em distintas latitudes do planeta. Afirmar que a Terra é esférica é um erro, mas um erro menor que dizer que é plana, já que, para sermos precisos, diríamos que se trata de um "esferóide achatado nos pólos", devido ao movimento e às forças gravitacionais. O erro, na ciência, é relativo como que o correto ou equivocado. Não há verdades absolutas. Como diz Asimov (1988, p.299): "Agora, de onde tiramos a idéia de que o 'correto' e o 'equivocado' são absolutos?

Acho que esta idéia tem sua origem no começo do ensino, quando as crianças sabem muito pouco".

A certeza dá confiança tanto ao professor como ao aluno. Isso reduz a necessidade de pensar e a incerteza nos exames. A avaliação que o professor faz de perguntas com respostas prefixadas é aceita pelo aluno sem discussão; no entanto, as perguntas com resposta livre são suscetíveis de várias interpretações. Daí a preferência pelas primeiras. No entanto, na ciência, o correto ou errôneo não são conceitos estáveis, mas "difusos", como diz Asimov.

As conseqüências dessa perspectiva "relativizadora" do erro para o ensino são evidentes. Deve-se insistir nas estratégias cognitivas para desenvolver processos, para indagar, para descobrir semelhanças e diferenças entre os fenômenos, ao contrário de "imbuir" o aluno de supostas verdades de uma pretensa ciência. Vale mais desenvolver um pensamento crítico e criativo – uma vez adquirida as habilidades e os conhecimentos instrumentais – que formar uma mente receptiva a respeito do que os outros dizem. Como já escreveu A. Ferrière em *La escola activa*: "Educar não consiste em aprender o que os outros fizeram, mas em aprender a fazer o que os demais não fizeram".

Afirmei anteriormente que o *acaso ou o erro contribuíram para o êxito de algumas descobertas científicas*. Que relação tem esse fato com a criatividade? Como é natural, a explicação vem da pessoa que sabe transformar o imprevisto em utilizável, o irracional em explicável, e não do acaso ou do erro em si. Qualquer pessoa não-criativa desdenha muitas situações novas, enquanto que a pessoa criativa transforma em realizações valiosas pela *flexibilidade de seu pensamento para mudar suas metas*. A pessoa de pensamento rígido só verá aquilo que seu pensamento convergente ilumina. Qualquer outro acontecimento não entra em seu raio de percepção e, por isso, a pessoa não o verá como problema. Funciona como um radar que só é capaz de detectar aquilo para o qual está programado. Outro tipo de acontecimento ou fenômeno não é detectado. Nesse sentido, dificilmente tirará proveito do acaso. Pelo contrário, a pessoa de pensamento criativo, como é o caso de muitos cientistas, inventores ou inovadores, é capaz de reorientar seus objetivos ao se perguntar pelo sentido de fenômenos inexplicáveis. Não se aferra ao estabelecido, vai além do conhecido – é conhecedor das contribuições anteriores – e formula novas hipóteses ao constatar resultados estranhos. Enfim, é capaz de ver como problema qualquer variação da ordem habitual. Nesse sentido afirmo que o *acaso pode se transformar em aliado da criatividade*. Sem essa concorrência e a atitude indagadora, persistente e criativa de alguns homens, dificilmente teriam ocorrido determinadas descobertas.

Menciono alguns dos muitos casos que a história dos inventos e descobertas nos proporciona. Não há como a verificação dos casos concretos para argumentar a racionalidade de uma hipótese. Se bem que a xilografia (gravação em madeira) já fosse utilizada pelos chineses antes de nossa era, e os caracteres móveis fossem inventados por Pi Ching no ano de 1401, sendo inicialmente de cerâmica, a seguir de chumbo e finalmente de cobre, parece que não chegaram a ser conhecidos suficientemente na Europa até que o impressor holandês Coster imprimiu, em 1423, um folheto de oito páginas mediante gravações em madeira. Mas os caracteres em madeira não eram cômodos nem asseguravam uma boa impressão. Assim o entendia o alemão Gutenberg (Johames Gensfleich), que passou muitos anos de sua vida dedicado à tarefa de obter caracteres metálicos regulares e perfeitamente ajustáveis [conhecimentos anteriores e esforço]. No entanto, a imprensa não surgiu até que a Gutenberg, passando um dia de 1434 por lagares de vinho, ocorreu a idéia genial de fazer uma "prensa" com os caracteres metálicos. Assim surgiu a técnica pictográfica, que foi sendo aperfeiçoada através dos anos. Em 1455, Gutenberg imprimia, depois de muitas dificuldades, a célebre Bíblia em 42 linhas [acaso e criatividade].

Todos relacionamos Curie (1859-1906) com a origem da radioatividade, mas antes dela foi o físico francês Henri Becquerel (1852-1908) o primeiro surpreendido pelo acaso. Becquerel andava intrigado pela possível analogia entre a fluorescência do vidro do tubo de Crookes e a que ele obtinha expondo diversos sais aos raios solares, em cujo caso tais sais poderiam ser, por sua vez, emissores de raios X. Se é assim, pensou Becquerel, os sais de urânio expostos ao sol deveriam ter a propriedade, como os raios X, de marcar uma placa fotográfica envolta com papel opaco. [Conhecimentos anteriores e esforço.] Assim fez, e a experiência teria induzido o físico a um grande erro, se não houvesse acontecido o acaso, desta vez na forma de um péssimo dia que frustrava todos os planos do sábio para botar seus sais ao sol. Que azar! O que vamos fazer?! – ele deve ter pensado, e guardou em uma gaveta os sais de urânio junto com as placas fotográficas em seu envoltório. Após uma longa espera, optou enfim por revelar a placa. Qual não seria seu espanto ao descobrir que estava tão velada como as que havia exposto ao sol em experiências anteriores! Compreendeu, então, que o sol nada tinha que ver com as fotos veladas e que o rádio emitia radiações de forma natural [acaso e criatividade]. Assim ocorreu a descoberta dos "raios Becquerel", que não são outros que a radioatividade, nome que lhe daria Curie.

Circunstâncias semelhantes ocorrem na descoberta das vacinas e dos antibióticos. Como poderia o homem de princípios do século XX chegar racionalmente à idéia de que, inoculando no corpo os microrganismos causadores da própria doença, em determinadas doses, o indivíduo se livrava dela? Como saber que tipo de substâncias era benéfico para a vida humana e prejudicial para certos microrganismos que viviam em nosso corpo causando as infecções? Em 1928, o médico inglês Alexander Fleming observou por casualidade que, no cultivo de bactérias, estas não se multiplicavam em uma zona circundante de um mofo: o *Pennicillium notatum*. Chamou de penicilina à substância bactericida, embora não tenha conseguido isolá-la. Isso seria feito em 1940 pelo australiano H. W. Florey. Em 1944, Waksman isolava a estreptomicina.

Assim surgiu um dos medicamentos que salvaram – e ainda salvam – tantas vidas humanas.

Os escritos autobiográficos dos grandes homens têm o frescor da experiência vivida, o calor do tangível e pessoal, a reflexão que torna transparente o anedótico e criativo o rotineiro. Suas idéias são como o aroma do pensamento. Atraem e deixam pegadas. Talvez por isso cada vez mais me cativa esse tipo de escritos. Neles se compreende melhor a relação teórico-prática e o papel do acaso ou do erro na gênese das idéias. Vou me referir a duas leituras autobiográficas: Bruner e Luria.

Bruner se eleva diante dos meus olhos como modelo de professor universitário, quase como um mito profundo e humano: entregue à pesquisa e ao ensino, defensor da liberdade, sensível e emotivo, comunicativo, amante do esporte, preocupado com a ciência, assumindo responsabilidades se necessário, mas sem se agarrar a postos de poder, mal-aceito nos círculos tradicionalistas como todo inovador nato. Mas há algo mais nele que me permite argumentar a importância das circunstâncias não-previstas, nas decisões ou nos achados importantes: ele *chega à pedagogia por acaso*. O que apostaríamos, a partir da pedagogia científica, em um *menino cego de nascimento*, operado de catarata aos 3 anos, com óculos de grossas lentes que o condicionaram diante dos colegas mesmo que não tanto pelo fato de ser judeu, órfão de pai aos 12 anos e que chega a mudar seis vezes de colégio em quatro anos? É possível, com tais fatos, prever um dos maiores renovadores do pensamento psicológico e pedagógico do século XX? Talvez sim, mas isso não é tudo. *O pedagógico o aterrorizava*. Como se deu, portanto, o salto da aversão à atração? Por reflexão pessoal? Dificilmente acontecem mudanças desse tipo por processos lógicos. Bruner nos explica assim:

> Nunca me passou pela cabeça que a "educação", em algum sentido formal, fosse o meio principal ou o mais poderoso para transmitir ou recriar a cultura. Escolas, professores, matérias e diplomas eram rotinas, não instrumentos. E não é que eu desprezasse tais questões: eu tinha sido um aluno diligente, embora rebelde. *Um de meus primeiros pesadelos mais aterrorizantes foi pedagógico*: eu era o último sobrevivente de uma grande catástrofe e tinha de transmitir todo o conhecimento anterior. Seja como for, nunca em meus anos de estudante busquei a instrução na educação nem na história. Nunca me ocorreu que algum dia necessitasse conhecer essas coisas. Mas em troca de minha falta de atenção à educação, suponho que estava escrito nas estrelas que eu me dedicaria um dia a ela (...) Mas o inevitável sempre se ajeita para levar uma máscara particular. Parece exclusiva a quem está envolvido. Caprichosos detalhes formam uma vida.[3]

Bruner, por suas relações amistosas com J. Zacharias (Zack) e F. Friedman, interessou-se pela melhora da educação física em 1958 e, uns anos depois, viu-se envolvido, sem pensar, no debate sobre a educação por causa do lançamento do *sputnik*. Desse modo, chegou à educação, sem ter se proposto, um dos importantes psicólogos de nossos dias.

O italiano Luria, prêmio Nobel de Medicina, nos descreve em sua autobiografia como chegou à sua grande descoberta dos bacteriófagos irradiados. Reconhece que cometeu muitos erros em seus trabalhos, mas estes formavam parte da aprendizagem. Também refere (1986, p.127, 128, 129) ao acaso para explicar alguns de seus achados:

> Lutei com o problema durante vários meses, principalmente em minha cabeça, e também tratei toda gama de experimentos, nenhum dos quais funcionou. [Conhecimentos anteriores e esforço.] Por fim a resposta me ocorreu em fevereiro de 1943, num baile... Durante uma pausa da música me encontrei perto de uma máquina caça-níqueis, vendo como um colega introduzia nela moedas após moedas... Meu problema consistia em decidir se as bactérias eram mutantes que haviam brotado espontaneamente ou se eram células que se tornavam resistentes como resultado de uma ação de bacteriófagos sobre bactérias que, além disso, eram normais. Estava aplicando a Lei de Poisson de fatos improváveis independentes.

Afirma ainda (p.115): "Descobri a existência dos bacteriófagos ao me encontrar casualmente com Geo Rita em um trólebus de Roma". Mais adiante (p.190), afirma: "Devo o fenômeno de restrição-modificação ao puro acaso" [acaso e criatividade]. Quantos vimos jogando – ganhando ou perdendo – nas máquinas caça-níqueis? Que conseqüências derivaram dessa experiência? Luria fazia tempo que tinha à mente um problema e estava aberto para captar a mensagem probabilística, muito além do efeito material. Conectou seu problema com o fenômeno da distribuição de moedas. Ou como disse Bruner, *conectou sua hipótese com os estímulos do meio*.

Bunge (1986) se refere à descoberta do anel de benzênico (C_6H_6), em 1865 por Kekulé, estimulado por fatores pouco racionais, embora com uma preparação e dedicação prévia importante. Segundo conta o mesmo (p.111), diz Bunge, estava em Gante, redigindo um texto de química; a obra não progredia, então ele se voltou para a salamandra para cochilar ao calor do fogo. Imagens de átomos (átomos de Dalton) começaram a bailar diante de seus olhos:

> Meu olho mental, afiado por repetidas visões desse tipo, distinguia agora estruturas maiores, de formas diversas. Longas filas, às vezes estreitamente unidas, todas em movimento, retorcendo-se como serpentes. Mas, vejamos, o que é isso? Uma das serpentes tinha pegado sua própria cauda, e a forma se movia em torvelinho e zombeteiramente diante dos meus olhos. Acordei como que sacudido por um relâmpago e, desta vez, passei o resto da noite desenvolvendo as conseqüências da hipótese. Se aprendêssemos a sonhar, senhores, então talvez encontrássemos a verdade... Devemos ter cuidado, no entanto, para não publicar nossos sonhos antes de submetê-los à prova com a mente desperta.

Entre os mais de 350 inventos e descobertas científicas que De Bono (1975) recolhe, falaremos do radar e da borracha, por ser este último um dos materiais mais importantes empregados em bens muito conhecidos: carros e calçados. Na introdução, o autor (De Bono, 1975, p.9) afirma: "A casualidade, a observação e a tentativa constituíram a base de muitas invenções. O radar foi desenvolvido a partir da curiosa sugestão de criar um raio da morte transmitido por rádio para derrubar aviões inimigos".

Robert Watson-Watt o tornou realidade. O fracasso do projeto para derrubar aviões com o "raio da morte" levou R. Watson-Watt a continuar indagando em vez de desanimar. Mudou seu objetivo. Meia página com a palavra "radiolocalização" permitiria, em poucos meses, detectar aviões em movimento e construir uma cadeia de estações de "radiolocalização".

Charles Macintosh confeccionou seus primeiros preparados de borracha em 1824. Mas a borracha virgem resultava pouco satisfatória porque, com o calor, se tornava pegajosa e, com o frio, perdia sua elasticidade. Charles Goodyear, comerciante de ferragens da Filadélfia, empenhou-se em conseguir um tipo de borracha sem tais inconvenientes. De Bono (1975, p.88) menciona que:

> Durante uma de suas experiências, superaqueceu por acaso uma mistura de borracha, enxofre e chumbo branco, e obteve uma substância que se carbonizava, mas não se fundia. Em 1841, conseguiu produzir folhas uniformes e contínuas de borracha vulcanizada elástica, mas insensível às mudanças de temperatura, ao passar a mistura por um recipiente quente de ferro fundido.

Apesar de tal achado, seu país lhe prestou pouca atenção naquele momento. Em troca, teve maior êxito na Inglaterra. Por quê? Existia um maior desenvolvimento industrial e havia uma atitude mais receptiva aos inventos que melhorassem tal processo. Por trás de uma invenção ou descoberta há um problema por resolver.

Com esses exemplos não pretendo atribuir ao acaso nem ao erro tudo que acontece. Seria uma aberração. Quero mostrar simplesmente que nem tudo procede de planos bem-traçados, nem de capacidades, nem sequer do esforço, mas também da atitude da pessoa para transformar seu meio, para modificar os objetivos, para melhorar. Ela pode tornar um mau estudante um bom profissional. O erro e o acaso têm sua vertente criativa na *serendipity* – ou flexibilidade para mudar diante do inesperado ou equivocado. O criativo tira proveito dos erros.

DO ERRO NA APRENDIZAGEM À APRENDIZAGEM PELO ERRO

A consideração negativa do erro é um indicador a mais do paradigma positivista. Sendo o êxito, a eficácia e o produto os critérios a partir dos quais se analisa a aprendizagem, é natural que todo elemento que atrapalhe, como é o caso do erro, seja evitado. Por isso o ensino programado de Skinner defende pequenos passos, a fim de que o aluno não cometa erros. O erro desanima e distancia da meta. Um ponto de vista coerente, se se entende o ensino como resultado. O erro, como a interferência, é estudado como obstáculo, como situações negativas que se deve evitar.

Outro aspecto é que vejamos a aprendizagem, a formação, como um processo em que a característica principal seja a indeterminação. Nesse sentido, o erro acompanha inevitavelmente o processo. As intervenções do professor não pretendem limpar o caminho de dificuldades, nem evitar os erros, nem provocá-los, mas utilizá-los quando surgem. Desse modo, a afirmação de que o erro desanima ou distancia se transforma em: o erro atrai a atenção do professor e do aluno. O professor pode chegar a utilizá-lo didaticamente como situação de aprendizagem, já que o aluno costuma estar interessado em averiguar por que algo não saiu bem ou por que se enganou. O erro pressupõe algum tipo de aplicação prévia. Não há erro quando não se atua. Desse modo, se passa da evitação sistemática do erro (aprendizagem como domínio de conteúdos) à sua utilização como estratégia para o ensino-aprendizagem de procedimentos.

A pesquisa sobre os erros na aprendizagem pode nos proporcionar o elo perdido entre as teorias cognitivas, tão atuais, e a prática da aula, tão necessitada de proposições concretas. É preciso começar a construir pontes reais entre as teorias pedagógicas e a realidade da aula. O erro é, na minha opinião, um desses conceitos-chave, como o das tarefas escolares, que pode ser a alavanca para a mudança. Não se trata de inventá-lo, mas de conceitualizá-lo novamente. Porque o erro está aí, em qualquer tarefa ou exercício de aula, em qualquer prova de controle ou exame. Necessitamos apenas ter consciência de seu valor positivo como instrumento inovador. Basta dar um novo significado a uma realidade tão difundida quanto distorcida em muitos processos de aprendizagem. O *erro* é uma variável concomitante ao processo educativo, porque não é possível avançar em um longo e desconhecido caminho sem se equivocar. Dito mais peremptoriamente: *não há aprendizagem isenta de erros.* A criança erra e erra o adulto, embora menos. É preciso tornar patente este conceito submerso durante múltiplas gerações no currículo oculto. Porque o conceito de *erro* continua gerando condutas negativas no aluno e no professor, mesmo que não sejamos conscientes disso.

Poucos professores, que têm de enfrentar todo dia a dura responsabilidade de formar seus alunos, isto é, de *personalizar a cultura socialmente organizada*, estão perto de se interessar por nossos debates dialéticos e epistemológicos sobre o conhecimento. Querem propostas concretas que possam transferir para sua aula, dentro do marco das novas correntes. Eles formam uma comunidade de profissionais que compartilham preocupações, problemas, enfoques ou presunções. Os professores participam do paradigma funcional, na expressão de Robert D. Crocker (1986, p.56), que afirma: "Os professores são indubitavelmente similares a outras comunidades de cientistas ou profissionais, no sentido de que compartilham metas, problemas, exemplos, rotinas, etc., comuns que constituem um 'paradigma funcional".

O erro, como manifestação negativa da aprendizagem, não somente faz parte desse paradigma compartilhado, como é por ele que penetramos nos pensamentos, nos mecanismos e nas estratégias de ensinar e aprender. E o que é mais importante: nos proporciona um caminho para passar de um paradigma centrado nos produtos para outro que atenda aos processos. "Pôr em prática estas inovações proporciona um 'lugar estratégico' para estudar os paradigmas funcionais", escreve Crocker. É, em nossa opinião, o ponto de apoio para passar de uma pedagogia do êxito, baseada no domínio de conteúdos, para uma "didática do erro", centrada nos processos, nas estratégias e nos procedimentos.

O tema do "erro em aprendizagem escolar" pode facilmente se tornar o ponto de encontro de paradigmas epistemológicos e funcionais, de teoria e prática, de perspectivas e estilos cognitivos, de confluência entre cognição, ação e sentimento. Enfim, *de alavanca da mudança*. É necessário construir uma nova epistemologia do erro, buscando sua racionalidade e sua irracionalidade. Se algumas descobertas têm origem em certos erros, isso se deve à atitude humana de indagar e refletir sobre as falhas cometidas. Desse modo, a atitude criativa permite transformar o fracasso em acerto. Enquanto a pedagogia do êxito atende basicamente aos resultados, a didática do erro leva implícita a reflexão e a revisão de tarefas, tanto do professor como do aluno. O erro demanda diálogo e, portanto, incide tanto na metodologia como na interação professor-aluno. Essa nova perspectiva obriga a modificar ou completar o papel transmissor do docente com outro em que tenha lugar a cooperação e ajuda na solução de problemas.

Mediante a consideração didática do erro, tanto o professor como o aluno pode se beneficiar obtendo informação útil sobre o processo seguido. O que o erro indica ao professor? O que o erro indica ao aluno? Devemos conceber o erro como um sintoma, e não como um mal. Do mesmo modo que a febre nos alerta de possíveis infecções, os erros na aprendizagem nos informam de estratégias inadequadas, de lacunas no conhecimento, de falhas na compreensão, de lapsos na execução, etc. O bom médico não se limita a eliminar a febre, a dor ou as palpitações, mas se vale delas para diagnosticar a origem do mal. Talvez o exemplo não seja de todo adequado, mas nos ajuda a entender o *valor diagnóstico do erro*.

O trabalho de Kathleen M. Fisher e Josph I. Lipson (1986) revela que são mais numerosas as interrogações sobre o tema dos erros escolares que as pesquisas a respeito. Meu propósito é apresentar uma nova linha de pesquisa que, partindo da análise dos erros na aprendizagem escolar e de sua utilização como critério de pontuação nas avaliações e nos exames, permita esclarecer algumas interrogações, aprofundar os processos e as estratégias e incorporá-lo no desenvolvimento do currículo por meio de projetos de inovação, para terminar integrando-se na formação dos professores.

O erro, como a interrogação didática, é uma potente estratégia nas mãos do professor tarimbado, para desenvolver operações cognitivas. Nem um nem outra necessitam de grandes recursos, nem aparatos, nem ajuda externa, nem espaços, nem meios econômicos. São estratégias que dependem basicamente da formação e da vontade do docente. Se a forma habitual de perguntar do professor pode estimular mais a memorização, a aplicação, a análise ou a avaliação, a análise dos erros cometidos pelos alunos proporciona informação útil para uma ajuda diferenciada. Não se pode generalizar o julgamento sobre os erros dos alunos.

Desse modo se dá o salto da presunção negativa do erro, do seu evitar nas aprendizagens, para a consciência de seu valor positivo, de sua possível utilização didática, do conhecimento de seus tipos e sua relação com as diferenças individuais. Da seqüenciação de tarefas sob o critério predominante de evitação do erro se passa para o planejamento de procedimentos ou problemas que cheguem a funcionar, tratando de identificar os obstáculos ou os erros.

NOTAS

1. Alguns dos efeitos negativos do erro descritos pelo autor são: a hiperpolitização, ambigüidades da Constituição, desvertebração universitária, insegurança, terrorismo, o erro permissivo, desvalorização monetária, etc.
2. Idéias tomadas de I. Asimov (1988): *A relatividad del error*, Barcelona, Planeta.
3. S. J. Bruner (1985): *En busca de la mente,* ensaio autobiográfico, México, F. C. E., p. 291-292.

2

Bases teóricas do erro

> *É impossível evitar todos os erros, até mesmo aqueles que em si mesmos são evitáveis. Todos os cientistas cometem equívocos continuamente... Os erros podem existir ocultos do conhecimento de todos, inclusive em nossas teorias melhor comprovadas; assim, a tarefa específica do cientista é buscar tais erros. Portanto, temos de mudar nossa atitude para com nossos erros. É aqui que é preciso começar nossa reforma prática da ética... O novo princípio básico é que para evitar equívocos devemos aprender com nossos próprios erros.*
> (Karl Popper, Discurso de investidura como doutor *honoris causa* pela Universidade Complutense, *El País*, 29/10/91.)

A INTUIÇÃO OU COMO A CIÊNCIA SE CONSTRÓI SOBRE AS *RUÍNAS* DOS ERROS

A intuição e a imaginação são conceitos sem os quais dificilmente se entenderia o progresso científico. A observação e o raciocínio são indispensáveis sempre que estejam alimentados por idéias ou hipóteses que vão além da observação, da dedução e da indução. Em um momento ou em outro o cientista deve interpretar seus resultados e deve fazer isto à luz de alguma concepção. Como diz Bunge, "a ciência é feita de idéias, e não de fatos". O cientista, qualquer que seja o campo a que se dedique (desde a física à pedagogia) põe em jogo todos os mecanismos psíquicos, não podendo se determinar quais deles predominam em cada caso. Assim pelo menos se depreende das palavras de Bunge (1986, p.93):

> Em qualquer trabalho científico [...] intervêm a percepção de coisas, acontecimentos e sinais; a imaginação ou representação visual; a formação de conceitos de diversos graus de abstração; a comparação que leva a estabelecer analogias e a generalização indutiva junto com a louca conjetura [...]

A "louca conjetura" junto com a imaginação e as analogias são termos que escapam a um processo puramente racional e entram no campo semântico do processo criativo, a que me referi anteriormente.

Bunge, depois de fazer uma análise crítica da intuição racional de Descartes, da ciência intuitiva de Spinoza, da intuição pura de Kant, assim como do intuicionismo contemporâneo de Dilthey com seu *Verthen*, da metafísica de Bergson, do essencial de Husserl, etc., distingue quatro tipos de intuição: como percepção, imaginação, razão e avaliação. Vejamos o significado de cada um deles e seu alcance na ciência.

A intuição como percepção

A intuição como percepção pode ser tomada em três acepções diferentes, que têm a ver com uma aproximação psicológica, didática e científica.

a) Em primeiro lugar, significa a *identificação rápida* de um objeto, um acontecimento ou um sinal sensível. Está mais na agudeza sensorial que na intelectual, por esse motivo é pré-científica. É uma boa plataforma para construir posteriormente imagens que alimentem a imaginação criadora. Depende da acuidade perceptual, da organização da informação e da inteligência que a dirige. Aprende-se a capacidade de discriminação e ela constituirá um dos estilos cognitivos predominantes nas pessoas. Assim, falamos do estilo aguçado ou globalizado, conforme capte os matizes diferenciais nas coisas ou atenda a características globais.

b) A segunda acepção perceptiva se refere à *clara compreensão* do significado ou das relações entre os elementos de um conjunto, trate-se de um texto, de um gráfico, um ideograma ou um conjunto de sinais. Esse tipo de intuição tem a ver com a clareza com que se apresenta a nossa compreensão um conjunto de elementos relacionados entre si. Assim, a exposição de um tema, de um conceito ou de uma descrição literária são, dizemos, intuitivas visto que são esclarecedoras devido à plasticidade de seus exemplos, suas metáforas ou seus recursos visuais. Trata-se de uma intuição basicamente didática porque se vale da reorganização da informação e de sua estrutura, mediante certos meios ou ajudas que a tornam mais "assimilável" ou compreensível. Adquire uma imediaticidade psicológica para o sujeito, mesmo que sua racionalidade lógica não seja óbvia em uma simples aproximação.

c) A intuição como capacidade de *interpretar com facilidade sinais convencionais*. Esta acepção de intuição tem um grande valor para a ciência porque coopera na interpretação dos resultados obtidos empiricamente ou mediante outro procedimento. Trata-se do nível mais alto da intuição perceptiva, já que não fica apenas no sensorial nem sequer no compreensivo, mas se instala no plano interpretativo de códigos simbólicos. Diante de uma fórmula matemática, física ou estatística, determinadas pessoas experimentadas e capacitadas podem ver muitos significados a mais que outras. Um exemplo muito comum entre os que utilizam a análise fatorial como estratégia científica é interpretar coerentemente os fatores resultantes da análise. Os dados numéricos não significam nada por si sós; é preciso buscar o caminho que nos permita interpretá-los adequadamente a partir de uma perspectiva lógica e psicológica.

A intuição vem contribuir nessa interpretação. Se passamos para o contexto da aula, as situações são tão variadas como ricas em significados. Que mensagens verbais e não-verbais o professor emite em aula? Que mensagens o aluno emite? O trabalho de Hennings (1978) proporciona pautas interessantes para analisar a comunicação não-verbal na aula. A concepção interpretativa do ensino encontra nesse tipo de intuição um "aliado" de grande força. Todo julgamento que possa ser codificado em sinais convencionais (símbolos, conceitos, proposições) precisará de uma decodificação posterior.

É comum a essas três acepções de intuição o elemento sensível, seja porque se parte dele por meio de nossos sentidos, porque nos proporciona uma imagem rápida das relações de um conjunto de elementos ou porque se apresenta de uma forma codificada. Dos três tipos, a psicologia se detém no primeiro, a didática tem a ver mais com o segundo e o conhecimento científico com o terceiro. Mas se dão outros tipos de intuição não-sensível, tais como a intuição imaginativa, a sintética e a prudência (*fronesis*). Outro tipo de intuição perceptiva, de especial interesse na infância, é a *intuição eidética*, pela qual se apresentam à mente imagens vívidas, como se refletissem a própria realidade.

A intuição como imaginação

Significa certo distanciamento dos sentidos, ficando a realidade representada por símbolos ou por imagens mentais mais ou menos deformadas. Bunge (1986) diferencia três acepções: intuição espacial ou geométrica, metafórica e imaginação criadora.

a) A *intuição espacial* ou geométrica é a capacidade para construir imagens, réplicas visuais ou modelos abstratos da realidade. O sujeito que goza dessa intuição se vale de abstrações e associações de intuições sensíveis. Tem um alto nível perceptivo. Assim é capaz de imaginar e representar em movimento certas figuras, o que, para as artes plásticas, o *design* e a arquitetura é muito útil. Por outro lado, a geometria está muito unida à matemática desde suas origens. A representação gráfica, por exemplo, do Teorema de Pitágoras proporciona um conhecimento e uma interpretação que dificilmente se conseguiria apenas com símbolos. Para Bunge (1986, p.100), "Quando estudamos uma função com a ajuda de sua representação gráfica, recorrermos à intuição geométrica; nela nos apoiamos inclusive quando tratamos de chegar a uma decisão preliminar acerca da conveniência de uma integral".

Quando Bunge esteve preso, nos conta, sem instrumentos para escrever, uma de suas experiências mais gratificantes foi a de imaginar o comportamento de certas integrais em função de determinados parâmetros. Essa visualização o ajudou a resolver problemas que não tinha conseguido anteriormente. A intuição geométrica desempenhou um papel importante na ciência, não apenas físico-matemática e infinitesimal, como na biológica e na química, como demonstra o modelo helicoidal de estrutura molecular do DNA elaborado por F. H. Crick e J. Watson, sem o qual dificilmente se entende seu funcionamento. O que dizer do papel das coordenadas gráficas na representação de integrais e derivadas? Para S. de la Torre (1987, 1991) "os 'ideogramas' que eu trabalhei e desenvolvi como técnica criativa são uma representação gráfica de idéias e comportam uma ajuda intuitiva para captar a amplitude, a interdependência, as relações e o fluxo dos conceitos em qualquer tema".

Desse modo, o intuitivo não se opõe ao abstrato: um e outro se completam. "Se entendemos uma teoria como conjunto de idéias representáveis por meio de sinais verbais ou visuais, o teórico sempre exige um trabalho interpretativo e de representação pelo menos para contrastá-lo com a prática" (Bunge, 1987, p.104).

b) A capacidade para *reconstruir metaforicamente uma realidade* ou parte dela seria uma nova acepção do intuitivo com grande valor na descoberta científica e literária. Trata-se de imaginar funções ou estruturas formais completas (isomorfismo) de um campo científico ou semântico transportando-as para outro campo. Foi o que eu fiz ao me propor o *big bang* da inovação (como história da mudança educativa que tem sua origem na consciência do homem), adaptando-o metaforicamente à astrofísica. Tanto as ciências puras (matemática e física) como a psicologia, a sociologia e a pedagogia recorreram a metáforas para esclarecer ou explorar alguns de seus enunciados. Um exemplo matemático é a semelhança entre os espaços funcionais e os vetoriais, falando de "vetores de base", "produto escalar", "ortogonal", etc. Em física temos o modelo do núcleo atômico como gota líquida, cuja fecundidade levou à bomba atômica. Na cibernética, contamos com o paralelismo entre o computador e o cérebro humano. Em psicologia freudiana, o paralelismo entre os mecanismos subconscientes (ego, id, superego) e as estruturas de poder. Em sociologia e pedagogia foram concebidas as relações pessoais como um organismo ou um sistema de elementos manipuláveis. A própria terminologia de modelos psicológicos ou ecológicos deve ser interpretada como mera analogia. Se não, o que significariam expressões como "nicho ecológico", "triangulação", etc.? Eu mesmo recorri a metáforas, como árvore ou o estado da água, para explorar o alcance das quatro dimensões da criatividade: pessoa, processo, produto e meio (S. de la Torre, 1989). Bunge (1986, p.105) se pergunta: "Quem pode duvidar de que as metáforas constituem guias heurísticos? A simples conservação de parte do vocabulário, ao passar de um campo a outro, sugere analogias que facilitam a exploração e a compreensão do novo território".

Mas, ao mesmo tempo, nos alerta (p.106) que uma metáfora ou analogia nunca deve ser considerada como um equivalente da realidade, mas como um mero recurso heurístico. "Na ciência, as metáforas são empregadas no processo de gerar e comunicar idéias, mas não substituem o pensamento conceitual, que é iniludível na ciência".

c) A *imaginação criadora* é a terceira acepção da intuição como imaginação e não há dúvida de que é a mais produtiva não só para a ciência como para a cultura e o desenvolvimento social. A imaginação criadora é o antecedente pré-científico do século XIX que desembocaria em meados do século XX na análise científica da criatividade. Mas hoje esse conceito continua vigente e assim aparece na literatura.[1] É uma tentativa de explicar psicologicamente a gênese de idéias novas, quando não se vê sua conexão com as aprendizagens adquiridas. Idéias que ultrapassam as proposições lógicas, pelo menos aparentemente, que revelam um salto no processo racional ou dedutivo. A imaginação criadora vai muito além das imagens visuais e não deve ser confundida com a fantasia. A imaginação se apóia em imagens conectadas com a realidade; a fantasia constrói um mundo irreal, que pode ser criativo, sem dúvida, mas muito mais difícil de conectar com a ciência. A imaginação é a habilidade para produzir imagens de coisas ausentes. A fantasia é a habilidade de produzir imagens não-sensíveis ou irreais.

O qualificativo de "criadora" é devido ao seu poder para transformar as imagens sensíveis em produtivas, para originar idéias não-convencionais, para criar conceitos ou sistemas conceituais que pouco têm que ver com os sentidos. Daí sua importância na ciência. Qualquer matemático, escreve Bunge (1986, p.107), ou qualquer pesquisador tanto de ciências físicas, naturais ou sociais, concordará que sem imaginação, sem inventividade, sem capacidade para conceber hipóteses e propostas não se pode efetuar mais que operações reprodutivas ou mecânicas. "A invenção de hipóteses e técnicas, o projeto de experiências são casos patentes de operações imaginativas ou, se se prefere, de atos intuitivos".

Mas onde está o erro, a casualidade que apresentávamos como "parceiro" inseparável da aprendizagem humana? Uma ciência começa sendo crença e uma formulação científica, uma conjetura. O salto de uma para outra se faz mediante um processo de tateios, sugestões, de rejeição de hipóteses e de possíveis erros. Os estalos ou *insights* são luzes espontâneas, ocasionais, que ajudam a razão, mas de modo algum a substituem. A imaginação criadora não elimina o erro, pelo contrário, provoca-o às vezes ao ultrapassar o processo racional: ao ir mais além da lógica. Assim o entende também Bunge (1986, p.109): "Todo o processo consiste em tentativas e erros guiados pelo conhecimento, tanto articulado como inarticulado, e certas regras de construção teórica". No entanto, essa tentativa não é cega, mas guiada. E continua, umas páginas depois: "A tentativa e o erro podem ser metodizados em diversos graus, o maior dos quais é o processo de conjetura e a prova que se dá na ciência".

Sem a imaginação criadora, ou a criatividade como diríamos hoje, não é possível o progresso científico. Ela nos mete em erros e nos tira deles, embora para isso tenham de se passar anos ou séculos, como no caso da concepção atômica da natureza, da esfericidade da Terra ou do sistema planetário. O filósofo grego Demócrito formulou a primeira hipótese-tentativa, a qual supôs uma grande idéia acompanhada de erros. Na verdade, tantos que a concepção atômica atual tem pouco a ver com a que ele propunha. Mas não deixou de ser uma idéia original e criativa em seu tempo. Dizer que *a ciência se constrói sobre as ruínas dos erros* cometidos equivale a dizer que o novo tem suas raízes no velho. Charles Peirce, argumentando contra o intuicionismo, afirmava que não há conhecimento novo que não esteja determinado de alguma maneira por conhecimentos anteriores, com os quais se está em desacordo. O que vemos de um edifício é a parte nova, assim como na ciência. Às vezes convivem as construções antigas e as novas, como o caso das muralhas em nossas cidades. Também ocorre com as teorias e as práticas. Sua vigência é um fato no campo educativo, no qual coexistem tanto as teorias de origem positivista (com um ensino por objetivos), interpretativas (com seu modelo de enfoque artístico) e sociocríticas. Em qual delas está a razão? Em todas – porque cada uma delas dá sua contribuição para o processo educacional – e em nenhuma, se for considerada exclusivamente. Em cada século os cientistas acreditam ter descoberto o universo, e sempre se enganam. Enfim, a ciência se levanta sobre as ruínas dos erros, sendo estes de diversos tipos e importância.

A intuição como intelecção

A mente humana não está dividida em partes, funciona como um todo. Apesar de seu duplo hemisfério com funções diferenciadas, o pensamento é único como a imagem que percebemos por um dos dois órgãos: olhos ou ouvidos. Isto é, nosso cérebro nos proporciona uma interpretação unitária do estímulo. Não é a mesma coisa com as mãos, porque cada uma nos transmite a sensação correspondente ao objeto que toca. Se com uma tocamos um objeto quente e com a outra um frio ou morno, recebemos ambas as sensações dissociadas, com indicação de sua origem. Um processo mental é o resultado da interação perceptiva, experiencial, sociocognitiva, afetiva, etc. Pois bem, existem intuições intelectivas que Bunge denomina de *inferência catalítica, poder de síntese* e senso comum. Definamos cada uma delas.

a) *A inferência catalítica* é a passagem veloz de algumas proposições para outras. Algo assim como chegar a uma avaliação sintética saltando etapas ou informações intermediárias. Há pessoas capazes de chegar rapidamente a uma conclusão evitando informações intermediárias. Equivale à intuição intelectual cartesiana: *Cogito, ergo sum*. Mais de uma vez fiquei admirado diante de pessoas que, com uma rápida olhada em um livro, captaram o relevante ou novo, as idéias que apresenta e se vale a pena ou não lhe dedicar mais um pouco de tempo. Uma vez um professor de didática comentava, após 10 minutos folhando um livro que acabavam de lhe entregar: "Já pode me fazer um teste sobre este livro. Posso responder a qualquer pergunta". Tinha feito uma *inferência catalítica*. Esse tipo de conhecimento se dá com muita freqüência em profissionais qualificados, qualquer que seja sua especialidade, cuja vasta experiência lhes permite construir facilmente um rápido diagnóstico. Mais ainda, atreveria-me a afirmar que a *inferência catalítica* deveria ser um dos objetivos da formação permanente de qualquer profissional, incluindo o professor.

Como facilmente se compreenderá, aprende-se tal habilidade. É questão de estratégia e prática. Alguns de meus colegas têm essa habilidade para examinar volumosos e complexos projetos ou teses de doutorado em algumas horas. Como o fazem se não por *inferência catalítica?* Aprenderam a buscar indicadores a partir dos quais realizam suas inferências, quase sempre certeiras e profundas, quanto ao conteúdo do trabalho. Em nível de construção científica permite se antecipar e conjeturar sem passar por longas cadeias de raciocínio. Escreve Bunge (1986, p.103):

> A força psicológica da inferência catalítica deriva de sua brevidade e da referência de seus termos antes que de sua forma lógica. Trata-se de um tipo de razão rudimentar que se vale de elementos de prova incompletos, imagens visuais e analogias antes que de informações completas.

Esse é o perigo. A verossimilhança de um argumento está mais no significado atribuído a certos códigos que no rigor de sua forma lógica.

b) O segundo tipo de intuição intelectiva é o *poder de síntese* ou a apreensão sinóptica. É a capacidade de sintetizar uma pluralidade de elementos dispersos ou desorganizados em um todo unitário e coerente. Às vezes – embora nem sempre – os manuais nos proporcionam essa visão sintética das contribuições feitas pela ciência em um determinado campo. Essa intuição se dá em todos os ramos da atividade humana. Artistas, políticos e filósofos podem nos facilitar sínteses criativas em torno do ponto central de seu campo. Um especialista é capaz de ver o problema ou a idéia central de um assunto, enquanto o leigo se perde em detalhes. A inteligência e a preparação são, pois, o melhor terreno para esse tipo de intuições. Nem sempre se consegue a síntese intuitiva de um trabalho, mesmo por quem o escreve. Aprende-se e, portanto, pode-se ensinar. Bunge afirma que o ensino é um bom meio para fortalecer o poder de síntese. Entre as estratégias cognitivas que o cientista e todo professor universitário deveriam possuir está a competência nesse tipo de operações intelectivas. Talvez tenha se insistido excessivamente nos processos racionais em detrimento das habilidades para formular hipóteses originais, conjeturas e antecipações que admitem o risco do erro como um componente a mais do processo. Aceitar o risco não deixa de ser uma atitude criativa.

c) Quantas vezes o que chamamos intuição não é outra coisa que *senso comum*? Isto é, julgamento fundado no conhecimento experiencial ou vulgar. Tem sua origem em observações interiorizadas que afloram, sem se saber por que, em um determinado momento. Ajuda-nos perfeitamente na vida e até para tomar decisões em uma atuação profissional comum. Não é nisso que se fundamentam as atuações habituais do professor em aula? Não nos serve, no entanto, em nível científico, se falta constatação e verificação da objetividade e da significação de tais observações. Pela psicologia, sabemos como nos enganam nossos sentidos (lembremos as formas gestálticas), nossa percepção da conduta (veja-se o efeito halo, Pigmaleão) e até algumas inferências, como De Bono descreve. Certas afirmações de tipo paradoxal – propostas incompatíveis com o senso comum – não deixam de ser certas. É o caso de proposições do tipo: "Se p, então não p, então p". Equivale a dizer: "se p, então p ou q". Em nível mais familiar, como entender que o frio não é o oposto do calor, mas carência deste? Como explicar o fato de que os corpos se movam sozinhos no vazio? Como podem os elétrons interferir neles mesmos? A ciência deve ir além do senso comum, avançando, às vezes, até o inconcebível ou irracional. Se não fosse assim, não teríamos chegado à mecânica clássica, nem às teorias de campo, à teoria da evolução, nem evidentemente à teoria da relatividade. Para Bunge (p.118), "até certo ponto, o avanço da ciência consiste na descoberta de pseudoparadoxos ou proposições contra-intuitivas e discordantes com o senso comum".

Novamente nos assalta o risco de errar. Porque tanto a ciência como a criatividade ultrapassam, às vezes, o senso comum.

A intuição como prudência (*fronesis*), iluminação ou *insight*

Digamos, por fim, que existe outro modo de apreciação global que escapa aos processos lógicos e que aparece em determinados processos criativos. Trata-se desse julgamento avaliativo ou da iluminação de um conjunto de atuações. É essa sensação injustificada que nos leva a afirmar: "tenho a impressão de que o tal processo funcionará, de que tal pessoa responderá, de que tal idéia é a que procurava, de que tal modelo será adequado, de que tal técnica funcionará, etc.". E esse "saudável julgamento" (*fronesis*) é fruto de quê? De múltiplos fracassos que nos levam a pensar ou aconselhar conforme nosso atual saber. Esse tipo de intuição aumenta com a maturidade. Implica valoração e avaliação de situações e de resultados passados, ao mesmo tempo que o prognóstico do que se espera. Os adivinhos terão esse tipo de intuições? Não sei; o que parece provável é que os responsáveis, em qualquer âmbito cultural e científico, possuem essa *fronesis* ou o "faro" para apontar linhas fecundas de atuação. Sua deficiência levará a esforços inúteis.

Em síntese: qual é o papel da intuição na ciência? Digamos de saída que não concordamos com o intuicionismo filosófico (Descartes, Spinoza, Kant, Dilthey, Bergson, Husserl, M. Scheler, N. Hartman, etc.) como critério científico único, já que qualquer teoria consistente tem de se apoiar na observação e na razão. A intuição não pode substituir a razão. No entanto, tampouco devemos menosprezar essa outra forma de conhecimento que mostrou sua eficiência em múltiplas ocasiões. Ficou demonstrado seu valor como ferramenta heurística e como guia nos processos iniciais e intermediários da ciência e na solução de problemas, assim como na história das invenções e das descobertas. A fertilidade da intuição deve se situar nos processos, mais que na elaboração dos resultados. Aqui temos de recorrer à razão, à verificação, à constatação e ao controle racional dos elementos. Trata-se de aperfeiçoar aquelas idéias válidas. Bunge (1986, p.143) sintetizou-o com estas palavras: "Em ciência, a intuição, junto com a analogia e a indução, é considerada como ferramenta heurística, como guia e apoio do raciocínio".

Igual idéia era apontada por Rey Pastor em princípios do século se referindo à matemática: a intuição nos faz adivinhar ou pressentir muitas propriedades que de outro modo não descobriríamos; serve-nos de guia. Naturalmente, dos tipos de intuição que assinalamos, o intelectivo é o mais apropriado para o desenvolvimento do conhecimento.

Mas que relação tem a intuição com o erro? A intuição jamais se apóia no vazio. Surge depois de esforçadas tentativas de busca. Costuma ser precedida de uma fase de problematização, de tateios ineficazes, de experiências falhas. Uma intuição comporta também certa capacitação e preparação pessoal. Quem não tem nem idéia de um determinado campo, dificilmente terá intuições nele. Uma intuição é, às vezes, conseqüência de erros inconscientemente tratados. Quero dizer que ocorre com determinado nível de acaso.[2] Desse modo, concluo com a tese inicial: os grandes acertos são fruto da capacitação intelectiva e criativa das pessoas, do esforço ou do empenho e do acaso ou dos erros cometidos.

Não resisto a expor aqui uma vivência pessoal, acontecida no Natal de 1990. Com ela gostaria de ilustrar como as intuições se elevam muitas vezes sobre as tentativas fracassadas e as *ruínas dos erros*. Meu problema consistia em não conseguir um programa informático (para o computador Macintosh) que apresentasse a bibliografia de livros e artigos de modo conjunto e compacto. O programa *The Professional Bibliography* ficou depreciado por uma série de inconvenientes. Segundo as normas internacionais, devem ir em itálico o título do livro, o nome da revista e o título do livro em um *reading*, mas entre aspas o título de artigo. Quem está familiarizado com o tema entenderá as dificuldades de se conseguir uma bibliografia tão ampla como se deseja, em que apareça em itálico cada um dos campos indicados, sem espaços em branco. Para qualquer professor universitário, dispor de uma bibliografia temática sempre atualizada em cada matéria é mais que conveniente. Eu vinha trabalhando nela há anos mediante o banco de dados *MicrosoftFile* com as falhas indicadas: ou deixar espaços em branco ao imprimir ou ignorar os critérios de apresentação. Nem colegas nem especialistas em informática conseguiram resolver meu problema. Não me dei por vencido na busca, tentando mais uma vez resolver o problema. Nas férias de Natal de 1990, ensaiei novamente. Inútil. [Preparação e esforço para resolver o problema.] Trabalhava os campos em sentido vertical. Uma das vezes me ocorreu algo tão simples como pô-los em sentido horizontal.

Houve erros novamente, mas contava com uma nova pista. Os títulos dos artigos saíam também em itálico, por ser o mesmo campo que o dos livros. Novas tentativas, novos erros e análises de por que aconteciam. Retificações. [Acaso e análise do erro.] No final, com apenas sete campos consegui harmonizar os diferentes tipos bibliográficos (livros, artigos, *readings*) respeitando as peculiaridades de cada um e sem que ficassem espaços em branco na impressão. Uma descoberta pessoal que ilustra a importância da intuição, do acaso e da análise do erro quando vai acompanhado de preparação e de esforço.

Até aqui me referi à incidência do erro, em sentido amplo, nas ciências e nas descobertas científicas. Mas o estudo e o estímulo da criatividade vêm recorrendo também a elementos fantásticos, negativos e inclusive desatinos para fomentar a ideação. Estratégias todas elas muito distantes da dedução ou do raciocínio lógico. A intuição e a imaginação criadora estiveram presentes no desenvolvimento científico, como reconhece I. Lakatos (1974).

Deve-se evitar, no entanto, cair na freqüente confusão entre imaginação e criatividade. Como os números não equivalem à matemática, senão que esta se vale de números, a criatividade tampouco se identifica com a imaginação. A imaginação por si mesma não garante a criatividade, escreveu De Bono (1973), mas é um ingrediente fundamental, como o são os números para a matemática.

PAPEL DO ERRO NA CONSTRUÇÃO DO CONHECIMENTO

A negação e o erro como princípio de racionalidade

Para a filosofia, o erro é um julgamento falso e um estado subjetivo da mente que consiste na ilusão da verdade. O erro, portanto, *reside apenas no julgamento*. Os conceitos, os dados dos sentidos ou a memória somente são errôneos enquanto elaboramos com eles julgamentos falsos. A diferença entre "erro" e "ignorância" é que esta implica o desconhecimento total da coisa de que se trata, enquanto que aquele a desconhece só em parte. O erro constitui uma ignorância parcial e a ignorância constitui um erro quando é motivo de um ato. Vejamos como os filósofos tiraram proveito do conceito de "erro" na descoberta da verdade e sua relevância epistemológica.

Desde Aristóteles até nossos dias, o erro, em sentido lato, foi utilizado por diferentes filósofos como procedimento ligado à aquisição do conhecimento. Tem por isso mesmo um sentido epistemológico. O próprio Aristóteles incorpora dita semântica em seu "princípio de contradição", segundo o qual "uma coisa não pode ser e deixar de ser ao mesmo tempo". Quando se reúnem em um mesmo julgamento duas noções que excluem uma à outra, cai-se no absurdo, e isso não pode ser mantido, tem de ser rejeitado a partir da lógica do pensamento humano. Daí que a ausência de toda contradição seja a condição lógica da verdade. Dito de outro modo: a afirmação e a negação de um julgamento não podem ser verdadeiras ao mesmo tempo sobre o mesmo ponto. Se a verdade é contrária à falsidade, a descoberta de erro nos proporciona certeza sobre a inviabilidade lógica de nossa proposição. "A Terra é redonda" e "a Terra não é redonda", dito sob o mesmo ponto de vista, são expressões contraditórias e, por isso mesmo, se uma delas é verdadeira a outra não pode sê-lo.

A *dúvida metódica* de Descartes tem por objetivo buscar um critério confiável e seguro de construção das verdades filosóficas. Para isso, nada melhor que negar certeza racional ao que nos rodeia. Nesse sentido, ele se vale da negação como procedimento para chegar à verdade. O próprio pensamento será para ele a pedra angular sobre a qual montará sua filosofia. Algo que não pode pôr em dúvida porque deixaria de pensar o que está pensando. Se pensa é porque existe. É um erro negar a evidência de quanto nossos sentidos percebem? É um "erro metódico".

O erro como instrumento de verificação de conjeturas

Para Popper (1991), as teorias são construídas como conjeturas que podem ser demonstradas ou desmentidas à luz da evidência observacional. A ciência progride graças à tentativa e ao erro, às conjeturas e às refutações. "A ciência progride *a golpe* de erros", Popper disse recentemente. Mas como saberemos se uma teoria é verdadeira ou falsa? Popper nos sugere o *falsificacionismo* como estratégia ou procedimento para demonstrar que algumas teorias são falsas se apelamos para os resultados da observação e da experiência. O falsificacionista considera que a ciência é um conjunto de hipóteses propostas em forma de ensaio para explicar fenômenos complexos da realidade. No entanto, nem todas as hipóteses são verdadeiras. Para que qualquer hipótese ou sistema de hipóteses obtenha o *status* de teoria ou lei científica, deve cumprir uma condição fundamental: ser falseável. Se afirmamos: "a criança aprende tudo na escola", podemos falseá-la mediante a observação, constatando se existe algum caso em que não tenha lugar o expressado na hipótese. Se observamos situações em que a criança aprende coisas fora da escola, podemos falsear tal hipótese, primeiro passo para admitir uma conjectura como proposição científica.

Nem todos os julgamentos, no entanto, podem ser objeto de falseação, seja pela forma como estão enunciados ou por seu conteúdo dificilmente observável, como a expressão disjuntiva: "ou aprende ou não aprende".

Como falseá-la? Como mostrar a mudança operada no sujeito, muito mais profunda que a simples manifestação de conhecimentos concretos? Como afirmar redondamente a verdade ou a falsidade de um fato? Apenas parcialmente podemos afirmar se um sujeito aprende ou não aprende, por meio de algumas manifestações. Em educação não existem o "sim" e o "não" absolutos, o branco e o preto, a verdade e a falsidade dos fenômenos, mas uma maior ou menor aproximação das metas ou dos propósitos.

Se um julgamento não for falseável, é preciso desprezá-lo como elemento de construção científica, dirá Popper. Nesse sentido, Popper rejeita alguns aspectos da teoria de Marx e da psicanálise. Vemos, pois, como o erro vem em favor da construção científica, por mais que tal proposição esteja hoje submetida a múltiplas críticas baseadas principalmente na consideração reducionista da ciência ao meramente observável. Mas isso o que é aplicável às ciências da observação e da conduta não é aplicável à educação, na qual nos deparamos com processos teleológicos e imanentes. Nas palavras de De Giacinto (1990, p.880): "em geral é preciso observar que o erro em pedagogia não pode ser verificado ou falseado – ao contrário do que acontece em outras disciplinas – pelos meios normais de controle".

A verdade educativa não é de natureza fática, mas racional, ética, moral, axiológica.

Popper revelou a falsidade das teses empiristas, estabelecendo que um enunciado singular nunca pode justificar a certeza de um enunciado geral, senão à sua negação. Por outro lado, negou a objetividade dos enunciados observáveis, já que estes só adquirem qualidade ontológica sobre a realidade com base no mundo simbólico de que dispõe o sujeito no momento de construir os enunciados. A observação não pode ser critério por si só de cientificidade, já que, se for assim, o Sol se moveria durante o dia e a Lua e as estrelas, durante a noite, um objeto reto se quebraria ao ser introduzido na água e a velocidade da luz seria infinita. No entanto, todos sabemos que nenhuma delas é certa. Inclusive a avaliação, que as pessoas e os animais fazem das coisas são diferentes, conforme a necessidade que os pressiona. Um animal faminto dividirá seu ambiente em coisas comestíveis e não-comestíveis, enquanto que se a preocupação for escapar ele só verá caminhos para fugir e lugares para se esconder. A criança construirá algumas categorias mentais com base em seus estados emocionais? Como a criança pequena constrói os objetos e os espaços do medo, do prazer, da comunicação? Que papel desempenham os estados emocionais na aquisição do conhecimento?

Uma das críticas que Lakatos faz ao *falsificacionismo* popperiano, nas palavras de Benedito, é que ele substitui o conceito de teoria por séries de teorias. O que se prova ou se desmente não é uma teoria, mas uma série de julgamentos parciais. Lakatos, mais sutil, substitui o falsificacionismo por regras metodológicas entre as quais inclui a *heurística positiva e negativa*, sendo esta um poderoso instrumento na solução de problemas. A teoria geral não é a soma de hipóteses parciais, mas um "núcleo duro", rodeado, se preciso, por um cinturão protetor de julgamentos sujeitos à comparação. O procedimento heurístico *cavalga* claramente sobre a utilização construtiva do erro. V. Benedito (1987, p.27) sintetiza esse enfoque nos seguintes termos:

> De modelos ingênuos, inclusive falsos de saída, por tenacidade, o pesquisador pode conseguir programas de pesquisa válidos [...] Inclusive, às vezes, quando um programa de pesquisa entra em uma fase regressiva, uma pequena revolução ou mudança criativa de sua heurística positiva pode impulsioná-lo de novo para diante.

Se o conhecimento humano não se impõe a nós por meio dos sentidos, mas é *reconstruído simbolicamente*, estamos dando entrada no subjetivo, emotivo e distorcido. Nos termos de Piaget, o sujeito constrói subjetivamente o objeto de conhecimento com base na coordenação das operações adaptativas exercidas sobre o mesmo. Nesse sentido, o erro como distorção é um "inquilino" permanente do processo de aprendizagem, já que tanto o conhecimento individual como o científico é adquirido por aproximações adaptativas. Dito com outras palavras, não se aprende pela observação, como habitualmente se afirma, mas pela construção e pela experimentação, em função de constructos pessoais do sujeito. As estruturas que a criança aprende com as palavras de sua língua materna não são fruto de mera observação, mas da construção pessoal. A observação nos levaria à reprodução mimética; a construção, pelo contrário, implica transformação – como a realizada pelo pintor ao desenhar uma paisagem – e, por conseguinte, distorção ou possível desvio mais ou menos distanciados da norma ou conduta esperada. Por isso afirma que o erro, o equívoco ou a distorção estão na própria gênese de todo conhecimento, não como efeito desejável, mas como possibilidade.

O erro e o problema como fontes de conhecimento

A história das ciências foi considerada por Engels como a progressiva eliminação de certos erros, que eram substituídos por outros menos absurdos.

Sua concepção não é outra que a da relatividade do erro, como expus anteriormente. A teoria da relatividade de Einstein é mais aceitável que a de Newton e esta que a de Galileu, mas faltam teorias globais que superem a de Einstein, integrando o macrocosmo e o microcosmo. Para Barrón (1989, p.325),

> A nova epistemologia, assim como a psicologia cognitiva, conceitualizou novamente a natureza epistemológica do erro, que de sintoma da aplicação inadequada do procedimento científico passou a ser considerado fonte de conhecimento, enquanto configurador de problemas a resolver.

O próprio Piaget formulou algo que muitos professores sabem, isto é, que a correção dos erros e das tarefas que têm como base os equívocos costuma ser mais fecunda que os acertos imediatos. Os erros constroem valiosos indicadores pedagógicos.

Podemos definir a "construtividade do erro" como a tomada de consciência e a utilização das contradições, dos absurdos e dos erros, com o objetivo de facilitar a compreensão da realidade, melhorá-la ou resolver problemas. Tal conceito foi utilizado por Kuhn (1987) ao aconselhar seus alunos que primeiro descobrissem as aparentes contradições ou os absurdos de um texto e, depois, se perguntassem como uma pessoa inteligente pôde escrevê-los. O progresso mediante a superação dos erros também foi apresentado por Casavola (1983), Giordan (1985), Moreno (1986), Gil Pérez (1987). A tomada de consciência entre o esperado e o obtido alimenta uma "tensão diferencial" cognitiva, capaz de buscar alternativas e gerar mudanças. É algo assim como a exclamação e a interrogação. Enquanto a primeira é a resposta emotiva para um desejo ou resultado (eureka!), a interrogação cria tensão intelectual, curiosidade e inquietação para se conhecer a resposta ao que se esconde atrás da pergunta.

Escrevi que a formação tem de se orientar para a extensão e o aprofundamento da consciência pessoal e social, para a reflexão. O erro, como fonte de conhecimento, facilita esse processo porque reclama maior atenção e reflexão em torno das falhas. O aluno realiza as operações matemáticas de forma mecânica, porque já as domina, mas diante do erro cometido presta maior atenção para descobrir onde pode ter falhado. A análise do erro representa um processo e, como tal, é uma fonte de aprendizagem de estratégias cognitivas. Procedimentos não podem ser ensinados nem aprendidos por meio da constatação de resultados, mas do funcionamento de processos lógicos, psicológicos ou mecânicos. É por isso que o erro, além de favorecer a habilidade reflexiva e analítica, é uma estratégia adequada para o ensino-aprendizagem de procedimentos, novo domínio de objetivos que devem ser levados em conta no ensino da Reforma.* Assim tenho comprovado na experiência de aprendizagem da linguagem Logo mediante projetos de trabalho. O estudante se familiarizou com certas dificuldades que o impediam de avançar em seu projeto, de modo que chegou a desenvolver maior habilidade que o grupo-controle no processo de descobrir erros (S. de la Torre, Benedito, De Cea, 1991, *El potencial cognitivo del lenguaje LOGO*).

A *consciência da situação problemática*, conflitante, de "tensão diferencial" – "tensão essencial", como diz Kuhn –, é o ponto de partida das grandes descobertas, da atividade criativa, da construção de teorias científicas. Tanto a psicologia cognitiva como a epistemologia e a história do conhecimento avalizam a idéia de que o progresso, o avanço e as mudanças qualitativas estão relacionados com a tomada de consciência de certos problemas. As teorias não são frutos da elucubração espontânea dos cientistas, tampouco o resultado de generalizações empíricas, mas do reconhecimento de problemas. Como diz Bunge: o processo criador que leva à construção de teorias não vai dos dados ou das generalizações empíricas às teorias, mas tem sua origem na tomada de consciência de certos problemas. A "percepção da anomalia" é o começo do processo. Nessa mesma linha poderíamos situar os trabalhos de Laudan e Goldman. Em suma, nas palavras de Barrón (1989, p.326): "O problema e o erro (enquanto que configurador daquele) adquirem a relevância de fontes de conhecimento, e sua identidade vem configurada por teorias prévias que os constituem como tais".

Um processo espiral em que um problema ou uma observação vem precedido por teorias preexistentes que são modificadas, por sua vez, diz a autora, por "construções" elaboradas pelo sujeito ou comunidade científica, em função de seus conhecimentos psíquicos e socioculturais.

Se o problema se define em relação às pessoas, de forma individual ou coletiva, podemos falar de problema quando ocorrem três condições básicas:

a) Que exista motivação e direção para enfrentar uma situação ou alcançar certos propósitos. Quando não existe aspiração para mudar a situação estabelecida ou vigente não é correto falar de problema em nível cognitivo ou social. Se consideramos corretas as teorias sobre o ensino ou a metodologia, faltaria o primeiro elemento direcional e motivacional para falar de problema. Isto é, tomar consciência do conflito entre o existente e o desejável.

---

*N. de R.T. O autor refere-se à reforma do sistema educacional espanhol.

b) Crença de que não se tem a solução ou a alternativa desejável.
c) Tomada de decisões sobre as diversas alternativas e escolha daquela que se pensa mais apropriada.

Conforme Barrón (1989, p.327): "esta condição delimita a natureza de um conflito cognitivo, que emerge quando o sujeito tem de enfrentar um campo de possibilidades incertas para fazer mudar um estado dado para o estado que objetiva".

Luhmann vai mais longe ao considerar a teoria não como uma fórmula de tranqüilidade epistemológica ou um mecanismo para resolver problemas, mas como um estímulo para gerar problemas. Uma teoria deve ser crítica, reflexiva e auto-referente. Que papel esse autor atribui ao acaso e ao erro? Faz diversas alusões ao acaso, afirmando que a vida é um conjunto de acasos e de possibilidades. A complexidade é o triunfo da negação diante da afirmação; Luhmann acredita na necessidade de *uma história da negação e de uma história do erro*. Nesse sentido, comenta Izuzquiza (1990, p.192), referindo-se à necessidade de ditas histórias: "negações, erros, problemas não-resolvidos são considerados positivamente enquanto são analisados como mecanismos de variações e, portanto, contribuem para a evolução dos sistemas sociais". Os problemas sem solução introduzem variação em um sistema e, portanto, diferenciação e complexidade.

Com esse parco discurso não pretendi outra coisa que demonstrar como o acaso, o erro, a complexidade, o problemático e tudo aquilo que encerra rejeição por parte de certos setores positivistas ou tecnocráticos é aceito por alguns filósofos como importante componente do progresso científico. O erro é uma das engrenagens da roda da história. É hora de aprender com as falhas, os desacertos e os erros. É hora de propor uma nova ética baseada no reconhecimento dos próprios erros. É hora de recolhermos nas pesquisas não só os resultados positivos, coincidentes com nossas expectativas, mas também aqueles inesperados, imprevistos, problemáticos ou contrários ao esperado. K. Popper se referiu recentemente à nova ética do reconhecimento dos erros e da tolerância, destacando, em seu discurso de investidura como doutor *honoris causa* pela Universidade Complutense de Madri, a necessidade de reconhecer nossos erros, de introduzir o diálogo, o debate e a autocrítica. São três os princípios que propõe: o de falibilidade, o diálogo racional e o debate. O novo princípio básico, afirma, é o de que para evitar equívocos devemos aprender com nossos próprios erros. Tentar ocultá-los é a maior desonestidade. É parte de nossa tarefa ter uma atitude autocrítica, franca e honesta para com nós mesmos. Como devemos aprender com nossos erros, também devemos aprender a aceitá-los, mesmo quando nos são apontados pelos demais. É que, como disse Popper, a *ciência progride a golpes de erros*. Casavola e colaboradores (1988) sublinharam o caráter epistemológico do erro, já que ao dar significado ou não ao erro se adota uma ou outra posição sobre a origem do conhecimento:

apriorismo, empirismo ou construcionismo. Este considera o erro como elemento construtivo.

PERSPECTIVA PSICOPEDAGÓGICA DO ERRO NA APRENDIZAGEM

O estilo cognitivo: uma perspectiva diferencial do erro na aprendizagem

É preciso buscar o referencial que norteia nosso enfoque do erro nas teorias cognitivas e sociocognitivas da aprendizagem. Não se trata de um tema isolado ou descontextualizado, mas que responde às recentes proposições pedagógicas dos processos de ensino-aprendizagem. A concepção epistêmica de Royce e Powel (1983) e a proposição de estratégias cognitivas de Kogan (1973, 1976), Dunn (1984), Kirby (1984), Nisbet e Schuchkmith (1987), Entwistle (1986, 1988, 1990), Fontana (1989), Alonso (1991), para citar apenas alguns autores, proporcionam os constructos teóricos de um novo enfoque didático diferencial. Partem do modo peculiar que cada sujeito tem de enfrentar as tarefas escolares. Os trabalhos de S. de la Torre e Mallart (1989, 1991), S. de la Torre e Ferrer (1991) se aprofundam em iguais pressupostos cognitivos e sociocognitivos referentes à aprendizagem escolar.

Os erros nos refletem, entre outras coisas, as diferenças de estilo e a adequação das estratégias para a solução de problemas. Estilos cognitivos como reflexividade-impulsividade, amplitude conceitual e de categorias, articulação ou globalidade, podem ser justificados sobre um mesmo substrato: o valor significativo que para eles tem o erro. Os sujeitos com tendência à reflexividade, aos conceitos restritos sobre os amplos, à multiplicidade de categorias que diversifiquem os elementos, independentes de campo ou articuladores, refugam o erro. Os impulsivos, dependentes, de amplitude categorial, aceitam mais facilmente cair em certos erros, fazendo prevalecer a idéia global. No estilo reflexivo-impulsivo se obtém a pontuação atendendo ao tempo médio para solucionar a prova e ao número de erros cometidos. Para Satterly (1989, p.2429), "o reconhecimento destas tendências alerta os professores sobre as possíveis fontes de erro na aprendizagem e sobre a necessidade de incentivar a reflexão quando esta seja necessária para a tarefa, mesmo que sendo contra o enfoque preferido da criança".

As diversas teses de doutorado que há anos foram defendidas na Espanha em torno dos estilos cognitivos são um bom indicador do interesse científico do tema. O interessante – ou talvez natural – do caso é que quase todas elas estão ligadas a departamentos de psicologia. A temática se caracteriza pelo aprofundamento das tipologias mais difundidas: dependência *versus* independência e reflexividade *versus* impulsividade relacionadas com a leitura, o rendimento universitário, a aprendizagem, etc.[3]

Os estilos cognitivos são associados habitualmente a capacidades cognitivas e traços de personalidade, mas também a elementos curriculares (Torre-Mallart) e de rendimento escolar. Para Vázquez (1990, p.468), a dependência-independência de campo parece não ser independente da capacidade intelectual, em troca o é em relação ao pensamento formal. Com a idade aumenta a relação entre capacidade intelectual e independência perceptiva. Os autores S. de la Torre e Benedicto (1989) encontram, também, uma alta correlação entre inteligência geral e DIC.[*] Não tenho disponíveis agora estudos concretos que tenham proposto a relação entre número de erros e DIC. É presumível que os dependentes de campo e globalizadores cometam mais erros em nível escolar.

Seu estudo, no entanto, não se limita a descrever os atributos pessoais do aluno, mas se estende aos conteúdos curriculares (tais como matemática, linguagem, escrita, etc.), a elementos socioculturais, à maneira de atuação do professor, aos recursos didáticos, etc. Paralelamente, o erro, como termômetro dos processos cognitivos, ganha uma significação nova. É algo mais que o indicador visível de processos invisíveis. Não só aponta problemas na percepção ou no processamento da informação. Sua tipologia nos permitirá diagnosticar os desajustes nas estratégias empregadas. Algo que o êxito não pode nos informar.

Desde que Bruner desenvolveu sua visão heurística da aprendizagem, o erro vem ganhando progressivamente uma nova consideração didática. De elemento punível e critério sancionador em exames e avaliações passa a ser visto como instrumento de conhecimento, como "ensaio" natural na aprendizagem por descoberta. O *erro* traz consigo, pois, um novo enfoque do ensino. Não seria pretensioso afirmar que *a reflexão sobre o erro* não só introduz uma nova dimensão metodológica, como uma *renovação didática*. O ensino deixa de ter sentido em si mesmo para se tornar mediação para a aprendizagem. O professor não mostra[4] nem demonstra (por meio de explicações), ele cria situações de aprendizagem, observa resultados, infere processos e orienta em relação às estratégias ou aos procedimentos que o aluno deve seguir. Trocam os papéis os professores e os alunos, as estratégias, a organização do ensino, a concepção avaliativa... A reflexão sobre o erro pode se tornar uma estratégia para *dar primazia aos processos* em educação, como exporei mais adiante.

Com essas referências pretendo argumentar que o erro não é um tema esotérico ou "paradidático", mas que começa a atrair o interesse de psicopedagogos e profissionais do ensino, contribuindo para fundamentar, juntamente com os estilos, uma perspectiva diferencial da aprendizagem. Analisarei, nes-

---

[*]N. de R. Tratamento cognitivo baseado na Dependência-Independência de Campo.

ta investigação, os pressupostos pedagógicos do erro e sua incidência na didática assim como sua tipologia. Em trabalhos posteriores serão apresentadas sua projeção curricular e a forma de abordá-los na aula.

Perspectiva cognitiva do erro

O erro é filho da mudança. Ele não é uma meta que se tenha de perseguir, mas tampouco um resultado que se tenha de condenar sem antes examinar seu processo. Deve ser entendido à luz dos processos cognitivos e do desenvolvimento do pensamento humano. Isto é, como um componente natural a qualquer processo de mudança. Todo desenvolvimento leva consigo variantes, desvios, resultados não esperados. Podemos ver na árvore do desenvolvimento das espécies, no tronco dos hominídeos, na variedade de raças e nas diferenças individuais. Todos desejaríamos possuir o QI de Einstein, mas isso não é possível. Erro da natureza? Não, sabedoria da natureza, em que é possível o crescimento e a mudança graças à diversificação.

Sem diversificação não há crescimento; ou, se se prefere, todo crescimento, todo processo de mudança, toda inovação, comporta diversificação e é suscetível de erro ou desvio. A argumentação dessa idéia está claramente desenvolvida na filosofia de Luhmann sobre a complexidade ou o crescimento de um sistema. A evolução é o triunfo da diferença. Segundo Izuszquiza (1990, p.183) "Darwin emprega diferenças em vez de causas, o que permite estabelecer um paralelismo entre a teoria da evolução e a teoria da informação, enquanto esta é sempre um processamento de diferenças".

Evolução ou mudança, complexidade e diferenciação são componentes intimamente conectados em sua teoria da sociedade. Que seria de uma sociedade de clones, em que todos fossem exatamente iguais? Pensemos nos brotos lenhosos que as árvores desenvolvem em seu crescimento junto com os brotos frutíferos. Para que servem os brotos lenhosos, se não dão fruto? Apesar de não darem fruto, eles facilitam o equilíbrio, o crescimento harmônico da árvore, a transpiração.

O pensamento humano e a aprendizagem admitem diversificação, como ilustra De Bono, e seu desenvolvimento cria estágios de maior contradição, como Piaget investigou.

As formas de pensar

De Bono (1988), sob o sugestivo título de *Seis chapéus para pensar*, apresenta outros tantos cenários que nos permitem aumentar o pensamento criativo, torná-lo mais eficaz, melhorar a comunicação. Para isso, vale-se da estratégia da diversificação do pensamento. Nele se abriga não só a verdade ou a falsidade de um discurso, como também as emoções, os receios, a intuição, as idéias novas, o controle. Quando tratamos de resolver um problema, de convencer alguém de nossas idéias ou de realizar um projeto, não pomos em jogo os mesmos mecanismos cognitivos. Do mesmo modo que desempenhamos diferentes papéis conforme as pessoas ou o contexto em que nos encontremos (atuamos *como* pais, *como* filhos, irmãos, amigos ou colegas, *como* chefes ou subordinados, *como* professores ou alunos, etc.), assim nosso pensamento atua algumas vezes como apresentador de dados e de informações e em outras aventa pressentimentos ou se exalta diante do inesperado. Nem sequer o cientista é um ser puramente racional. O pensamento lógico é uma das vias, mas não a única, mesmo que algumas pessoas tendam a utilizar mais um tipo de pensamento que outro. De Bono (1988, p.23), ao se referir ao mero pensamento, e não à teoria crítica, afirma: "O costume ocidental da argumentação e da dialética é defeituoso, exclui o criativo e o gerativo. O pensamento crítico vale para reagir diante do que se põe em frente, mas não faz nada para produzir propostas".

Os seis chapéus são representados figurativamente por seis cores. Um jogo divertido consistiria em dar um chapéu – de forma figurativa – a cada um dos participantes, de modo que, diante de determinado tema ou problema, cada um desenvolva um pensamento diferente ou utilize um papel distinto:

1. O *chapéu branco* (ausência de cor) indica neutralidade e simboliza a informação objetiva, os fatos e os dados. Pretende ser racional, lógico, predominando, em quem atua com esse modo de pensar, o critério de verdade sobre qualquer outro.
2. O *chapéu vermelho* sugere fúria, ira, ardor, empatia, emoções, preferências, julgamentos complexos, recolhendo a vertente intuitiva e conjetural. Com ele se legitimam as emoções e os sentimentos como parte importante do pensamento. Esse tipo de pensamento aflora freqüentemente nas reuniões em forma de intuições ou julgamentos baseados em fatos concretos, mas com suficiente força para ganhar adesões entre os concorrentes.
3. O *chapéu negro* recolhe o lógico-negativo, o julgamento crítico, o ponto de vista pessimista. Aponta o que está mal, o incorreto e errôneo, alertando contra o que não vai funcionar, contra os riscos e os perigos. Deve se desprezar esse tipo de pensamento? Não. "O pensamento de chapéu negro pode assinalar os erros no processo de pensamento e no próprio método" (p.121). Nas inovações corresponderia à "massa crítica", resistente a se envolver sem antes esclarecer certas questões. Contrasta as idéias expostas com a experiência do passado e sua viabilidade no futuro.
4. O *chapéu amarelo* representa o especulativo e o positivo, o otimismo, o pensamento construtivo e realista, sendo o oposto do negro. Abrange um amplo espectro que vai desde os procedimentos lógi-

cos e práticos aos sonhos, às visões e às esperanças. Oferece respostas concretas e sugestões para levar uma proposta à prática. A eficácia é o principal critério que guia o pensamento construtivo do chapéu amarelo.
5. O *chapéu verde* (símbolo da fertilidade e do crescimento) se identifica com o pensamento criativo, que proporciona novas idéias, novos conceitos e novas percepções; vai além das alternativas sugeridas por outros, além do conhecido, do óbvio e satisfatório. É o pensamento lateral, não-lógico, do humor. As idéias não são pontos de chegada, mas estações de passagem. Utiliza a lógica do absurdo, ultrapassa o significado do "sim" e do "não" e provoca ao acaso. A provocação é um elemento importante do pensamento do chapéu verde e a simboliza mediante a expressão *PO (Provocative Operation)*, rompendo com ela toda lógica baseada na afirmação ou negação. *PO* significa provocação, possibilidade, "talvezismo", idéias loucas. Desse modo, ajuda a gerar novos conceitos e novas percepções. "[...] No ensino *PO* se aprende mais quanto menos se ensina". Substitui o "sim" e o "não".
6. O *chapéu azul* significa o controle dos demais chapéus ou formas de pensar. Parte de planos bem-desenvolvidos, de procedimentos adequadamente seqüenciados, da definição do problema. Formula perguntas adequadas, avança passo a passo e tira conclusões. É complementar do branco no sentido de equilibrar a lógica dos dados com a lógica dos processos. Nas reuniões corresponde às pessoas que definem o problema, focalizam a discussão, estabelecem procedimentos, formulam perguntas-guia e realizam sínteses das idéias e das propostas realizadas. São coordenadores natos. O pensamento de chapéu azul assegura que se respeitem as regras do jogo.

Várias formas de estar equivocado

Tratei dessas formas de pensar para mostrar como nem tudo é racionalidade e justeza lógica nos processos cognitivos. Também o tateio, o impulso, a intuição e o equívoco fazem parte do pensamento. Em nossa mente existem mecanismos de tipo afetivo, tensional e imaginativo. Inclusive o erro está infiltrado em algumas formas de pensar. Como afirma De Bono (1973) em outra de suas obras, *La práctica de pensar*, alguns erros são um aspecto natural do processo racional.

> Estes erros não podem ser evitados, porque surgem diretamente do funcionamento mental. A gente não pode executar uma atividade pensante adequada sem estes erros, do mesmo modo que não existe um motor de gasolina que carburize sem lançar certos gases residuais.

O autor se refere a cinco formas de estar equivocado: erro por "monotrilho", de magnitude, por desajuste, por arrogância e por omissão. São erros cotidianos.

O *erro por monotrilho* consiste em passar diretamente de uma idéia para a seguinte, ignorando elementos ou diferenças importantes entre as situações. Esse tipo de erro ocorre freqüentemente no ensino quando aplicamos em nossa aula, por exemplo, uma metodologia que funcionou em outro contexto. Trata-se de uma inadequada transferência de idéias. As crianças pequenas cometem com extrema facilidade esse tipo de erros ao aplicar a outras situações o que viram os mais velhos fazer, passando diretamente de uma idéia para outra. As balas são coloridas; por isso, as pílulas coloridas devem ser doces, pensa a criança. A mamãe mete a roupa suja na lavadora; por isso, a criança introduz o gato na lavadora quando está sujo. Esse tipo de erro indica simplicidade mental e é difícil de eliminar porque sua seqüência parece logicamente correta. Deve-se levar em conta todos os elementos e não apenas alguns. As crianças vêem que seus pais pegam dinheiro no banco quando o necessitam; por isso, pensam que o banco é um lugar onde se pode sacar dinheiro sempre que necessário. Cometem o erro de monotrilho ao passar por cima do fato de que para sacar o dinheiro é preciso depositá-lo antes.

O *erro de magnitude* consiste em associar uma idéia a outra de uma forma aparentemente válida em relação ao nome que lhe damos, sem levar em consideração a diferença de magnitude ou proporção. Um ímã atrai objetos imantados ou metálicos, mas se estes são grandes ou estão distantes não se produz o efeito da atração. Não só o pensamento infantil está cheio desse tipo de erros, como também tem lugar entre os adultos. Nós os eliminamos pondo nomes nas coisas. Um charco, uma lagoa, uma represa, um lago, um mar diferem-se por seus tamanhos mais que pela natureza de seu conteúdo. No entanto não temos palavras para expressar as diferenças de brancura da neve (como acontece entre os esquimós) nem na intensidade da luz, embora tenhamos para os sons e para a voz.

Os erros de magnitude são cometidos por inexperiência, quando ainda não se domina o senso de proporção. Acontece com os professores novos na distribuição do tempo ou com a quantidade de material que se necessita para realizar um trabalho. Frases como "o amor tudo vence", "com uma boa dieta você perderá peso", "aumentando o número de policiais se consegue dominar a delinqüência" induzem a erro, porque não precisam as condições que devem acompanhá-las: quantidade, duração, intensidade, dificuldade a vencer, etc.

Como ensinamos as crianças a dominar esse tipo de erro? Mediante a utilização da medida. É muito diferente dizer "tome o comprimido com água" que "tome o medicamento com uma colherinha de água". Sem medida seria difícil ter resultados com as receitas culinárias. Mas como medir a magnitude da dor, da felicidade, da chateação nas aulas, da beleza, da justiça social, etc.? Aplicamos o termo ladrão tanto para quem rouba uma pequena quantidade como para quem rouba grandes quantidades. E o que dizer da justiça ou da injustiça? Os adjetivos vêm em nossa ajuda ainda que não consigam resolver o problema dos erros de magnitude. Os erros de magnitude estão presentes em nossa linguagem habitual dando origem a confusões. O que significa na boca de uma mulher "Espere um momento", quando ela está se arrumando?

O *erro por desajuste* consiste em confundir objetos, situações ou pessoas por não perceber todos os elementos que os definem. Quem não confundiu alguma vez uma pessoa com outra ao vê-la de costas ou ao ouvir sua voz? Reconhecemos nosso erro com um "desculpe, me enganei!"? A distração é a fonte principal desse tipo de erro nos alunos. Um simples dado que passa inadvertidamente a eles em um problema de matemática os leva a resultados errados. Muitas respostas incorretas ou incompletas têm sua origem nesse desajuste entre o que o problema pergunta ou o que se pede e o que o aluno captou, em uma leitura pouco reflexiva. Para responder a esse tipo de situações temos a expressão "É que eu pensava que...". A suposição é a principal aliada desse tipo de erros. "Em nível prático, esse tipo de erro tem lugar quando uma idéia não se ajusta à formação concreta disponível", diz De Bono (p.101). A concepção newtoniana do universo apresenta um erro de desajuste entre sua teoria e a realidade, estando mais ajustada a esta a teoria de Einstein. Cometemos erros por desajuste quando tiramos conclusões precipitadas de certos dados.

A *arrogância* induz a *erro de deve-ser* pela rigidez das idéias, pelo modo que estas são defendidas e impostas aos demais. É um erro de atitude mais que de conteúdo, projetando-se para o futuro mais que para o presente e para o passado. Encaixa perfeitamente com esta modalidade de erro aquele ditado: "Não há erro mais perigoso que o de quem se considera o dono da verdade". Este erro emana da forma como a mente humana elabora a informação valendo-se da disjuntiva sim-não. É o erro do exclusivismo.

O *erro por omissão* se deve a uma escolha parcial, ao considerar somente certa parte de um todo e fechar a opinião sobre a totalidade. A omissão pode ser consciente ou inconsciente. Onde há a necessidade de se formular um julgamento – trata-se de ensino ou pesquisa – existe o risco de tirar conclusões sem atender à totalidade da informação presente. Tanto nos meios de comunicação de massa como na política, na publicidade e onde predominem as proposições ideológicas ou comerciais, é fácil encontrar exemplos de erro por omissão. Mostram o lado dos fatos que mais lhes convém. Um mesmo discurso ou acontecimento é utilizado de forma diferente pelos políticos, pela TV e pela imprensa segundo sua ideologia. Por quê? Cada um omite ou exclui aquilo que não lhe convém e realça o que mais lhe interessa. De Bono é contundente a respeito:

Todo tipo de propaganda política ou ideológica se baseia sempre no erro por omissão. Habitualmente é tão seletiva que poderíamos denominá-la com justiça como um caso de "exclusão" e não de "omissão".

Sob essa suspeita até certo ponto amoral, transfere-se para a educação o conceito de política, como forma de manter o poder e dirigir a sociedade aos ideais do partido. O erro por omissão de informação por parte da publicidade limita por meio do engano e da manipulação. Qualquer anúncio que examinemos, seja na imprensa escrita ou icônica, encontramos uma visão parcial ou restritiva do que anunciam.

Bavelas e colaboradores (1990), argumentando a partir do equívoco na comunicação (*equivocal communication*), afirmam que a estratégia da confusão e da vagueza pode ser válida em política ao conseguir melhor persuasão e adesão (propósito principal de muitas intervenções) que a clareza e a definição das metas. Também Eisenberg questiona a clareza como norma geral para todas as situações. Podem existir situações em que sejam válidas certas confusões. Pensemos, por exemplo, no humor, que é possível graças às situações equívocas. As piadas se baseiam na ambigüidade ou na ambivalência de palavras e idéias. Nem sempre a clareza é norma.

Ponto de vista psicogenético do erro

Da perspectiva genético-evolutiva, segundo Piaget (1978) em sua obra *Investigaciones sobre la contradicción*, encontramos novos argumentos justificativos desse *status* do erro como ocorrência natural dentro do processo de aprendizagem. As idéias De Bono (p.107) não estão muito longe das de Piaget, quando escreve: "A chave está em que os erros emanam diretamente do modo operativo do cérebro durante a elaboração da informação". Dito com outras palavras, o erro é algo congênito ao processo de assimilação e apropriação das coisas por meio da informação. O erro tem lugar onde se dá a liberdade. Inclusive em estatística se fala de nível de erro aceito (alfa ou beta) em relação aos graus de liberdade. O instinto que guia os animais não erra; mas erram aqueles processos indeterminados, não estabelecidos mecanicamente. O *erro é um indicador ontológico de indeterminação e de liberdade*. Mas esse é um tema filosófico em que não vou entrar.

A "tensão diferencial" entre o conhecido e o novo, o desajuste ótimo ou os processos de desequilíbrio de que nos fala a psicologia cognitiva são constructos com que tratamos de explicar os mecanismos da aprendizagem humana. O progresso passa muitas vezes pelo confronto, pelo conflito ou pela contradição nas idéias, pelo menos na infância. Para Piaget (1978, p.318),

> A contradição lógica consiste em um erro de cálculo formal em relação a um procedimento que teria permitido evitá-lo e bastará corrigi-lo quando se percebe a falta, enquanto no

plano do pensamento natural as contradições são sem dúvida inevitáveis, porque surgem a propósito de problemas que o sujeito devia se propor sem poder resolvê-los previamente.

Os principais problemas que isso apresenta são: a natureza das contradições no pensamento natural; como superá-las e quais são os processos de equilíbrio.

No que se refere à natureza cabe distinguir três tipos de contradições. O primeiro: as contradições devidas a falsas identidades ou contradições como as letras no espelho. Enquanto que umas letras parecem invertidas, outras não parecem por causa de sua forma. O segundo tipo: contradições formadas por uma oposição incompleta entre classes de objetos de tal modo que alguns deles são incluídos e excluídos ao mesmo tempo. Seja o grupo de variáveis: $(a = b = c = d) < (d = e = f)$. O terceiro tipo se deve a inferências errôneas e falsas implicações. O caráter comum dos três tipos está nas compensações incompletas entre as afirmações e as negações. Outro tipo ainda de contradições é o de pseudocontradições, que ocorrem em sujeitos de menor maturidade e que logo desaparecem. Esse seria o caso do copo com a metade de água, que é visto como meio cheio e meio vazio. Mas as crianças pequenas negam essa dupla possibilidade.

O segundo tipo de problema se refere à superação de tais contradições ou confronto cognitivo. Para Piaget, as superações ocorrem sempre segundo dois processos construtivos e solidários: um extensional e outro em compreensão. Esses dois processos se produzem juntos, embora com grau diferente de relação. O primeiro ocorre ao se ampliar o campo de conhecimento, introduzindo novos elementos e novas relações que flexibilizam as estruturas anteriormente adquiridas. Assim, as perguntas que a criança formula aos 3 anos vão adquirindo significado progressivamente graças a novos conhecimentos, sem que tenha existido uma resposta concreta para elas. Lembro que, quando era pequeno, intrigava-me a questão sobre como poderia se sustentar na Terra toda a água dos mares e oceanos, se estes ocupavam maior área que a terra. Acostumado a ver pequenas lagoas não podia compreender como tanta água poderia se agüentar por si só. O que não lembro é quando isso deixou de me surpreender. Existe, no entanto, a tardia e difícil tomada de consciência de certas contradições, como afirmar ao mesmo tempo a igualdade e a desigualdade de duas construções ou de dois recipientes que a própria criança manipulou com idênticos elementos. Por que mantém que um é maior que o outro quando realmente são iguais? Conforme Piaget (p.237), "Por que a contradição entre dois esquemas pode permanecer durante tanto tempo inconsciente?" [...] "A superação consiste em compensações mediante um recurso para negações construídas para este efeito".

A tomada de consciência é facilitada por algum dado novo ou uma informação proporcionada pelos adultos. O importante papel a ser desenvolvido pelos pais e pelos professores na educação infantil está em facilitar a superação de tais contradições e com isso ampliar as estruturas do conhecimento.

Algo surpreendente nos estudos de Piaget é a variação das afirmações e negações na criança, assim como as relações entre a contradição e o equilíbrio. As contradições características dos níveis elementares consistem em desequilíbrios e não em contradições lógicas, já que a criança não chega a ter consciência de tais incompatibilidades ou conflitos. O sujeito não percebe de saída que toda ação implica necessariamente um aspecto positivo e um negativo. Isto é, não compreende o princípio de contradição, segundo o qual um objeto não pode ser e deixar de ser a mesma coisa ao mesmo tempo. Enquanto que em uma etapa inicial predomina a afirmação sobre a negação, posteriormente predomina a negação. No nível perceptivo – escreve Piaget – só se percebem os caracteres positivos, enquanto que a negação não é um processo que dependa da percepção. No entanto, com o começo da conceitualização, observa-se a formação de julgamentos negativos elementares, ainda que relativos a elementos positivos prévios. "O *miau* é pequeno, não grande", a criança dirá. É curioso constatar que, inclusive na linguagem adulta, predomina o *mais* e o *menos* em relação a outro, mas é pouco freqüente a negação de tais comparações.

Cabe falar de três níveis nas afirmações e nas negações, segundo Piaget, que têm relação com o grau de desenvolvimento cognitivo. A primeira forma de afirmação consiste em uma aproximação aos caracteres do objeto, sem acrescentar outro indicador, já que os esquemas de assimilação estão centrados na compreensão. No segundo nível de conceitualização pré-operatória, o sujeito extrai os caracteres comuns dos objetos e suas conexões, e os organiza em sistemas de classes e de relações, conformando assim um novo referencial sobre o qual elabora seus julgamentos positivos. Nos níveis operatórios, uma vez estruturados esses referenciais de forma estável e coerente, as afirmações vêm reguladas pelas operações indiferenciadas e absolutas; adquirem forma relacional e relativizada. "Em uma palavra: a sucessão destas três formas de afirmações depende de um duplo processo de interiorização mediante construções endógenas e de relativização devido às adjunções sucessivas que enriquecem a assimilação dos dados exógenos" (Piaget, 1978, p.334).

Uma simples frase que condensa toda a teoria piagetiana da construção do pensamento mediante os mecanismos de assimilação e acomodação.

A essas três etapas, ou níveis, nas afirmações correspondem outras três formas de negação. A primeira é a negação motora ou prática, que tende a suprimir ou compensar a perturbação a fim de voltar a alcançar o estado positivo anterior. Em caso de fracasso segue a acomodação com novas afirmações (p.335). Trata-se de uma negação transitória. A segunda forma consiste em negar que um objeto pertença a uma classe ou a sua participação em uma relação. Trata-se de uma negação de comprovação local, sem afetar de fato a consistência das estruturas operatórias. Continua predominando o número de afirmações sobre o de negações. No entanto, ao alcançar as estruturas operatórias, a cada afirmação corresponde uma negação; isto é, a cada A corresponde um *não-A*. A dificuldade de chegar a tal nível de captação da negação ou da detecção do erro indica as dificuldades da interiorização.

A essas três formas sucessivas de afirmações e negações correspondem também três formas de contradição: entre ações, entre esquemas e operacionais. Mesmo que o primeiro tipo de contradições não seja difícil de eliminar quando se trata de ações pouco complicadas, quando estas são complexas aumenta a dificuldade. A criança busca soluções por contigüidade ou por proximidade entre os elementos, não percebendo outro tipo de combinações. Assim, no típico caso em que se pede para levar de uma margem do rio para a outra o lobo, a cabra e o pé de couve (com a condição de não deixar sozinhos o lobo e a cabra, nem a cabra e a couve), as crianças só prestam atenção a um lado do rio, mas não ao outro. A execução de uma ação comporta duas condições lógicas:

a) Toda ação, por simples que seja, é distinta de qualquer outra, isto é, o caráter positivo ou afirmativo de uma ação vai intrinsecamente unido a um aspecto negativo ou de exclusão. O erro vem muitas vezes de o sujeito acreditar que uma mesma ação pode dar resultados opostos.
b) A segunda condição lógica é que seu resultado positivo é sempre solidário com uma transferência a partir de uma situação negativa de partida. Uma modificação representa alterar o estado anterior, substituindo-o por um novo.

As contradições entre esquemas ou subsistemas (relativos à conceitualização dos objetos) obedecem a uma falta de coordenação, permanecendo distantes da consciência durante longo tempo. São superadas mediante a intervenção de estruturas operatórias de conjunto, que implicam também certas condições lógicas ou compensações entre os fatores positivos ou afirmativos e os fatores negativos de partida. Trata-se da captação da comutabilidade e da transitividade dos objetos, de tal modo que se chegue a compreender que $A + B = B + A$; $A < B$ e $B < C$ nos leva a afirmar que $A < C$.

Finalmente, as contradições que surgem quando se adquiriu as estruturas formais, quando o sujeito assimilou que a cada afirmação corresponde uma negação, referem-se a erros transitórios ou deficiências no raciocínio que esquecem, em algum ponto, a necessária correspondência entre operações diretas e inversas. Passamos do pensamento natural para o pensamento lógico-formal, acontecendo os erros (anteriormente comentados) por monotrilho, desajuste, magnitude, arrogância e omissão. O pensamento natural é essencialmente dialético em seu desenvolvimento, sucedendo-se os estados de desequilíbrio e reequilíbrio. Uma vez alcançada a formalização do pensamento, continuam aparecendo contradições, como mostra Piaget (p.343) ao escrever:

> Mas sim, a partir do nível em que a formalização se torna possível, impõe-se a distinção entre as contradições formais e as que se referem a conteúdos; não se deve acreditar que estas já não se apresentam no pensamento racional em geral nem inclusive no pensamento científico [...] Em diversos terrenos é fácil evidenciar, *a posteriori*, a existência de contradições.

Desta rápida análise podemos concluir que o erro e a contradição estão na própria gênese do conhecimento, sendo inatos a ele. Mas o erro ultrapassa dito referencial psicogenético no próprio conhecimento científico, como vimos em tópicos anteriores e Piaget reafirma em suas conclusões.

No entanto, a origem do erro aqui é outra, já que não depende tanto dos caracteres positivos dos conceitos ou dos princípios reconhecidos posteriormente como insuficientes, mas da dificuldade de discernir a fronteira entre o verdadeiro e o falso. Ao lado das teorias avançadas ou formalizadas é necessário considerar o conjunto de problemas ainda em estudo que darão lugar a diversas hipóteses e modelos explicativos, talvez adotados por falta de outros melhores.

Que cientista não passou por dúvidas e contradições antes de formular sua hipótese? Max Planck comenta sobre as dificuldades que encontrou para formular sua hipótese dos *quanta* por causa dos trabalhos sobre a radiação do corpo negro, que implicava a negação do contínuo. E concluiu com Piaget: o equilíbrio das afirmações e negações é um problema geral para todo pensamento em desenvolvimento, a partir dos primeiros balbucios da primeira infância e até as transformações e as dúvidas de tipo superior que possam caracterizar as fases de transição e de invenção de características do devir científico em seus períodos de renovação ou de crise (1978, p.344). Quanto mais complexa é uma situação (ou um fenômeno) para explicar, mais probabilidade temos de cair em erro. E isso é o que acontece no campo do ensino. Mas após o erro deveria estar a superação do mesmo.

Alcance do erro na aprendizagem escolar

O conceito de erro não é unívoco, como poderia parecer à primeira vista, senão que foram adotados diante dele diversos enfoques e foram feitas propostas alternativas conceituais. Entre os enfoques, vem se considerando o erro como falha punível ou como defeito a ser evitado, como sinal de progresso e como processo interativo. No que diz respeito aos conceitos ou às acepções, pode-se tomar no sentido de: falta de verdade, de incorreção ou equívoco, de desajuste conceitual ou de execução das tarefas, como sensor de problemas. Isso nos leva a entrar, sob uma perspectiva psicogenética, no conflito sociocognitivo e no desequilíbrio ótimo como situações para alcançar com êxito a aprendizagem formativa.

Três enfoques sobre o erro

a) O erro como falha punível e como efeito a ser evitado

Um dos enfoques mais difundidos e generalizados sobre o erro ao longo da história do homem é a sua consideração como um efeito ou um resultado negativo, inclusive punível. Foi considerado pelas diferentes sociedades como *indicador de fracasso e obstáculo ao progresso*. Desde que as culturas primitivas do Oriente criaram a escola para assegurar a transmissão dos valores até nossos dias, a sanção do erro tem sido uma constante estreitamente ligada ao ensino. Do mesmo modo que o código penal é inseparável de um código civil, sem o qual este carece de valor, a sanção do erro na aprendizagem acompanhou o ensino na escola em sua prolongada e larga história. Isto é, a sanção pelos equívocos na aprendizagem era como que um instrumento de poder e uma estratégia do ensino, como as sanções penais garantiam a ordem pública e o poder estabelecido. O erro na aprendizagem foi perseguido sistematicamente nas culturas suméria, oriental, egípcia e latina, chegando inclusive até nossos dias apesar das repetidas vozes de supressão.

É interessante que já na primeira escola de que temos referência documental, na Suméria, entre 3000 e 2000 antes de Cristo, junto ao *Ummia* ou pai da escola, ao "grande irmão" ou professor auxiliar e a outros especialistas de sumério e de desenho, mencione-se de modo expresso *o encarregado do chicote*, sem dúvida responsável pela disciplina escolar. Não se tratava, como facilmente podemos imaginar, de uma figura decorativa, mas de alguém que deveria estar bastante ocupado em sua função punitiva, porque os atrasos na chegada, a má caligrafia, o esquecimento das reverências devidas e a recitação inadequada das tabuinhas, além de outros tipos de indisciplinas, conduziam inexoravelmente o aluno ao "encarregado do chicote". Kramer (1985, p.460) nos descreve como foi o primeiro castigo da história escolar, precisamente para escapar dessas manias que, pensa o aluno, acomete alguns professores. Vejamos uma breve descrição:

> Mas, apesar da reverência, não parece que este dia tenha sido propício ao infeliz aluno. Teve que agüentar o chicote várias vezes, sendo castigado por ter levantado em aula, castigado de novo por ter falado ou por ter saído imediatamente pela porta grande. Pior ainda, como o professor lhe disse: 'Sua escrita não é satisfatória', sofreu novo castigo [...] Aquilo foi demais para o rapaz. Em conseqüência, insinuou a seu pai que talvez fosse boa idéia convidar o professor para sua casa e suavizá-lo com alguns presentes [...]".

Este não é o único caso de "sanção por erro" na aprendizagem escolar. O grande poeta latino Horácio sofreu em sua carne aquele ditado que chegou até nós: "A letra com sangue entra". Seu professor, Pompilus Orbilius, gostava de castigar tão duramente seus alunos que não sabiam a lição que a história da educação menciona o *orbilianismo* como protótipo de castigo desapiedado no ensino. Mas não precisamos retroceder muitos anos para reconhecer sobre a mesa de qualquer professor o livro ou enciclopédia, a sineta e uma "palmatória", que não era precisamente para ensinar o sistema decimal. Alguns professores preferiam substituí-la por um pedaço de pau sob medida. Utilizava-se tanto para casos de indisciplina como por não saber a lição.

Mas, se a estratégia mais generalizada na história do ensino foi a sanção ou o castigo, em suas formas mais variadas, por não se adquirir a aprendizagem esperada, os pedagogos defenderam durante muito tempo a supressão do castigo. O próprio Quintiliano se opunha aos castigos corporais, porque, pensava, provocavam apenas temor e uma atitude submissa. O bom professor deve empregar um sistema de recompensas positivas. Os castigos corporais significam um fracasso dos professores. Também Comenio, em sua Didática Magna de 1632, rejeita o castigo como método de ensino, preferindo o estímulo dos sentidos e da vontade. Perceber, pensar e assimilar são os três passos do processo de aprendizagem. E se adiantava a muitas teorias modernas ao escrever: "Procedem de mau jeito com as crianças, a quem obrigam aos estudos contra sua vontade". Pelo contrário, é preciso acender neles o desejo de saber e aprender. Um ideal mantido por todos os pedagogos posteriores, desde Herbart a Dewey, mas que possivelmente se choca com uma visão muito diferente vivida pelos professores de nossas escolas. Como motivar certos alunos sem recorrer à sanção ou ao estímulo? Como mudar a atitude dos alunos bagunceiros? Como conseguir interessar na aprendizagem de noções culturais e conceitos acadêmicos os que se sentem mais atraídos pelos valores hedonistas, de supressão do esforço, de exaltação dos direitos sobre os deveres, de igualdade com os adultos, etc., que tão abertamente se promovem fora da escola? A pedagogia ainda não deu respostas satisfatórias a tais problemas.

O erro como efeito a evitar tem sido especialmente apoiado pela psicologia condutivista, por considerá-lo um obstáculo ao progresso. Como subproduto negativo da aprendizagem é preciso reduzir ao máximo sua aparição. A psicologia condutivista skinneriana sugere diversos mecanismos para evitá-lo, como a decomposição da tarefa em pequenos passos, a seqüenciação conforme a dificuldade, o respeito ao ritmo pessoal do aluno, a facilitação da informação complementar ou a comunicação imediata do resultado. Tudo isso se encaminha para a conseqüência bem-sucedida de objetivos de aprendizagem.

Outro tipo de estratégia de aprendizagem que pressupõe uma concepção negativa do erro é a exercitação ou *drills*. Considera-se que à força de fazer muitos exercícios sobre um determinado tema de matemática, gramática, idioma ou qualquer outra matéria escolar o aluno adquire a aprendizagem desejada, reduzindo-se com isso o número de respostas incorretas nos controles ou nas provas. Considerando insuficientes as atividades realizadas na escola, propõem-se verdadeiras montanhas de exercícios ou "deveres" para realizar em casa. Está tão generalizada essa forma de proceder que os professores dificilmente escapam dela. Os livros-texto também estão preparados com abundantes exercícios para a aprendizagem mediante a "exercitação". Para pensar para que serve realizar centenas de exercícios? Conseguiríamos a mesma coisa reduzindo-os ou variando de enfoque? Muitas vezes se faz depender o êxito da quantidade, mais que da qualidade, das tarefas realizadas.

A filosofia que serve de base para a psicologia condutivista da aprendizagem se inspira nos mecanismos de estímulo-resposta-reforço, com a idéia de evitar os hábitos negativos ou os erros e garantir os positivos. Assim, qualquer resposta do aluno (a um estímulo ou a uma pergunta do professor) deveria ir seguida de um reforço positivo ou de recompensa se fosse correta, e negativa ou de correção se sua resposta fosse inadequada ou incorreta. A resposta adequada ou errônea se transforma no critério principal que deve guiar a ação docente. Expressões como: "muito bem", "correto", "assim é que se faz", etc., servem de reforço positivo; enquanto que: "mau", "não está bem", "não é assim que se faz" são considerados reforços negativos. As sanções de outros tempos quanto aos erros na aprendizagem se suavizaram para facilitar a conseqüência de resultados e substituir a sanção por reforços mais apropriados às características dos sujeitos.

Apesar das severas críticas que cabe fazer ao condutivismo como concepção, este representou um considerável avanço no tratamento do erro, ao partir das características diferenciais dos sujeitos e eliminar as duras sanções ao erro.

b) O erro como sinal de progresso

À tese condutivista de que o erro é mau por natureza se contrapôs uma concepção que via o erro como sintoma de progresso. "Sem erro não é possível o progresso", dirão. Contribuíram para sua credibilidade as idéias de Chomsky, para quem a linguagem é recriada pela criança a partir das estruturas universais inatas. E com o domínio desse código simbólico se chega progressivamente a outros conhecimentos; não como algo dado ou adquirido mecanicamente mediante estímulos, respostas e reforços, mas mentalmente construído por tentativa e erro.

Esse novo paradigma substitui o conceito de aprendizagem como formação de hábitos pela formulação de hipóteses sobre aquilo que nos rodeia. O sujeito realiza suposições que trata logo de comprovar, rejeitando-as ou aceitando-as como válidas. Assim é como o erro se transforma em sinal de progresso e de avanço no desenvolvimento do conhecimento. E o que é válido para explicar o avanço científico também o é para o progresso pessoal. Nesse sentido, Ferrán (1990, p.291) afirma: "As bases teóricas dessa nova atitude se fundamentam em que os processos de aprendizagem não são processos de formação de hábitos, mas de formulação de hipóteses sobre como funciona a língua e posterior comprovação dessas hipóteses em usos comunicativos".

O modelo condutivista estímulo-resposta-reforço é substituído pelo mentalista hipótese-comprovação-aceitação ou reformulação. Aproximamo-nos assim do conceito de ensino como indagação ou como aprendizagem por descoberta. O sujeito parte de suposições, conjecturas ou simplesmente de perguntas sobre um determinado conteúdo. Elabora uma proposta de comprovação ou organiza a informação disponível em torno de tais perguntas. O resultado pode ser o esperado ou não. Quando acontece este último, são formuladas novas hipóteses e investigações. Isto é, segue uma metodologia heurística em que o erro faz parte do processo e não tem a ver com sanção, é utilizado pelo sujeito como indicador de um caminho equivocado, sem gerar culpa.

Se a aprendizagem animal e as aprendizagens inferiores ou mecânicas podem ser explicadas mais ou menos satisfatoriamente mediante o modelo condutivista, não acontece isso com os processos superiores em que a atividade mental introduz uma diferença qualitativa. A mente humana não é um recipiente que tenha de se preencher, mas um sistema dotado de dinamismo próprio que lhe permite se reconstruir graças às estruturas básicas que possui. Vimos isso anteriormente ao falar da contradição na psicogênese segundo Piaget. Se observamos a linguagem de uma criança de 3 ou 4 anos, encontraremos termos novos que estranhamos, como "fazido", "perdo" ou "ponhei". De onde ela os tirou? Que estímulos ou qual reforço podem explicar seu surgimento?

Nem todos os erros na aprendizagem escolar são explicados por interferências. Uns são fruto de falta de compreensão, outros de atenção, de execução ou raciocínio lógico. Nos casos de erros devido à falta de desenvolvimento ou maturidade mental, é conveniente esperar que o aluno se dê conta de seus erros, já que serve de muito pouco corrigi-los quando este não pode compreender em que consiste sua falha. "O erro deve ser associado ao desenvolvimento."

A principal contribuição desse enfoque está em atribuir ao erro uma consideração positiva, da qual ele anteriormente carecia. A ela deve-se acrescentar, no entanto, sua relação com o grau de desenvolvimento do sujeito. O erro como sinal de progresso tem de ser interpretado à luz da maturidade da pessoa. Um erro sem importância aos 6 anos pode tê-la aos 8. De tudo isso concluímos com firmeza que "carece de sentido utilizar o erro com sentido punitivo". Quem se equivoca no processo de aprendizagem não merece castigo, mas explicação e esclarecimento. Quando um professor castiga um aluno sem apelação porque fez mal alguma tarefa está, ele mesmo, cometendo um grave erro. O comportamento do professor diante do erro deveria ser: localizar, identificar e retificar ou corrigir o erro. O erro nos proporciona um excelente instrumento diagnóstico do desenvolvimento mental do sujeito, de seu nível de execução, de habilidades, de atenção, de estilo cognitivo, etc.

c) O erro como processo interativo

Um terceiro enfoque é o que considera o erro como resultado da interação sociocognitiva. Isto é, o erro leva implícita uma pauta social e, ao mesmo tempo, um processo cognitivo. O erro não só procede do desenvolvimento mental do sujeito, como da complexidade do problema ou da norma estabelecida. Se não tivéssemos pautas ou metas não existiriam desajustes destas. Nesse sentido, o erro tem um componente social e cultural que o torna distinto em cada sociedade. Condutas que em nossa cultura são repreensíveis (como arrotar depois de comer), outras valorizam como gesto de cortesia. Enquanto que nas culturas de contato, como as mediterrâneas e ibero-americanas, a proximidade entre os que falam é natural, nas culturas distais (anglo-saxãs) seria um grave erro aproximar-se excessivamente do interlocutor, a não ser em caso de amizade. Se olhar com complacência uma mulher na presença do marido pode ser lisonjeador em nossa cultura, isso teria conseqüências desastrosas entre os árabes. Pois bem, o que dizemos das condutas é aplicável à maior ou à menor relevância do erro.

Enquanto que em países como a Espanha continua-se dando importância aos conhecimentos geográficos, nos Estados Unidos carece de importância que um aluno do ensino médio conheça a existência de relevos geográficos ou de importantes países europeus. Temos um exemplo mais próximo de nós na desigual importância atribuída aos erros de ortografia. Muitos lembrarão que com mais de três erros de ortografia éramos impedidos, aos 10 anos, de ingressar nas séries finais do ensino fundamental. Hoje encontraremos muitos mais entre os alunos selecionados e que passam para a universidade sem maior dificuldade. Enquanto que alguns professores baixam a classificação em uma prova por erros de ortografia, outros simplesmente os assinalam. Estamos, pois, diante de uma desigual consideração desse tipo de erros. A importância de um erro é dada por uma regra, mas também pela consideração social que esta tem: "o estudante se empenha mais naquilo que se valoriza mais".

Permitam-me mais um exemplo nesta linha, para mostrar como a influência sociocultural diminui a gravidade de um erro. Sempre foi considerado um dos erros ortográficos mais graves em espanhol escrever "aver" [haber] sem "h" e com "v". Pois bem, dada a confusão criada com seu equivalente em catalão [e português], "haver", entre os que se iniciam em uma ou em outra língua, abriu-se oportunidade a que os professores tenham maior compreensão com aqueles erros fruto de interferências lingüísticas.

Se as competências cognitivas são importantes para evitar o erro, não o são menos a própria estrutura do conteúdo e a relevância social da norma. A aprendizagem não é somente o resultado do confronto cognitivo entre o sujeito e o objeto, mas da interação de ambos com a ação docente que seleciona, sublinha e determina o que é relevante durante o período de formação básica. Algo assim como ver um espetáculo a grande distância e vê-lo pela TV. A TV nos aproxima mais do objeto, atrai nossa atenção sobre determinados detalhes deixando outros de lado, apresenta-nos um primeiro plano do que acontece, mas também tem o perigo de manipular a informação. Quero com essa analogia sugerir que toda determinação de cultura realizada por meio da instituição educativa, do desenvolvimento curricular e de sua implementação por parte do professor na aula contribui para delimitar a relevância do erro na aprendizagem. Enquanto alguns colégios cuidam da apresentação, outros não; enquanto alguns professores de ciências sociais levam em conta a clareza das idéias, outros reprovam os esquecimentos; se uns professores de matemática olham o resultado sem dar atenção ao processo, outros valorizam o processo, dando ao resultado uma importância relativa ou, inclusive, facilitando o resultado para que se dê atenção ao processo. Por que os mesmos alunos obtêm altas qualificações em linguagem com uns professores e baixas com outros? Talvez aconteça que enquanto uns valorizam mais a originalidade e a expressividade literária na composição escrita, outros olham mais detalhadamente os erros de ortografia. Acho sinceramente que a conceituação do erro deve ser feita atendendo não apenas ao aluno, mas ao projeto educacional, ao currículo e ao professor. Porque *o erro não está tanto no erro físico quanto na consciência e na relevância atribuída a ele.*

Conceito ou acepções de erro na aprendizagem

Os três enfoques que acabo de comentar nos proporcionam um referencial epistemológico do erro: negativo, positivo e interativo. São pontos de partida para a construção teórica. Atendendo à variada literatura sobre o erro, podemos lhe atribuir significações ou acepções, como falta de verdade, incorreções, equívocos, sensor de problemas, sem pretender com isso esgotar seu amplo leque conceitual. Estas acepções recolhem, no entanto, os conceitos que habitualmente transmitimos mediante o termo erro.

a) *O erro como falta de verdade*. De um ponto de vista filosófico e lógico, o erro está em afirmar algo diferente do que é. E nesse sentido, como diz De Giancinto (1990), o erro é o contrário da verdade. *O erro está no julgamento*, ao afirmar algo incongruente com a verdade ou em contradição com ela. É a acepção que encontramos com mais freqüência nos dicionários, isto é, um julgamento falso e um estado subjetivo da mente que consiste na ilusão da verdade. Os conceitos, os dados dos sentidos ou da memória são errôneos enquanto elementos com os quais elaboramos julgamentos falsos. A maior ou menor aproximação da verdade nos permitirá falar de maior ou menor grau de erro. O erro se diferencia da ignorância porque esta implica o desconhecimento total da coisa de que se trata, enquanto que o erro lógico, de que falamos aqui, costuma ter sua origem em um desconhecimento parcial. O erro agrupa causas de índole psicológica, como as paixões, os sentimentos, os interesses, a precipitação ao julgar, a má percepção, etc., e também de ordem lógica, como falácias, argumentos capciosos, sofismas ou razões aparentes. Estar errado significaria ter um conceito falso ou equivocado sobre uma coisa.

A limitação desse conceito está na dificuldade para determinar o que é verdade e o que não é. Se em ciências naturais é possível chegar a um fácil consenso sobre o que se entende por um conhecimento verdadeiro ou falso, não podemos dizer o mesmo nas ciências sociais e na educação. Quem pode afirmar que está de posse da verdade? Em questões educativas, proliferam as interpretações mais que os julgamentos de valor universal ou generalizado. Em história, podemos afirmar que alguns fatos precederam a outros. No momento que nos pronunciamos sobre sua importância ou suas conseqüências, estamos emitindo julgamentos mais ou menos razoáveis, mas não verdadeiros ou falsos em sentido absoluto.

b) *O erro como incorreção por falta de conhecimento ou de clareza*. Se na acepção anterior nos referimos à verdade como "contra-senha" lógica ou lógico-científica, a correção ou a incorreção de uma resposta é contrastada pela *convenção sociocultural*. Não se trata de uma verdade ao estilo de 2 + 3 = 5, nem o todo é maior que a parte, mas que procede da falta de clareza ou do desconhecimento de certas regras ou pautas culturalmente estabelecidas. É o tipo de erro que habitualmente o professor julga nas provas, estando estreitamente ligado às significações dadas por ele mesmo ou pelos livros-texto a termos, conceitos, procedimentos, etc. Poderíamos falar de verdades culturalmente ou convencionalmente aceitas.

A origem desse tipo de erro pode provir da confusão, do equívoco ou da ignorância em relação à informação que é pedida. *A confusão* é o erro que se comete ao tomar uma coisa por outra. O aluno pode saber perfeitamente somar e subtrair, mas confundir seus sinais; conhecer como se escreve uma palavra, um fato ou um conceito, mas confundi-los com outros com que estabelece certo tipo de relação. Assim, pode confundir palavras inglesas como *work, word* e *world* devido a sua semelhança morfológica; as obras de Calderón e Lope de Vega, porque ambos os autores são da mesma época; os lugares por onde passa o Tajo e o Duero, porque os dois seguem bacias paralelas. Ninguém melhor que o professor para saber a freqüência com que ocorre esse tipo de erro. Costuma ser um problema de interferência que o professor poderia ajudar a evitar em suas explicações com algum tipo de identificação diferenciada.

A ignorância é o desconhecimento total ou parcial da informação que se solicita. Pode se tratar de fatos, conceitos, princípios, procedimentos e aplicações de regras. A ignorância pode dar lugar a erro quando o sujeito se arrisca a responder sobre questões que desconhece, preferindo afirmações equivocadas ou improcedentes. Falamos de ignorância crassa quando existe negligência em aprender o que o sujeito pode e deveria saber. É mais freqüente do que o desejável encontrar erros devidos à ignorância, já que a aprendizagem escolar implica certo esforço que os alunos nem sempre estão dispostos a realizar. Criar hábitos de esforço eliminará muitos erros devidos à ignorância. Uma criança de 5 anos respondia a sua professora quando lhe pedia que realizasse uma simples tarefa escolar: "Faça você. Eu não quero. Você faz melhor, não? Eu me canso e não quero, não quero e não quero". A ignorância não apenas afeta em nível de conhecimento, como implica a atitude para adquiri-lo. A ignorância recebeu poucos elogios nos ditados populares. Shakespeare escreveu: "Não existem outras trevas fora da ignorância". E Johnson, crítico e literato inglês: "Aquele que voluntariamente persiste na ignorância é réu de todos os delitos produzidos pela ignorância".

c) *O erro como equívoco (mistake)*, pelo contrário, não se refere tanto ao plano lógico nem à falta de conhecimento quanto ao processo de execução. Ferrán (1990, p.286), referindo-se aos erros no ensino da linguagem, dizia: "entendemos por equívocos as incorreções provocadas por razões não-atribuíveis à falta de conhecimento, mas ao cansaço, negligência, falta de atenção, etc.".

Se nos atermos à diferença chomskyana entre competência *(ability)* e execução *(performance)* o erro, entendido em sentido estrito, *corresponde a uma deficiência na competência*, enquanto o equívoco nos remete à execução das tarefas. Certos erros cometidos pelos alunos em exames e testes não se devem tanto à ignorância quanto ao nervosismo, à falta de tempo, à dificuldade de se concentrar, ao desejo de terminar, etc. Isso quer dizer que boa parte das desqualificações e das "reprovações" não obedecem a incorreções baseadas na falta de conhecimento, mas se apóiam em equívocos de execução. Esse fato deveria fazer o professor refletir sobre as metas do ensino.

d) *O erro como desajuste conceitual ou moral* em relação a determinada norma. Nessa acepção, dá-se ênfase à *inadequação* entre o esperado e o obtido, prescindindo de sua causa. Se nas acepções anteriores nos referíamos ao erro como desvio em relação à verdade, ao significado e à execução, nesta nos fixamos no desajuste em relação à norma moral ou social estabelecida. M. Laeng define o erro no "Vocabulário de Pedagogia" como: *distanciamento, desvio da norma, seja em sentido meramente teórico, seja em sentido moral*. Na psicologia educativa – diz – chama-se erro ao comportamento inadaptativo, que não consegue o resultado esperado e, portanto, é eliminado gradualmente no processo de aprender.

Embora, a partir de considerações éticas e morais, seja patente uma caracterização negativa do erro, a perspectiva conceitual não deixa de nos sugerir um novo caminho, uma mudança ou uma crise construtiva. Pelo menos desaparece o caráter punitivo e sancionador que vimos em acepções anteriores. Como processo, uma crise representa certo desajuste em nível psicológico ou político, não comportando necessariamente um efeito negativo; pelo contrário, muitas vezes é a origem de melhoras no crescimento mental ou nas diretrizes de governo.

Transferindo esse conceito para o contexto escolar, o erro representa um desajuste entre a norma estabelecida pelo professor como válida ou correta e a resposta dada pelo aluno. Por parte do aluno deve existir uma acomodação cognoscitiva semelhante à utilizada em casa quando os pais dizem aos filhos o que está bem ou não. A criança vai aprendendo a norma moral e o comportamento social graças às correções do meio adulto. Na escola, aprende a cultura socialmente organizada, sob as diretrizes do professor. O erro do aluno deveria fazer o professor refletir sobre a origem do mesmo, contribuindo com isso para melhorar o processo de aprendizagem. Como levá-lo em conta para favorecer as aprendizagens? Pode ser evitado, eliminado, retificado, deslocado? Em que momento e de que forma? Seria possível recorrer ao erro como estratégia didática?

e) *O erro como sensor de problemas.* Que o equívoco e o erro levam consigo profundas conotações de rejeição e ocultação é algo natural e evidente. Mas também podemos tirar partido dessas situações e transformá-las em melhora do conhecimento, do mesmo modo que se recicla o lixo para ser reutilizado proveitosamente. O erro, como resposta incorreta ou produto final de um processo é negativo, embora mude seu sentido se o reutilizamos como informação para os processos seguintes. É isso que quero dizer com a expressão "sensor de problemas". O erro é um indicador ou *sensor* de processos que não funcionaram como esperávamos, de problemas não-resolvidos satisfatoriamente, de aprendizagens não-alcançadas, de estratégias cognitivas inadequadas. E, sabendo disso, podemos intervir didaticamente para melhorar situações posteriores.

Para Bachelard, o erro é um "passo obrigatório" do conhecimento, porque o saber não é dado, mas construído e essa construção se nutre de observações, primeiras evidências e hábitos, que servem de apoio ou obstáculo epistemológico na construção do saber. Por sua vez, Martinand (1981) afirma que o erro não é um defeito do pensamento, mas a *testemunha inevitável* de um processo de busca. Aprende-se não só "apesar dos", mas "com" e "graças aos" erros.

Tanto Giordan (1985) como Reason (1987) e Leplat (1989) sublinham o caráter processual e a dimensão diagnóstica do erro. Um erro, escreve Jacques Leplat, é associado freqüentemente a resultados negativos. É revelado por meio das realizações; mas também pode ser considerado sob um ponto de vista positivo, ao se olhar para o interior do processo e analisar como ele ocorreu. Desse modo, o erro pode ajudar a esclarecer certos mecanismos de conhecimento e estes facilitam reciprocamente a interpretação do erro. Um erro proporciona uma preciosa informação para a pessoa que o comete e, ao docente ou analista, é útil para decodificar o processo seguido, permitindo conhecer algo mais sobre o modo como este ocorreu. Poderíamos falar de "um bom erro" se ele for capaz de melhorar a realização de outras tarefas.

Do conflito sociocognitivo ao "desequilíbrio ótimo"

Se a consideração da palavra como atividade iminente, intransferível e individual prevaleceu na psicologia cognitiva contemporânea sobre a interação social, as contribuições de Vygotsky primeiro e da psicologia social depois deixaram bem patente que, sem a cultura socialmente organizada e a estimulação ambiental, é difícil o desenvolvimento pleno das capacidades humanas. O desenvolvimento natural que Piaget propunha serve de muito pouco se o sujeito não entra em contato com os valores humanos, com regras, diretrizes, estruturas e códigos simbólicos que ativam as potencialidades de cada indivíduo. Não é somente a figura dos pais primeiro e a do professor depois que determinam o desenvolvimento intelectual, como também o estímulo sensorial e comunicativo, entrando em jogo posteriormente a relação entre os colegas. Na aprendizagem escolar – e não digamos universitária –, a cooperação entre os colegas é uma fonte de aprendizagem tão valiosa como fundamental. Os trabalhos empíricos de Johnson, no início dos anos de 1980, demonstraram a importância da cooperação sobre a competitividade e as situações individuais. Coll (1990, p.111), referindo-se a esses trabalhos, conclui:

> Resumindo, a revisão de Johnson e seus colegas mostra que, em conjunto, a organização cooperativa das atividades de aprendizagem, comparada com a organização de tipo competitivo e individualista, é claramente superior no que concerne ao rendimento e à produtividade dos participantes.

Uma especificação das conclusões de alguns trabalhos de Johnson e seus colaboradores pode ser vista em S. de la Torre e Ferrer (1991).

Enquanto que na psicologia piagetiana o aluno é considerado como um ser socialmente isolado, relacionado com o adulto e com os objetos, o enfoque sociocognitivo a que me refiro leva em consideração as interações da criança com seu meio social, como fator para ter em conta na aquisição do conhecimento. As pesquisas da escola de Genebra encabeçadas por Doise, Mugny e Perret-Clermont sobre as relações entre as tarefas cooperativas e o desenvolvimento intelectual mostram o papel da atividade cooperativa no progresso intelectual. Mas esse não é um efeito direto da relação grupal, pois existem duas situações em que não se observa tal progresso: quando todos os membros têm o mesmo ponto de vista ou quando um deles impõe o seu aos demais. No entanto, quando existe certo *confronto ou conflito*, quando se dão pontos de vista moderadamente divergentes no curso da realização da tarefa, observam-se melhoras no desenvolvimento cognitivo. Coll (1990, p.116) o expressa com essas palavras: "Os resultados sugerem que o fato determinante para que se produza um progresso intelectual é a possibilidade de confrontar os pontos de vista próprios com outros alheios, independentemente do grau de correção de ambos".

A *tensão diferencial* de que falei em outro trabalho (Torre, 1992) como princípio universal de mudança, adota aqui a peculiar forma de "conflito sociocognitivo". Trata-se do *desacordo conceitual com impulso criador para gerar alternativas*. tal situação que permite a introdução mudanças na realidade mental, social e educativa. O conflito sociocognitivo mobiliza e acelera a coordenação e a reestruturação de operações cognitivas, e, com isso, também o desenvolvimento intelectual, afetivo, social e comunicativo. Ao entrar em conflito os pontos de vista próprios com os oferecidos por outros, acontece um desequilíbrio conceitual, estimulando-se com isso os esquemas de assimilação e os mecanismos de adaptação. Como dizem Johnson e Johnson (1979), a controvérsia construtiva gera conflitos conceituais, dando lugar a sentimentos de incerteza e desajustes emocionais e cognitivos entre os participantes. Tal desequilíbrio leva a buscar novas informações, análises e reconceitualizações.

Onde está o erro em tudo isso? O "erro" adota aqui o sentido de *desajuste conceitual* de que falei em uma das acepções. Desse modo, o desajuste provocado pelos diferentes pontos de vista não é algo negativo, mas algo que pode contribuir para a aquisição de novos conhecimentos. Daí o interesse de realizar tarefas em situações cooperativas, sempre que estas terminem em sínteses esclarecedoras. Também as controvérsias podem ter efeitos negativos, provocando confusão. Na linha das teses de Vygotsky, a interação social é a origem e o motor da aprendizagem e do desenvolvimento intelectual.

Se ainda existem muitas questões por esclarecer sobre os efeitos dos diferentes níveis de interação na aprendizagem escolar, parece fora de dúvida que junto ao conflito sociocognitivo e à cooperação entre iguais ou conhecimento compartilhado de que falam Edwards e Mercer (1988), é importante o desequilíbrio ótimo entre o que o aluno sabe e o que tem de aprender. Dizem Edwards e Mercer (p.115) que: "Quando duas pessoas se comunicam, existe realmente a possibilidade de que, reunindo suas experiências, cheguem a um novo nível de compreensão mais alto que o que possuíam".

Entendendo a aprendizagem como mudança, esta é possibilitada pela "tensão diferencial" que, no caso individual, não é outra que a diferença entre os conhecimentos prévios e as novas aprendizagens. A diferença de altura na queda da água produz energia; mas, se a queda é insignificante ou excessiva, tal energia potencial desaparece na prática. Lembremos a queda de água de quase mil metros de altura no famoso Salto del Ángel, na Venezuela: na sua chegada só encontramos uma espessa nuvem de gotinhas de água.

Para que ocorra aprendizagem significativa não basta a interação social, nem o conflito sociocognitivo é necessário considerar o nível diferencial entre os conhecimentos, as habilidades ou as atitudes de que parte o sujeito e os que desejamos que tenha. Nesse sentido, concordamos com a idéia de Ausubel, ao tomar como ponto de partida da aprendizagem escolar os conhecimentos prévios, chegando a afirmar: "Se eu tivesse de reduzir toda a psicologia educativa a um só princípio, formularia este: investigue-se o que o aluno sabe e ensine-se em decorrência disso". No DCB (Diseño Curricular Base) se fala de romper o equilíbrio inicial dos esquemas de conhecimento. Assim, as tarefas de aprendizagem deveriam apresentar um desequilíbrio ou um desajuste ótimo.

NOTAS

1. Encontramos as primeiras referências da imaginação referentes à intervenções em L. Figuier (1865), Y. Guyot (1867), H. Joly (1877), P. Souriau (1881), L. Ambrosi (1889), E. Paulhan (1898). A partir da obra de Th. Ribot (1900), traduzida para o espanhol no ano seguinte com o título *Ensayo acerca de la imaginación creadora*, proliferam os escritos sobre a imaginação construtiva e sua influência na ciência. Dito trabalho representa para mim a primeira apresentação séria da criatividade (ver S. Torre, 1984). Sirvam de exemplo do novo enfoque de imaginação construtiva referências como: L. Dugas (1903), J. Phillippe (1903), Clement (1904), F. Queyrat (1905), M. Nordau (1910). G. A. Colazza (1917), Segond (1922), J. P. Sartre (1936), R. Lacroze (1938), J. Ryra (1938), Max Wertheimer (1945-1990), A. F. Osborn (1935), Bernis (1954). E, mais recentemente, contamos com traduções em espanhol de L. S. Vygotsky (1930): *La imaginación y la arte en la infancia* (1982); Ph. Malrieu (1971): *La construcción de lo imaginario*; I. M. Rozet (1981): *Psicología de la fantasía*; B. R. Ryczko (1987): *La imaginación plástica*.
2. Como analisa Jorge Wagensberg (1982) em seu artigo "El azar creador", *Mundo científico*, nº 12, o tema do acaso é complexo e tem grande incidência no desenvolvimento natural das espécies e da ciência. "O acaso é um conceito intuitivo manipulado pela linguagem, pela filosofia e pela ciência com grande diversidade de sentidos." Ernest Nagel, em sua obra *La estructura de la ciencia*, diferencia cinco tipos de acaso relacionados com a ignorância: 1) por ignorância total ou alternativa das condições que determinam o resultado, como ganhar no jogo; 2) por ignorância total ou por eleição das condições que determinam o resultado, como vencer em um jogo; 3) acidente ou "intersecção de linhas casuais independentes", como a infelicidade de morrer num acidente ao ir a uma festa; 4) acaso "suave", que se invoca provisoriamente quando não se sabe se um fato deriva de outro num determinado contexto – o anúncio meteorológico de mau tempo ou movimento sísmico não pode ser previsto como catástrofe humana; 5) acaso "duro" ou ontológico, quando a ignorância se deve à ausência de toda causa.
3. García Ramos, J. M. (1989): *Los estilos cognitivos y su medida, Estudios sobre la dimensión Dependencia Independencia de Campo*, Madri, CIDE.

    – Kirchner, Teresa (1989): *Lectura: Estilos y estrategias*, Barcelona, PPU.
    – González Tirados, R. M. (1985): *Influencias de la naturaleza de los estudios universitarios en los estilos de aprendizaje de los sujetos*, Universidade Complutense, Madri.
    – Rodrigues Días, E. L. (1986): *Estilo cognitivo y tratamiento diferencial de los alumnos*, Universidade Complutense, Madri.
    – Quiroga, Mª. A. (1988): *El estilo cognitivo DIC: un estudio diferencial a través de los perfiles del Rorschach*, Universidade Complutense, Madri.

- Navarro, Mª. J. (1988): *El estilo cognitivo impulsividad-reflexividad y otras variables del sujeto,* Universidade Complutense, Madri.
- Fresneda, T.: *Estilos cognitivos y competencias lingüísticas*, Barcelona, Pedagogía.

4. O significado de "ensinar" (pôr algo *in signo*) é indicar, *mostrar*, manifestar aquilo que não é patente ou claro de saída. Nesse sentido, o professor "ensina", isto é, *mostra*, torna patente ao aluno aqueles conceitos ou aquelas significações para que o aluno se aproprie deles intelectualmente.

3

De uma *pedagogia do êxito* a uma *didática do erro*

> Demonstrou-se que o fato de provocar erros é com freqüência necessário para expor o estudante a situações em que é provável que ocorram certos tipos de estruturas (K. Sajavara, 1989).
>
> Um erro corrigido (pelo sujeito) pode ser mais fecundo que um êxito imediato, porque a compreensão de uma hipótese falsa e suas conseqüências prevê novos conhecimentos e a comparação entre dois erros dá novas idéias (J. Piaget: Le *possible, l'impossible et le nécessaire*. Em Archives de Psycologie, XLIV, 1976).

O "ERRO" COMO CATEGORIA PEDAGÓGICA

Características de uma "Pedagogia do êxito"

A oposição é um modo de definir um fenômeno ou uma realidade. Para compreender o que supõe uma *pedagogia do erro* temos de saber em que consiste a pedagogia que sustenta sua supressão. O contraste entre os pressupostos ou princípios de uma e outra concepção, assim como sua transferência à prática, proporcionará novos modelos e novas formas de ensinar.

Desde que a *corrente tecnológica* de meados do século XX faz sua entrada na educação, primeiro por meio de aparelhos e posteriormente de modelos, sistemas e ensino com auxílio do computador, o ensino se caracterizou pelo princípio da *eficácia nos resultados*. As proposições científico-tecnológicas buscaram sua justificação na necessidade de fazer render os meios. Para que, então, utilizar meios às vezes tão sofisticados? O paradigma de pesquisa "processo-produto" apóia-se em iguais princípios de otimização dos resultados, mediante a utilização de uma metodologia eficaz. A eficácia e a relação entre objetivos, meios e resultados permanecem como denominador comum tanto nas proposições científicas como nas programações docentes.

O *ensino programado*, inovador em seu momento, é um fiel reflexo do princípio de eficácia infundido pelas novas tecnologias aplicadas à educação. O novo ensino baseia-se no princípio de *evitamento do erro*. Para isso, criam-se projetos em que se **garante o êxito** do aluno ao realizar as tarefas ou os exercícios programados. O princípio de *etapas breves* tem a finalidade de eliminar o erro. "Já que se trata de evitar o erro" – escreve Maria Prado Fernández – "é necessário dividir a dificuldade global em pequenas dificuldades fáceis de resolver". O princípio de *progressão graduada*, referente à racionalidade do conteúdo, obedece ao mesmo critério de evitamento do erro. A "comprovação imediata" busca a satisfação no conhecimento do resultado. A repetição freqüente do reforço exige a criação de etapas curtas e numerosas. Mediante o mecanismo didático da exercitação, o aluno vai adquirindo confiança e consciência do êxito nas tarefas de aprendizagem. Mas ainda existe outro princípio mais explícito que elimina toda dúvida sobre essa pedagogia do êxito a que nos referimos. É o *princípio das respostas corretas*. "O fracasso desanima o aluno e prejudica sua aprendizagem; é preciso, portanto, favorecer o êxito, provocando a resposta correta na maioria das perguntas." O erro, como categoria de ensino, deve ser entendido como conduta evitativa e contraproducente, já que desanima, distancia e infunde complexos.

Assaltam-nos múltiplas perguntas sobre tais proposições: como está se definindo o *erro* para que tenha tais efeitos? Características tão negativas são próprias da natureza do erro ou, antes, da consideração dos que as propõem? Quer dizer, o negativo do *erro* está no sujeito que o comete ou nos que o julgam? Tem uma natureza perniciosa nas aprendizagens, ou, pelo contrário, deve ser tomado como um mero sintoma? Que ocorrerá se aplicarmos o mesmo critério condenatório e iguais efeitos psicológicos aos erros cometidos por um menino de 3 anos ao aprender a língua materna? Como aprendemos as condutas sociais? Cada etapa de desenvolvimento não tem seus próprios erros? Como interpretar os erros ocorridos nas descobertas científicas? O acaso está presente em inumeráveis descobertas, associado a falhas, erros, equívocos, como aliados da ciência. O progresso é devedor do acaso, aproveitado, claro, por homens criativos, abertos ao novo, embora não fosse o que buscavam inicialmente.

A *pedagogia do êxito* foi uma concepção assumida tanto pelos *teóricos* da educação como pelos *profissionais do ensino*, desde as origens da pedagogia até nossos dias. A Didática Magna de Comênio, em 1632, já propunha a eficácia no ensino-aprendizagem por meio dos quatro princípios gerais do método: a segurança, a facilidade, a solidez e a rapidez.

Os passos formais de Herbart e seus discípulos:[1]

1º. A pedagogia experimental do princípio do século XX, a busca de critérios e variáveis de eficácia docente, etc., embora muito diferentes entre si, participam da mesma preocupação: estabelecer normas que conduzam ao êxito. Os pedagogos, psicólogos e sociólogos que refletiram e pesquisaram sobre o campo educativo o fizeram, em geral, buscando princípios ou normas de eficácia, até a obsessão, como diria Gimeno. Mais ainda, tal critério legitimava e justificava sua atuação. Do contrário, que sentido teria seu trabalho? Qual seria seu papel se não melhorasse a eficácia dos resultados?

Que valores pedagógicos o profissional da educação tem assumido? Que tempo o professor dedica a dar explicações gerais e quanto a resolver dúvidas particulares ou de grupo? Que opinião devemos ter sobre o professor que não explica em aula? Mais de 90% dos professores espanhóis entendem que sua missão é conseguir que o aluno domine, o mais rapidamente possível, os conteúdos acadêmicos que têm desenvolvidos em seu livro-texto. Para isso recorre à explicação. Graças ao método expositivo, é possível que todos os alunos da aula possam compreender melhor aspectos obscuros. Como diria Amos Comenio (1632), é um método rentável, porque os alunos aprendem muito as mesmas coisas em um tempo breve. Com isso se busca, implicitamente, que o estudante manifeste uma conduta de conhecimento, embora seja apenas temporariamente, isto é, durante o momento da avaliação. A maior parte dos professores não presta grande atenção – para não dizer nenhuma – ao fato de que o aluno, destacado em uma avaliação, esquece em pouco tempo o que *vomitou* (com perdão da palavra) durante a prova.[2]

2º. Guia-se pela conduta apresentada, pelo conhecimento manifestado no momento final de um processo, que coincida com as "avaliações". O que o professor sabe das habilidades, das estratégias cognitivas, dos processos e das atitudes aprendidas pelo aluno durante essa avaliação? Qual o valor da percepção que o estudante tem de seu próprio progresso? O que conta, enfim, são os resultados exibidos pelo aluno. Tudo isso evidencia que o professor atua sob o mesmo manto da pedagogia do êxito.

Essa pedagogia não é invisível, ela foi amplamente descrita por Birzea em sua obra *La pedagogía del éxito*.[3]

3º. Conta com modelos como o de Carroll e Bloom, a "pedagogia corretiva" de Bondoir, utilizando a medida *standard* como critério de rendimento, o "sistema individualizado" de Keller e Shelman, a "aprendizagem pelo domínio" de Block e Anderson (1975), "o ensino baseado nas competências" de Torshen (1971, p.77) e todas as variantes do ensino programado. Birzea (1984, p.57) conta como três as vantagens de uma pedagogia do domínio:

    a) iguala os resultados e garante alguns rendimentos mínimos para todos;
    b) elimina a concorrência interpessoal e a seleção escolar;
    c) reduz a importância dos títulos e diplomas formais.[4]

4º. São condições gerais de uma **pedagogia do êxito** a definição do domínio (presente em uma "pedagogia por objetivos"), a integração da avaliação e a consecução de um nível mínimo de rendimento como critério de domínio. A finalidade de toda intervenção didática feita sob essa perspectiva é conduzir todos os alunos a níveis satisfatórios – mínimos – de rendimento final. Dito com outras palavras, evitar o fracasso escolar, ou pelo menos essa consciência de fracasso que tanto preocupa nossa sociedade. É curioso constatar, no entanto, que tal fenômeno emerge justamente em um momento em que adquirem ampla difusão as estratégias derivadas de uma **pedagogia do êxito**. Parece existir uma correspondência, pelo menos temporal, entre a aplicação de uma tecnologia educativa e a percepção de um fracasso escolar não-esperado.[5]

5º. Uma coisa é certa: a **pedagogia do êxito** não conseguiu resolver o problema do fracasso. Isso é grave porque tal fenômeno põe sob suspeita a eficácia de tal pedagogia.[6]

6º. A pedagogia da eficácia se torna ineficaz para alcançar seus propósitos?
A maior parte dos professores de nossos cursos, se é que conhecem e aplicam alguma pedagogia, usam a que descrevemos. É fácil entrar em sintonia com proposições que ressaltam os valores de igualdade, democratização, objetividade na avaliação e eficácia na conseqüência dos resultados. Para conseguir isso, são elaboradas programações, definidas condutas de domínio, formulados objetivos operacionais, realizadas avaliações mais ou menos contínuas e feitas as recuperações oportunas. No entanto, quem, tendo competência docente, refletir sobre sua prática descobrirá facilmente que não existe alta correspondência entre as programações exigidas e a aprendizagem dos alunos. Que a verdadeira programação é fruto da reflexão mais que da consulta aos livros-texto. Uma vez mais constatamos que a **pedagogia do êxito** nos leva ao fracasso, ao imobilismo, à reprodução. Não favorece a mudança. Variam os meios, os recursos e as metodologias, mas se mantêm os objetivos.

Os resultados lançam sua luz e, sob ela, ganham forma e significado todos os elementos do ensino. Professores, alunos, pais, a sociedade em geral levam em conta o *produto final*, as classificações obtidas, sem examinar suficientemente como se chegou a elas. Ao aluno interessa que conste o aprovado nos boletins de desempenho, mesmo que seja à custa da clássica "cola" estudantil. Muitos professores e pais dão mais atenção à nota da prova que ao progresso real do aluno. Qual alternativa temos a esse sistema de ensino?

Características de uma "Pedagogia do erro"

O maior erro é achar que a gente não se engana. A **pedagogia do êxito** fez com que acreditássemos que não seria possível uma pedagogia diferente, que a chave de uma boa pedagogia se baseia em assegurar o êxito do aluno, evitando-se o erro. Quando falamos de uma **pedagogia do erro** não estamos defendendo, como é natural, sua provocação. O erro não possui um valor educativo por si mesmo, tampouco o tem a competição ou a disciplina apresentada como meta. Utilizado como estratégia, no entanto, é positivo, desde que não se cometam excessos. Os medicamentos curam se tomados em doses adequadas, mas são prejudiciais se abusarmos deles. Se atribuímos categoria pedagógica ao erro, não é devido à sua natureza, mas por nos servir de contra-senha e de índice, para um modo de pensar e fazer diferenças. Se falamos de uma **pedagogia do erro** é porque para tal conceito conflui toda uma série de considerações teóricas e de atuações específicas na aula, como teremos ocasião de examinar. Aqui não se busca o erro, ele é aceito como fato natural que acompanha a aprendizagem, de mesmo modo que a tensão e a crise estão presentes no desenvolvimento individual ou no processo social. Toda melhora passa pela mudança e nem sempre se consegue isso sem falhas nem equívocos.

O que se entende por erro? A contraposição entre ambas as formas de avaliar nos faz pensar que está se definindo o erro a partir de concepções diferentes. Trata-se de um termo com alta significação conotativa e carga emotiva. Podemos compará-lo ao copo que não está cheio de todo. Algumas pessoas perceberão o que falta no copo enquanto que outras, mais otimistas, o que ele já tem. Como vemos o erro a partir de uma consideração pedagógica: como um copo meio cheio ou meio vazio? A **pedagogia do êxito** adotará uma postura negativa frente ao erro, como um aspecto defeituoso, inadaptado, que teremos de eliminar. A **pedagogia do erro**, por sua vez, avaliará o que o aluno já tem e analisará, por meio do erro, o que falta melhorar.

De uma perspectiva construtiva, o erro é *um desequilíbrio entre o esperado e o obtido*. Faz referência a critério, norma ou valor, mas não comporta atitude sancionadora nem punitiva. Em outros tempos, castigava-se duramente o sujeito que não alcançava as aprendizagens previstas, sem analisar suas causas. Essa prática carece de sentido educativo. No entanto, o erro na prática escolar simplesmente mostra uma ocorrência inadequada, a existência de falhas no processo de aprendizagem. Como escrevem Fischer e Lipson (1986), os erros na aprendizagem são ocorrências normais e estimáveis no processo de aprendizagem. Um estudante pode utilizar erros/falhas/equívocos para conseguir um conhecimento mais profundo sobre determinados conceitos. Um ambiente descontraído, não-punitivo e que estimula o diálogo ajuda o estudante a expressar seus pensamentos e a perder o temor de cometer erros. Os alunos de nossas escolas têm medo de se enganar quando o professor pergunta em aula. Por quê? Porque assumiram o caráter sancionador do erro.

A pedagogia que descrevemos parte do princípio de que o erro é um elemento inseparável da vida. *Não é possível não se enganar no processo de aprender*. O erro é assumido como uma condição que acompanha todo processo de melhora, como um *elemento construtivo e inovador*. A formação humana não é guiada por leis ou postulados científicos, por mais que as ciências da educação tratem de buscar regras e normas com caráter generalizador. É um esforço louvável desde que aceitemos suas limitações. Nunca o saber pedagógico será comparável ao conhecimento das ciências positivas. A maior parte de nossas aprendizagens foi adquirida por sondagem, por observação, por experiência própria, começando por nossa primeira língua e terminando pela construção científica. Filósofos como Bachelard entendem o desenvolvimento da ciência como uma sucessão de erros corrigidos. Para Martí (1987): "Reconhecer um erro permite propor algo novo, proporcionar uma correção. Equivocar-se não é apenas uma fatalidade humana; muitas vezes pode ser o que motiva a mudança".

A consideração positiva do erro supõe uma concepção inovadora para a maior parte dos professores. Exige que se pense e se atue a partir de parâmetros diferentes, como analisaremos a seguir.

O segundo pressuposto dessa pedagogia é a *aceitação e a análise do erro*, em contraste com a evitação que caracteriza a **pedagogia do êxito**. Como dizíamos anteriormente, os erros do aluno são assumidos como condições concomitantes do processo de aprendizado. Não são provocados, não se incita a eles: são aceitos e analisados. O erro nos permite entrar nos mecanismos cognitivos. Nem todos os erros têm a mesma importância. Uns podem ser de conceito, outros de percepção do problema, outros ainda de simples execução ou lapsos. Quando a criança afirma que 2 + 0 = 20, o que está percebendo? A natureza dessa resposta é muito diferente da resposta na qual a criança se engana na transcrição de um número, escrevendo 6 em vez de 9, por exemplo.

O erro é um *indicador do processo*, e não um resultado sancionável ou punível. O referencial que neutraliza a consideração do erro é, naturalmente, o processo de aprendizagem. Graças a ele podemos obter informação sobre os mecanismos mentais, que o acerto não nos proporciona. Existe diferença entre a reposta 2 + 0 = 20 e 2 + 0 = 2,0. Como saberemos que o processo utilizado na primeira resposta é adequado e não o fruto de um duplo equívoco compensado?[7] Por que algumas crianças se enganam mais que outras? Por que falham em proposições que parecem tão evidentes ao professor? Mediante a **pedagogia do êxito**, pretende-se chegar a resultados satisfatórios sem passar pelo desacerto, para evitar o desânimo. A **pedagogia do erro**, por sua vez, vale-se da *diagnose* para averiguar quais são os conceitos em que o aluno necessita mais ajuda. Dito de outro modo, preocupa-se com o processo, não para melhorar um resultado pontual, mas para melhorar as estratégias e as aptidões permanentes que darão segurança e confiança ao aluno. O *erro* é um *sintoma*,[8] um indício de que o professor deve se aproveitar para seu diagnóstico. Do mesmo modo que eliminar a febre não supõe erradicar a doença, mas encobri-la, o erro é um indicador de que determinados processos de ensino/aprendizagem não funcionam. Quem se empenha em evitar o erro sem analisar suas características e tipologia não melhora os processos de aprendizagem.

A contribuição fundamental da **pedagogia do erro** é sua atenção ao processo. Em conseqüência, substitui o critério de eficácia pelo de *eficiência*. A eficácia é definida em termos de relação objetivos-resultados. Um método eficaz é o que consegue o previsto, prescindindo do custo. Uma política de governo ou de direção de uma escola é considerada eficaz se consegue seus objetivos. A eficácia constitui a espinha dorsal da **pedagogia do êxito**. A eficiência é definida em termos de *rentabilização de recursos*, isto é, de relação entre objetivos, meios e resultados. Entre os momentos inicial (objetivos) e final (resultados), introduz a utilização de meios e recursos. Quando o aluno consegue aprender certos conteúdos para a prova e os esquece logo que a realizou, alcançou o objetivo, mas sua aprendizagem carece de solidez. Pôde seguir um procedimento eficaz, embora não eficiente. A qualidade da educação não está em fazer, mas em fazer com sentido e conforme certos valores.

Enquanto a **pedagogia do êxito** se operacionaliza por meio de uma **pedagogia por objetivos** (estendida não só no âmbito da programação didática como aplicada ao nível de direção e organização escolar), a **pedagogia do erro** parte de *análises diagnósticas e intervenções no processo.* Leva em conta o contexto em que os problemas surgem. Diante de metas predeterminadas de forma inflexível, acolhe aprendizagens não-previstas. Nesse sentido se fixam objetivos, mas de forma aberta e flexível, de tal modo que possam ser modificados com base na análise que vai se fazendo durante o processo de aprendizagem. Concretizando-os na prática, o professor que percebe determinado tipo de erros nos testes habituais ou que mais de 50% dos alunos não compreendeu certos conceitos, não continua avançando. Revisa seu plano, analisa a origem e o tipo de falhas e refaz seus objetivos para a próxima avaliação. E se isso supõe um retrocesso? Assume-o, na confiança de que se facilita a compreensão de conceitos básicos, depois o progresso será mais ágil.

No que se refere à *preocupação investigadora*, passa-se do paradigma processo-produto para o mediacional, nos pressupostos de A. Pérez. Não se dá tanta atenção à eficácia metodológica quanto à analise dos processos, das estratégias e dos estilos cognitivos. Interessa conhecer os mecanismos da aprendizagem e do ensino; não em abstrato, mas nos contextos concretos em que estão funcionando. O que o professor pensa sobre o ensino e como esse pensamento influi em suas atuações na aula? O que define seu estilo de ensinar e de que modo repercute na aprendizagem do aluno? Que variáveis processuais (cognitivas) devem ser estimuladas e desenvolvidas nos que se formam como professores? Que mecanismos, esquemas e estilos cognitivos influem na aprendizagem?

As *tarefas habituais do professor* na aula são as de explicar, perguntar, ajudar o aluno, corrigir exercícios e avaliar conhecimentos. Na concepção que expomos, dedica certo tempo ao diagnóstico – análise dos erros e causas –, a apresentar situações de aprendizagem, a orientar ou guiar ditas aprendizagens, a avaliar processos, estratégias, atitudes, além dos conhecimentos. Não se trata, portanto, apenas de dar atenção ao erro, senão que comporta um modo diferente de atuar profissionalmente. Buscam-se realizações, rejeita-se o fracasso e para isso se recorre, não a definir operacionalmente os objetivos, nem a apresentar programações tecnologicamente bem-planejadas, mas a melhorar o processo e os resultados. Isso implica, de alguma maneira, uma atitude flexível em relação ao plano inicial e uma formação para a inovação educativa.

Que papel o *aluno* desempenha nessa proposição? O aluno não é meramente receptivo de um projeto que lhe é imposto. Participa no projeto de atividades. Sugere – de acordo com sua maturidade – situações e problemas. A **pedagogia do êxito** contribuiu para o desenvolvimento da individualização do ensino; a do **erro** trata de atender as diferenças individuais e as características sociais. A turma de alunos e os grupos de trabalho são elementos ativos que reforçam a atuação do professor. Conjugam-se os momentos de aprendizagem pessoal com a resolução de tarefas em grupo. A ajuda não vem somente do professor. Pode chegar dos próprios colegas. Como já se indicou anteriormente, o conceito de aprendizagem fica ampliado. Aprender é conseguir mudanças para melhorar, não provenientes do próprio desenvolvimento. Em que podemos melhorar? Em todos os fatores da personalidade: conhecimentos, aptidões, habilidades, hábitos, valores. Tais âmbitos serão também objeto de *avaliação*. Mas não pára aí. A avaliação se estende à atuação do professor, à sua metodologia, aos recursos e às estratégias utilizadas e aos meios de que dispõe. Realmente se observa uma avaliação curricular, e não apenas o rendimento do aluno.

A *metodologia* predominante, de acordo com as características anteriores, não é outra que a *heurística*, aprendizagem por descoberta e por aprendizagem autônoma. A **pedagogia do êxito** se vale da metodologia da exercitação. É, portanto, ativa. No entanto não se atribui ao aluno a iniciativa para criar seus projetos de aprendizagem. Na metodologia heurística, a intervenção do professor não é expositiva nem explicativa ou demonstrativa. Encaminha-se para a criação de situações de aprendizagem, sugestões de propostas, promoção de desafios, introdução de reflexões e incitação à auto-aprendizagem, com o objetivo de que o aluno descubra por si mesmo as noções ou os conceitos correspondentes à sua idade ou ao seu desenvolvimento. De que modo se concretizou ou pode se concretizar na prática esse modo de fazer? Pertenceria ao enfoque descrito como ensino pelo "método natural", de Freinet, à pedagogia vivencial, de uso freqüente na etapa infantil, à aprendizagem por descoberta de Bruner ou ao "método de investigação" proposto por Tonucci? Ou ao ensino e à aprendizagem criativos descritos por Torrance, à aprendizagem pela experiência, ao modelo de "Escola-Natura", ao método de resolução de problemas, assim como à aprendizagem com computador com programas do tipo LOGO ou simulação, em que a criança instrumentaliza a máquina, pondo-a a seu próprio serviço?

Os pressupostos comentados têm a relevância suficiente para promover uma profunda reflexão em torno dos princípios e dos valores que dirigem nossa prática docente. O avanço científico e tecnológico das últimas décadas influenciou decisivamente na configuração de uma **pedagogia do êxito**. Ainda vigente entre nós essa obsessão pela eficácia, começa a ganhar forma uma nova visão pedagógica que, utilizando como "índice" a positividade do erro, aprofunda os processos do binômio ensinar/aprender. A mudança generalizada – de uma para outra visão – não é fácil, mas é possível, caso concorra para um clima de conscientização ligado aos projetos de reforma do ensino. O professor começará a assimilá-la quando perceber, de forma prática, quais são as *repercussões e conseqüências didáticas* da **pedagogia do erro**. Analisaremos algumas delas nos próximos tópicos.

TABELA 3.1
Contraposição entre Pedagogia do êxito e Pedagogia do erro

1. Consideração do erro	
– Desvio da norma. Comportamento inadaptado. – Elemento regressivo, prejudicial na aprendizagem. – Caráter sancionador, punitivo. – Evitação do erro. – Indicador de resultados não-alcançado.	– Desequilíbrio entre o esperado e o obtido. – Elemento construtivo, inovação. – Condição concomitante da aprendizagem. – Aceitação e análise do erro. Diagnóstico. – Sintoma de processos de aprendizagem.
2. Enfoque conceitual	
– Atenção aos resultados. – Predomínio de critério de eficácia. – Relação entre objetivo-produtos. – Origina pedagogia por objetivos. – Investigação de eficácia no ensino-aprendizagem.	– Atenção preferencial aos processos. – Predomínio do critério de eficiência. – Relação entre processo, meio, produto. – Proporciona a pedagogia do processo. – Investigação de processos cognitivos.
3. Papel do professor	
– Corrige e sanciona erros, equívocos. – Cria e planeja ações que asseguram êxito. – Dirige as aprendizagens. – Atitude rígida em relação ao plano inicial. – Avalia principalmente os conhecimentos.	– Diagnóstico por meio de erros. – Apresenta situações de aprendizagem. – Orienta e guia as aprendizagens. – Atitude flexível em relação ao plano inicial. – Avalia também processos, estratégias, etc.

(Continua)

TABELA 3.1
(continuação)

4. Papel do aluno	
– Atitude receptiva em relação ao plano de atividades. – Predomina o princípio de individualização. – Aprendizagem centrada em objetivos de conhecimento.	– Atitude participativa no plano de atividades. – Integra individualização e socialização. – Maior amplitude de aprendizagem.

5. Metodologia	
– Exercitação e aplicação.	– Heurística e aprendizagem autônoma.

6. Avaliação	
– Centrada em objetivos conceituais. – Instrumentos objetivos ou objetiváveis.	– Avaliação de processos, meios e resultados. – Instrumentos objetivos e subjetivos.

7. Modelos e estratégias docentes	
Uma e outra pedagogia se valem de sistemas, modelos, metodologias e estratégias específicas, que evitam ou aceitam o erro como elemento distorcido ou concomitante, tais como:	
– Modelo temporal, de Carrol. – Pedagogia corretiva, de Bonboir. – Sistema individualizado, de Keller /Sherman. – Aprendizagem pelo domínio, de Block. – Instrução baseada em competências de Torshen. – Ensino programado: linear, ramificado. – Projetos tecnológicos de instrução. – Ensino Modular. – Ensino com ajuda do computador (CAI, Centro de Acesso à Informação). – Ensino individualizado. – IPI = Instrução prescrita individualizada. – LAP = Pacotes de atividades de aprendizagem. – ECO = Ensino por contratos pedagógicos. – Etc.	– Modelo de aprendizagem por descoberta de Bruner. – Método natural, de C. Freinet. – Método de investigação, de Tonucci. – Aprendizagem autônoma. – Pedagogia vivencial. – Ensino-aprendizagem criativos. – Metodologia heurística. – Aprendizagem por meio de experiências. – Ensino adaptativo de Snow. – Aprendizagem por resolução de problemas. – Aprendizagem mediante o computador. – LOGO, simulação. – Aprendizagem compartilhada. – Aprendizagem colaborativa, entre iguais. – Etc.

O VALOR DIDÁTICO DO ERRO

O "erro" incentivando o encontro entre o professor e o aluno

Não é difícil fazer um panegírico da **pedagogia do êxito**. Desde a lógica aristotélica até os modelos tecnológicos de Skinner, Bloom ou Carrol, o êxito tem presidido as intervenções escolares. No final das contas, dizem alguns, o que interessa são os resultados. Existe uma coincidência amplamente difundida entre a administração educativa, professores e alunos, segundo a qual o que importa é o passar de ano, o vestibular ou a carreira. A maturidade alcançada, as estratégias assumidas, a atitude de envolvimento na auto-aprendizagem, a capacitação e o desenvolvimento profissional, etc., estão implícitos em ditos resultados. No entanto, todos sabemos que não é assim. Podemos tirar a carteira de motorista e não saber dirigir direito. Quantos alunos não aprendem nada mais que desenvolver estratégias para passar nas provas? Se não, que alguém me explique: o que sobra para o aluno no fim do mês ou do ano depois de ter feito uma prova brilhante ou ter passado de ano?

"O peixe é o último a descobrir a água", diz um ditado, e o professor talvez seja o último a descobrir seus erros – pelo menos que recorra à reflexão e à autocrítica. Está tão habituado a transmitir o que considera ser verdades incontestáveis que nem pensa em aceitar o erro em suas intervenções e, menos ainda, partir do erro como estratégia de aprendizagem. O erro é o critério que permite diferenciar os alunos bons dos maus. A falta de erros justifica a promoção e o progresso dos alunos. Enfim, o erro cria uma distância empática entre o professor e o aluno. Enquanto os "bons alunos" são aqueles que cometem menos erros nos exames, "os maus" são identificados como os que cometem mais erros.

Talvez alguém qualifique estas linhas de *elogio da loucura*, já que nelas parece exaltar-se o negativo e o reprovável. Sempre se entendeu a educação como a aprendizagem do correto e do verdadeiro. Como é possível atribuir valor didático ao que se deve evitar? Tudo depende do ponto de vista com que é abordado. O castigo ou a sanção foi considerado como instrumento educativo durante muitas gerações e hoje não só carece de defensores como é apresentado como antieducativo. Em outros tempos, não muito distantes, elogiava-se o silêncio e o papel receptivo do aluno; hoje se reprova essa postura e é estimulada a atitude participativa de quem aprende.

A tese aqui defendida é de que "o erro" – entendido como desajuste conceitual ou de execução – deve ser incorporado como estratégia didática, como a interrogação ou a discussão. O erro está na própria trama ou no processo da aprendizagem. É preciso esclarecê-lo e aprender a utilizá-lo didaticamente. Aprendemos por meio de equívocos, do mesmo modo que escolhemos rejeitando determinadas opções. O que é decidir se não eliminar alternativas? Que criança aprende a andar sem cair, a falar sem se enganar, a ler ou escrever sem cometer faltas? Que adulto aprendeu sua profissão sem se equivocar, a amadurecer emocionalmente sem contrariedades, a ter amigos sem perdê-los, a empreender um projeto sem contratempos? Mais ainda, como chegaríamos à maturidade sem a crise da adolescência e o impulso inovador da juventude? O erro é consubstancial ao desenvolvimento humano e ao próprio progresso da ciência. Goethe era muito sensível a esse tema, encontrando em seus escritos afirmações como: "Logo que se começa a falar, começa-se a errar", "O homem erra enquanto busca alguma coisa". Phelps escreveu em 1889: "O homem que não erra geralmente não faz nada". Hoje diríamos: quem não se arrisca não triunfa e quem não se engana não aprende. Se Curie e Fleming não tivessem se descuidado em suas pesquisas, não contaríamos hoje com suas valiosas descobertas. Luria, prêmio Nobel de Medicina, escreve em sua autobiografia: "Cometi todos os erros possíveis, mas pela primeira vez em minha vida me senti emocionado com a investigação".

Mas em que melhor se apóia sua idéia de que o êxito é construído com a presença de falhas, como estágios que nos permitem ascender, é ao falar do êxito. Diz Luria (1986, p.344): "Aprendi que o êxito depende, em grande parte, de concentrar os recursos que podemos ter na tarefa que temos em mãos, sem deixar que o sentido da inadequação se converta em escusa para uma retirada".

Não há pior erro do que acreditar que não se erra. Verdade e erro devem ser relativizados. O próprio Einstein não soube integrar as verdades relativas ao macrocosmo com as do microcosmo. Como escreveu Rückert: "Todo erro contém um núcleo de verdade, e cada verdade pode ser uma semente de erro". E, em outro lugar: "São os sábios que chegam à verdade por meio do erro; os que insistem no erro são os estúpidos". Mas um erro desembaraçado é fonte de novos achados e novas aprendizagens. Interessa-nos, portanto, o erro como incidente esclarecedor do processo, e não como resultado nem como fato irremediável da natureza humana. Tampouco entraremos na análise do erro como projeção subconsciente.

O diálogo e a interação entre educadores e alunos são como *o mingau* que alimenta a aprendizagem, entendendo esta em seu mais amplo sentido: desenvolvimento de habilidades cognitivas, assimilação de objetivos culturais, habilidades e competências na ação, atitudes para a auto-aprendizagem.

O professor ajuda a configurar o pensamento facilitando-lhe o *alimento* adequado para sua idade. Sem esse *alimento*, proporcionado pela família, pela escola e pelo meio em que vive, a criança se desenvolverá de modo inadequado. Poderá sobreviver, mas com carências culturais que a levarão a certas inadaptações sociais. Conforme o sujeito vai tendo maior autonomia será capaz de se alimentar por si mesmo, isto é, de se informar, se autoformar e se superar profissionalmente. Que papel o erro desempenha nesse processo interativo?

Graças ao erro, a comunicação se faz dialógica, interativa. O professor se conscientiza de que o aluno está necessitado, de que não assimilou o código de novas significações, de que seguiu caminhos distintos dos esperados. Ilustraremos graficamente o papel atribuído ao erro no ensino tradicional e o proposto aqui.

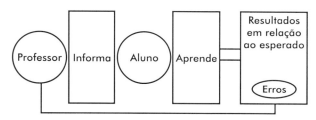

FIGURA 3.1 O erro como elemento a ser evitado.

Se observamos a atuação de professores e alunos em uma aula do ensino médio ou superior, vemos que o professor se limita, na maioria das vezes, a expor os conteúdos do tema que o ocupa. Adota o papel de informador. O aluno faz o de ouvinte ou receptor e, mediante esse procedimento, mais as horas que dedica em casa para estudar o tema, chega a aprender o conteúdo que lhe é proposto. O professor examina os resultados desse processo de ensino-aprendizagem por meio de provas bimestrais ou trimestrais que eufemisticamente denomina de "avaliações". São três momentos do processo perfeitamente separados e desconectados, conceitual e temporalmente. Os erros são detectados na avaliação e utilizados como critério qualificador inversamente

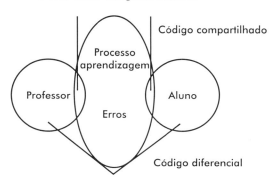

FIGURA 3.2 O erro como categoria didática.

proporcional, de modo que, quanto mais erros houver (incluindo a omissão), considera-se que existe menor aprendizagem e, portanto, menor qualificação. Se o professor detecta menos erros no controle, suporá um grau maior de aprendizagem por parte do aluno e lhe atribuirá uma qualificação mais elevada. O erro é, pois, o critério-base na avaliação das aprendizagens. Raramente se pensa em como o aluno chegou a tais resultados.

A aprendizagem é para o aluno como um labirinto de novos significados de que vai sair com a ajuda de professores, colegas e da própria observação. Professor e aluno estão comprometidos em um mesmo objetivo. Em seu percurso, que não é outro que o do "currículo", o professor segue de perto as estratégias utilizadas pelo aluno. Aceita o erro como algo natural ao processo, examina o porquê de sua ocorrência e o utiliza como estratégia de novas aprendizagens. Professor e aluno não coincidem totalmente em seus códigos, mas, partindo do que têm em comum, o professor vai ampliando o campo de significações compartilhadas. Os erros deixam de ter sua carga unicamente negativa para se transformar em categorias de informação para o professor e o aluno. O que o erro diz ao professor? O que o erro diz ao aluno? Estas são as perguntas que tentarei abordar a seguir.

O que o "erro" informa ao professor?

O primeiro passo que o professor deve dar para sair de **uma pedagogia do êxito** para **uma didática do erro** é ter consciência de que o erro, como as experiências negativas da vida, tem seu lado positivo. É preciso, portanto, que mude sua atitude, já que, se não for assim, seu comportamento ficaria em um mero artifício. A mudança que propomos tem as características de uma profunda inovação. Implica uma alteração importante dos papéis do professor e do aluno, como já tivemos oportunidade de expor na primeira parte do trabalho.[9] Supõe passar de uma consideração *culpógena* do erro para uma visão estratégica.

1. O erro informa o professor de que a *criança que se equivoca necessita de ajuda*. Alguém poderia pensar que é supérfluo, mas não é assim. Para isso é preciso esclarecer a natureza do erro cometido. Não são todos iguais nem necessitam da mesma ajuda. Os erros ortográficos, por exemplo, exigem um tipo de tratamento diferente do tratamento dispensado à alteração sistemática de letras. Um erro de conceito tem maior relevância que um erro de execução. A atitude habitual dos professores diante do erro do aluno costuma ser de repressão ou punição. Mudar essa atitude pela de ajuda supõe refletir previamente sobre seu papel como docente. "Professor" – perguntava certa ocasião um aluno – "por que 2 + 2 é o mesmo que 2 x 2, e, no entanto, 3 + 3 não é a mesma coisa que 3 x 3?" Que resposta você lhe daria? No que está a diferença?

2. O erro proporciona *pistas do que ocorre no processo de raciocínio*. Que estratégias ou regras o sujeito está utilizando para resolver um problema? O erro é um sintoma que não se elimina sem se averiguar antes o que o provoca. Raramente o estudante responde por acaso. Costuma seguir certas regras que o levam ao tipo de resposta mais adequada à pergunta que lhe formulam. Que regras está utilizando? Enquanto aceitamos os acertos como resultado de um processo adequado, dificilmente pararemos para pensar se seu raciocínio foi correto. Em troca, o erro nos leva a pensar que algo não está funcionando como desejaríamos. Qual é o ponto de desvio? Por que o estudante não segue as regras que lhe ensinamos? Certa vez um professor de arquitetura perguntou a seus alunos como poderiam averiguar a altura de um edifício sem ajuda de um metro, esperando que lhe respondessem quanto tempo um objeto leva para chegar ao chão depois de ser atirado do alto. Mas, que valor daria o professor a respostas não-previstas como: perguntar ao porteiro do edifício, olhar na planta, comparar a sombra do edifício com a própria, contar as escadas... Possivelmente as consideraria errôneas, todavia denotam um processo criativo que vai além do aprendido. Às vezes tratamos como erros o que na realidade são divergências. E estas deveriam ser mais promovidas mais que evitadas.

3. O erro deixa transparecer o *processamento cognitivo da informação*. É algo assim como o corante utilizado pelos cientistas, que permite tornar translúcida a circulação de um elemento, facilitando com isso sua análise. Como dizíamos anteriormente, proporciona mais informação processual o erro cometido por um aluno que seus acertos. Uma experiência interessante realizada por nós foi obter uma lista de todas as instruções que o aluno dava ao computador para realizar um determinado projeto por meio da linguagem LOGO. Uma das conclusões a que se chegou foi a melhor aprendizagem dos processos. Quando o aluno se enganava e não aparecia na tela a figura que havia planejado, ele devia averiguar onde estava a falha. Isso o obrigava a uma análise retrospectiva dos passos dados. Desse modo, interiorizava ativamente os procedimentos. Quando a criança se esquece do que precisa nas operações aritméticas, comete um erro de execução, e não de compreensão ou de análise. Os erros de execução aumentam nos processos complexos.

4. O conhecimento da natureza do erro proporciona um *guia estratégico da prática didática*. O professor que conhece as falhas mais freqüentes em que os alunos caem sem dúvida adapta suas novas explicações para sanar os erros. Mas tal adaptação é feita intuitivamente, sem diagnose prévia, sem conhecimento do tipo de erro nem a causa deste. Examinemos as seguintes respostas encontradas em provas.

- Lei de Lavoisier: "Na matéria nada se compra nem se vende, só se transforma".
- O que é simbiose? "É como quando um homem se casa com uma mulher, mas em plantas."

– O que é um ano-luz? "Os dias que o sol sai ao fim de um ano."
– O que é periósteo? "É o que vem na mulher todos os meses."

Na segunda afirmação o sujeito compreendeu o substantivo "simbiose" e o usa plasticamente com sua a própria linguagem. Fez uma transferência, pouco rigorosa, mas muito intuitiva. Na primeira, no entanto, mesmo que se mantenha a construção da comparação e a estrutura da lei, falta a linguagem apropriada. Tem a idéia, faltam as palavras. Nas duas últimas, o estudante, desconhecendo o significado do que perguntam, responde apoiando-se no "significado assonante" que atribui às palavras-chave, caso muito freqüente. No entanto, na última pergunta, trata-se de um total desconhecimento ou de um sujeito de estilo irrefletido que leu "período" em vez de "periósteo"? Pode-se usar, conforme os casos, o sublinhado de palavras novas, o significado das mesmas ou as possíveis relações com termos afins. Diante de um estímulo gráfico, semântico ou simbólico, alguns indivíduos atendem às características diferenciadoras, outros ao conceito ou às relações que estabelecem com noções próximas. Desse modo, alguns sujeitos são mais propensos a cometer equívocos que outros em função do tipo de prova proposta. Os sujeitos de estilo irrefletido, ao cometer mais falhas em sua expressão oral ou escrita, costumam projetar a imagem de que sabem menos do que os reflexivos. Nem sempre é assim. O professor deve utilizar diferentes estratégias de ensino e adotar uma atitude diante do erro de uns e outros.

5. O erro *condiciona o método de ensino*. É evidente que o professor que dá atenção ao erro como estratégia docente se fixa nos processos mentais tanto ou mais que nos resultados. Isso o levará a incentivar a liberdade de explorar formas diferentes de resolver uma situação. Dito de outra maneira, ele se inclinará para a utilização de uma metodologia de aprendizagem por descoberta e, portanto, estará estimulando o pensamento criativo, por mais que não seja consciente disso. O professor que se preocupa em transmitir informação ao aluno dá prioridade a uma metodologia expositiva centrada no professor. Quem, pelo contrário, dá atenção ao processo de aprendizagem se verá impulsionado a partir das estratégias cognitivas do aluno de seu modo de processar a informação e, portanto, de uma metodologia ativa. A metodologia heurística na aprendizagem da linguagem LOGO é um bom exemplo do que dizemos. O professor não explica, limita-se a guiar ou orientar o aluno que pede sua ajuda, porque este se encontra com problemas que não consegue resolver. "Encontrar um erro não é um fato frustrante" – escreve G. Bossuet citando Wertz (1985, p.55) –, "porque estimula e anima a realização de novas investigações".

6. Os erros *proporcionam informação* sobre o progresso do aluno em relação a seus colegas. A quantidade e tipo de erros nos permite não só avaliar o progresso dos alunos como também serve de contraste em relação ao nosso nível de exigência. Recentemente, um aluno me contava como, em uma prova

de inglês da 7ª série, tinham reprovado quase toda a turma. Naturalmente, o número de erros cometidos foi grande. Mas onde estava a falha: em estruturas, léxico, ortografia? Tinham exigido um nível de vocabulário superior ao nível alcançado. Os erros em exercícios posteriores nos indicarão o grau de progresso alcançado e as diferenças entre uns sujeitos e outros. Rapidamente nos assalta o pensamento: essas diferenças aparecem nas notas. A diferença está em que as classificações respondem a uma interpretação ou a uma inferência do professor em relação aos conhecimentos alcançados, já que uma prova é como uma amostra do que, supõe-se, deve-se dominar. Em troca, o tipo e número de erros informam sobre o processo.

7. *A confusão de erros faz o professor perder tempo e eficácia.* É freqüente que o professor se guie, no melhor dos casos, pelo número de faltas ou erros encontrados nos exercícios de idioma, matemática, linguagem ou qualquer outra matéria. À vista do número de alunos que incorreram nas mesmas falhas, alguns professores montam diversas sessões de revisão ou recuperação. Se pensasse previamente na tipologia do erro (erros iniciais, organização ou execução), economizaríamos tempo e ganharíamos em eficácia ao centrar nosso esforço nos pontos cruciais do problema. É necessário, portanto, apresentar algum modelo classificatório dos erros que guie nossa intervenção didática. Vou me ocupar deste ponto mais à frente. Antes, examinaremos o que o erro diz ao aluno e as presunções errôneas do professor.

O que o erro deveria significar para o aluno?

Se apresentamos o erro como elemento concomitante ao processo de aprender, conscientizaremos o aluno de que erros e equívocos podem ser aproveitados para descobrir por que se falhou. Os estudantes sabem que quando revisam com o professor os erros em uma prova costumam compreender melhor esses pontos que outros não corrigidos pelo professor. Aprender com os erros é ensinar para a vida. A aprendizagem profissional mais freqüente deriva da própria experiência, isto é, da reflexão sobre os êxitos e os fracassos de nosso trabalho. Uma professora que lecionava idiomas para a 7ª série contava recentemente como os alunos gostam de descobrir erros lexicais, estruturais ou de concordância verbal em um texto preparado para isso. Um sistema semelhante foi utilizado por um professor de COU (Curso de Orientação Universitária), incluindo certa recompensa para quem descobrisse os erros de um texto em catalão. Outro modo indireto de enfocar o processo de forma criativa é tentar melhorar uma tarefa já realizada ou propor o início e o final de um problema complexo, deixando os passos intermediários para que os alunos descubram.

A primeira constatação surpreendente é a clara assunção do erro como algo negativo e sancionador. Para o estudante, o equívoco gera ansiedade e consciência de culpa. Poucos estudantes vêem no equívoco um modo de aprender. Mais ainda, consideram justa a punição, o que os incapacita para reagir a isso como uma injustiça. Entendo que é uma situação paralela ao ocorrido em épocas passadas, quando se aceitava que o aluno que não sabia a lição devia receber uma "palmatória", ficar sem recreio ou se pôr de joelhos. Hoje consideramos isso como contraproducente. Pergunto-me: se o erro é um processo normal na vida, por que tem essa carga negativa e inclusive é penalizado na escola?

Da perspectiva positiva que estamos assumindo, o erro deveria anunciar ao estudante que ele necessita de ajuda ou informação complementar. Neste ponto, encontramos um exemplo anedótico quando o aluno trabalha com o computador. Ao se confrontar com uma máquina, objeto carente de consciência, não parece envergonhá-lo pedir ajuda para seguir em frente em seu programa. O aluno que aprende a linguagem LOGO no computador, mediante uma metodologia heurística, solicita ajuda do professor ou dos colegas com toda naturalidade. Não considera "punível" sua ignorância nem seus erros. Certamente o clima possibilita isso. Portanto, o erro informa ao aluno que ele necessita de apoio do professor para continuar avançando em seus projetos ou suas aprendizagens.

Mediante a perspectiva positiva do erro, cria-se uma nova inter-relação entre professor e aluno. Aumenta a interação que facilitará a construção do pensamento por meio do diálogo. Professor e aluno devem ter consciência dessa nova dimensão. O papel sancionador diminui para ser substituído pelo professor como guia ou assessor nas dificuldades. Não tem por que o professor posar continuamente de avaliador se não for com caráter formativo. Aumenta a interação na aula e se cria um novo esquema relacional entre professor-aluno e alunos entre si.

O erro informa ao aluno de que algo falhou na realização da tarefa ou na solução de problema e, por isso mesmo, o aluno deve mudar de enfoque ou estratégia no modo de abordá-la. Leva-o a se perguntar: "No que errei? Onde falhei? Como começar de novo?". O erro introduz a reflexão sobre o procedimento seguido. Obriga a se examinar as estratégias e se comprovar seu funcionamento, isto é, obriga a se exercitar na análise. Nesse sentido, o aluno passa da postura receptiva própria de um modelo expositivo para um papel ativo, mais de acordo com os modelos heurísticos.

Costuma-se basear a solução de problemas em hipóteses implícitas ou presunções. O erro traz à luz essas hipóteses e esclarece o processo a ser seguido, do qual não somos conscientes na maioria das vezes. Embora seja verdade que muitos erros contribuem para um baixo autoconceito e que o acerto estimula a euforia, o erro costuma levar à revisão. A conscientização dos processos mentais e a liberdade para explorar formas distintas produzem indivíduos mais criativos. "Equivocar-se costuma ser essencial para a criatividade", escreveu De Bono (1973, p.168).

Algumas presunções errôneas do professor

O erro também está arraigado em nossa visão de mundo e na assunção de certos valores recebidos por meio do currículo oculto. Atuamos a partir de certas presunções e teorias implícitas que transferimos para muitos de nossos comportamentos habituais. Isto é o que ocorre com certos pressupostos implícitos do professor, que o levam a atuações docentes inadequadas. Um professor que já superou a fase inicial atua mais por rotina que por reflexão, quando deveria ser a reflexão a acompanhar suas tomadas de decisões em relação ao desenvolvimento do programa previsto. Por que a rotina? Porque em sua formação o professor seguiu, principalmente, modelos pouco reflexivos, algumas vezes excessivamente teóricos e outros apoiados em receitas casuísticas. O enfoque reflexivo de formação fundamentado por K. M. Zeichner representa uma contribuição valiosa. Mostra disso é que o recente *Handbook of research on teacher education*, editado por Houston (1990), centrado na formação dos professores, este é o autor, juntamente com Shulman, mais citado.[10] Vejamos algumas dessas presunções relativas ao acerto e ao erro. O fato de torná-las conscientes representa um passo para sua eliminação.

Um resultado correto é indício de um processo correto. Esta costuma ser uma idéia bastante difundida, subjacente ao pensamento dos professores quando são avaliadas as atividades de ensino. Faz-se uma inferência inadequada do processo a partir do resultado sem levar em conta outras variáveis. Assim, quando o professor qualifica positivamente um exercício, considera, em seu pensamento implícito, que tal aluno conhece a matéria. Ao avaliar o resultado concreto vamos além do alcance parcial das perguntas ou dos exercícios avaliados e emitimos juízos de caráter geral. Uma má prova é julgada como um baixo domínio dos objetivos previstos, enquanto que uma prova correta nos faz pensar que o sujeito seguiu um procedimento adequado. Embora tenhamos de admitir que é assim na maior parte dos casos, em alguns é enganoso. À margem dessas situações tão habituais de "colar", estão as memorizações mecânicas, os acertos casuais, os erros compensados, o acaso como aliado ao perguntar o que tal aluno tinha estudado, etc. Existem muitas situações que invalidam a presunção inicial, de modo que é necessário levar em consideração que o resultado correto nem sempre é indicador de um processo correto. Como diz Peters, o que não está no processo não aparece no produto, o que não impede que possamos ver no produto coisas que não estão no processo.

Como qualificamos a seguinte operação?

$$\begin{array}{r} 46875 \\ +\ 010 \\ 6238 \\ \hline 53123 \end{array}$$

Apesar da aparente correção, o sujeito teve dois erros compensados. Na coluna central [8 + 0 + 2], esqueceu de somar a sobra da operação anterior, mas contou o zero como valor positivo. Esse processo inadequado, que não é detectável olhando apenas o produto, manifesta-se diante dos erros. Não se trata de um caso habitual, ainda que não seja difícil nos depararmos com resultados corretos que encobrem processos inadequados.

Na avaliação se priorizam mais os resultados que os processos. Embora poucos reconheçam abertamente dar maior importância aos resultados que aos processos, na prática, a maior parte dos professores avalia e qualifica resultados, relegando os processos ao plano do "discurso teórico". Afirmamos que devemos levar em conta os processos, mas poucas vezes eles são recolhidos nas avaliações. No melhor dos casos, alguns professores pontuam as operações intermediárias realizadas corretamente em um problema com resultado final equivocado. A melhor evidência do que digo está em que as qualificações dadas (nas 5as, 6as e 7as séries do ensino fundamental e no ensino médio) respondem principalmente aos resultados obtidos em provas formalizadas e não a aprendizagens avaliadas à margem de tais provas. De pouco serve a um aluno defender que os conhecimentos mostrados em uma prova ou uma avaliação não são representativos do quanto sabe nem das aquisições conseguidas levando em conta o ponto de partida. O que conta para a qualificação é o que aparece escrito na prova. Naturalmente, existem exceções.

A razão dessa aparente incoerência não é outra que a dificuldade de se avaliar processos e principalmente de justificar nossa interpretação destes diante dos interessados e da sociedade. Da mesma maneira que em outro tempo se aceitava o castigo como conseqüência de não se saber a lição, hoje existe certo consenso social de que um exame ou uma prova avaliativa é um ato sancionador, representativo dos conhecimentos alcançados pelos alunos. Como protestar contra uma baixa qualificação quando se realizou uma má prova? Mais difícil seria aceitar como justo o julgamento de insuficiência pelo critério qualitativo de não encontrar melhora nos processos de aprendizagem. Em que consistem tais processos? Como justificar diante do aluno as diferenças de qualificação sem prévia avaliação? Tenho a convicção de que continuaremos durante muito tempo falando de processos, mas avaliando os resultados. A consideração do erro pode, talvez, contribuir para avaliar processos e produtos, propondo problemas ou situações em que se proporciona o resultado final, em vez de ter de buscá-lo como objetivo.

Uma terceira presunção é que *se instrumenta a avaliação a partir do erro.* Não estou aventurando um julgamento gratuito, mas enfatizando uma realidade tangível. A avaliação se sustenta no erro como critério diferenciador de aprendizagens alcançadas. Dito mais simplesmente, o professor avalia, de modo geral, contabilizando as falhas cometidas, de tal modo que a qualificação é inversamente proporcional ao número de erros levados em conta. É muito difícil escapar desses convencionalismos e presunções profissionais. Que professor avalia seus alunos sem utilizar o erro como critério sancionador? Pergunto-me, inclusive, se é possível estabelecer diferenças quanto às aprendizagens alcançadas pelos alunos, sem recorrer ao caráter sancionador do erro. Um professor pode atribuir uma qualificação à margem dos erros cometidos pelo aluno? Minha resposta é que, enquanto considerarmos a avaliação como resultado, a dimensão negativa do erro presidirá nossas decisões, e que se, ao invés disso, propusermos uma avaliação formativa, o erro adquirirá um caráter construtivo. Por outro lado, uma avaliação realizada com o critério de divergência ou com resultados alternativos induz a levar em conta os elementos positivos mais que os negativos. Vejamos dois exemplos de resposta convergente e divergente.

a) 5 + 8 – 2 + 14 =
b) 5 + ? – ? + ? = 25. Quantas soluções você pode encontrar?

a) Escreva um sinônimo de triunfar ou ganhar.
b) Escreva quantas frases ocorrerem a você equivalentes a: "ganhamos a partida de futebol" *(we won in football)*.

Nos exercícios a) esperamos a resposta 25 e vencer, considerando incorreta qualquer outra resposta. Os exemplos b), pelo contrário, estão abertos a várias soluções, demonstrando com isso as estratégias processuais utilizadas nas diversas alternativas. Podemos avaliar a competência do sujeito com base no número, no tipo e no ajuste de alternativas dadas. Proporcionam-nos uma informação processual muito mais rica que as questões de resposta única. Imaginemos respostas do tipo: "Oba, é nossa!". Uma alternativa com enorme carga emocional. Em troca, "nos derrotaram" indicaria uma má utilização do pronome pessoal, importante na aprendizagem de um idioma.

Os erros são sinais negativos na aprendizagem e podem ser considerados mais como uma constatação do que como uma presunção. Se nos parágrafos anteriores nos referimos à carga negativa do erro na avaliação, agora apontamos este mesmo fato no processo de aprendizagem.

Influenciados, talvez, pelo condutivismo, continuamos organizando os conteúdos e os exercícios de tal modo que se evite o erro. Não é habitual introduzir no ensino problemas malresolvidos, exercícios com erros ou trabalhos malrealizados para que sejam melhorados pelo aluno. Poderá se dizer que quem resolve o problema sem nenhuma orientação poderá fazê-lo quando este já vem iniciado. Mas existe uma diferença psicológica. Em alguns casos, buscamos a solução prevista; em outros, indagamos o que está mal, onde está a falha, o que nos obriga a ver que boa parte dos serviços técnico-profissionais opera buscando falhas de funcionamento. Quando levamos o carro ao mecânico, indicamos o problema; ele tem de descobrir a avaria e consertá-la. Para isso tem de conhecer, de saída, qual é o funcionamento correto. Assim também podemos dizer do médico. Diante de um problema, a primeira coisa é diagnosticar e depois tratar. Que fazemos com os problemas do ensino?

A consideração negativa do erro está acima de suas variantes. O pressuposto deriva daquela concepção absolutista que afirma que a correção está na perfeição do todo, a incorreção no defeito de alguma das partes. Na prática, isso quer dizer que raramente se atende aos diversos tipos de erro. Sanciona-se de igual modo um erro de conceito, de organização ou de execução. A omissão é interpretada como ignorância, o equívoco, como erro conceitual. É natural, por outro lado, que assim seja, porque raramente se falou para o professor da consideração positiva do erro e menos ainda de sua tipologia. Por esse motivo, apresentarei no próximo tópico algumas classificações. Vejamos agora alguns exemplos.

1. Qual é a primeira representação dramática em lingua espanhola?
   R: "O carro dos Reis Magos".

2. O que é êxodo rural?
   R: "As festas campeiras das cidadezinhas".

3. Múltiplo do quilo.
   R: "Decaquilo, hectaquilo, quiloquilo."

4. Como se chama o ano que tem um dia a mais?
   R: "Bissexual".

Avaliaríamos por igual o erro de tais respostas? Por quê?

O acerto é critério de compreensão como a definição de um conceito ou uma resposta correta. É uma presunção freqüente sobre a qual apoiamos nossos julgamentos avaliativos. Quando um aluno responde com as palavras do livro ou com as explicações do professor, damos por certo que compreende o que diz ou escreve. Na verdade, os fatos nem sempre o confirmam. Às vezes não passa de uma aprendizagem mecânica, repetitiva, sem que se chegue a compreender o que se toma de outro. Também acontece conosco, adultos. Quero com isso sublinhar que, além da correção de uma resposta, está sua compreensão, verdadeira alavanca da transferência. A pobreza de transferências talvez tenha sua origem no predomínio de aprendizagens mecânicas sobre os significados. Nos exemplos de erros referidos anteriormente percebemos uma má formulação, embora não seja alheia a certa proximidade conceitual. Como esta outra. Quem fez o Lazarillo de Tormes?* "Um cego e um menino, entre os dois." Nossa má formulação dá chance para uma resposta engenhosa, que não se ajusta à nossa idéia de quem escreveu o Lazarillo, mas que demonstra reconhecer o mais difundido da obra.

Uma forma de averiguar a compreensão de um conceito é pedir que os alunos o expressem com suas próprias palavras. Essa transposição semântica

---

*N. de R. Novela picaresca, de autor desconhecido, publicada em 1554 na Espanha, embora seja possível a existência de uma edição anterior.

mostrará em que medida se captou o relevante e o significativo do que foi ensinado. Quantas vezes fizemos prevalecer a precisão da linguagem sobre o significado das idéias? Um menino escreveu: "Um vulcão é como se a Terra vomitasse de repente, sem poder se agüentar o que tem no estômago, isto é, fogo, terra quente e pedras desfeitas".

Este compreendeu melhor o conceito de vulcão do que aquele outro que pretendia reproduzir as palavras do livro: "Um vulcão é uma montanha que expulsa torvelinhos de fogo e matérias abrasivas. O que expulsa se chama cratera (sic) e a boca da montanha *lava*".

Terá compreendido as palavras utilizadas?

Não me alongo mais em presunções, sabendo que existem muitas outras que qualquer um pode descobrir. Por exemplo: é mais valiosa a inferência das aprendizagens feitas pelo professor que a percepção do próprio aluno? É mais importante o domínio de conhecimentos que o interesse ou o significado que adquire para o sujeito tal conhecimento?

TIPOS E TRATAMENTOS DIDÁTICOS DO ERRO

O que foi dito até aqui nos leva a analisar mais detalhadamente as variantes e as tipologias do erro antes de sugerir um tratamento deste no ensino. Não tratar o erro de forma negativa nem homogênea requer que conheçamos aquelas modalidades que nos permitam classificá-lo e estabelecer níveis diferenciais. Por isso me ocuparei, em primeiro lugar, dos três tipos de erro pedagógico, dos erros de caráter lógico, erros de raciocínio dedutivo e indutivo; em segundo lugar, descreverei um modelo didático de análise do erro para concluir com uma proposta ou um tratamento indicativo.

Algumas tipologias sobre o erro

Tipos de erro pedagógico

De Giacinto (1990) se refere ao erro pedagógico sob uma consideração filosófica, porque parte do conceito de erro como o que é contrário à verdade. O erro pedagógico estará em formular uma doutrina ou uma teoria pedagógica errônea. Esse desajuste com a possível verdade derivada do conhecimento científico pode acontecer em um triplo nível:

a) falta de uma relação adequada entre a teoria pedagógica e a prática educativa;
b) falta de correção lógica no discurso pedagógico;
c) falta de referência adequada entre quem afirma algo e o que afirma.

As três situações nos permitem falar de um erro semântico no primeiro caso, sintático no segundo e pragmático no terceiro.

a) O *erro semântico* ocorre quando são elaboradas teorias simplistas da educação ou do ensino, sem abordar os acontecimentos ou os fatos em toda sua complexidade e diversidade. Imaginemos que a biologia tratasse as células como massa ou a física como corpúsculos independentes sem ligação com tecidos e órgãos. Mais ainda, pensemos que a sociologia ou a psicologia social considerasse os indivíduos como "mônadas", segundo sugere Leibniz, sem que existisse a necessidade de configurar unidades sociais para se desenvolver como pessoas. Pois bem, isso, que nos parece um grave erro, pode acontecer no âmbito pedagógico se nos centramos no indivíduo sem levar em conta a relação educativa ou se concebemos a relação educativa como um ato comunicativo unidirecional: educador-educado. Não é difícil cair no erro semântico, e realmente ocorre com freqüência no reducionismo de tipo positivista. É o caso de elaborar explicações científicas sobre fatos a partir de informações parciais ou relacionais lineares, excluindo destes os valores éticos ou os sentimentos sob o pretexto de que não são controláveis. Para De Giacinto (p.880), "neste caso se assume o fato como norma do fato mesmo e se opera com uma teoria que não respeita a amplitude total do significado".

Faz-se derivar a normatividade educativa de constatações empíricas, desconsiderando os julgamentos de valor presentes nas finalidades. Quando se dá um hiato entre a teoria e a prática, estamos diante de um erro pedagógico de caráter semântico, de desajuste significativo, de distorção entre a teoria ou a normatividade proposta e a realidade educativa. Temos um erro desse tipo no modelo relacional de Flanders ou projeto de objetivos de Bloom, já que reduzem a realidade educativa às condutas observáveis.

b) O *erro sintático* ocorre quando falta coerência interna entre os componentes conceituais da teoria pedagógica ou não estão de acordo com os fundamentos epistemológicos. Trata-se de teorias insuficientemente articuladas e sistematizadas. Esta seria uma teoria curricular centrada unicamente nos conteúdos ou nas atividades, uma teoria da aprendizagem baseada no estímulo-resposta, uma teoria do ensino que se circunscreve a troca de significados entre professor e aluno. Quando uma teoria pedagógica desse tipo (parcial) é apresentada como instrumento de convencimento ou de teoria geral pode cair em erros e falácias próprios do reducionismo semântico. A grade de teorias conforme seu alcance (teorias molares, moleculares, parciais e particulares) nos permite situar uma teoria segundo sua amplitude e evitar assim os erros de atribuição de nível, de modo que uma teoria parcial não seja tomada como modular ou molecular, conforme ilustra a Figura 3.3, a seguir.

c) O *erro pragmático* ocorre quando há confusão de conceitos ou inversão de papéis, atribuindo-se ao pedagogo funções de educador ou pedindo a este que construa teorias educativas. Seria um erro pragmático pretender que o professor estabeleça normas gerais ou teorias que vão além de simples conjeturas ou teorias particulares, baseando-se nas conceitualizações derivadas de sua experiência. "Baseando-me em minha experiência afirmo que...". Esse

Aprender com os erros | **97**

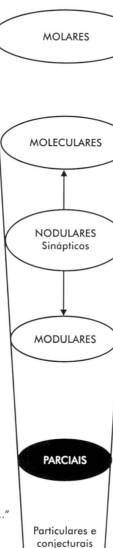

Âmbitos
Geral
- Filosófico
- Epistemológico
- Cosmológico
- Antropológico

Diferencial, conforme disciplinas científicas
- Ciências naturais
- Ciências sociais
- C. Educação (Pedagogia)
- Currículo
  (quase pedagogia)

Nódulos sinápticos
- Currículo
- Criatividade
- Inovação
- Metodologia
- Comunicação

Módulos de conhecimento
Exemplo: didática
- Ensino
- Aprendizagem
- Educação
- Projeto curricular
- Organização
- Orientação; Terapêutica

Âmbitos específicos
- Transferência, motivação
- Lembrança, esquecimento, memória
- Modificação cognitiva
- Lócus de controle

Ponto de vista particular
- "Tenho minha teoria sobre..." (fracasso escolar, repetentes, etc.)
- Conjeturas ou suposições nem sempre fundamentadas

Níveis atendendo a seu alcance ou amplitude

MOLARES

MOLECULARES

NODULARES
Sinápticos

MODULARES

PARCIAIS

Particulares e conjecturais

Exemplos
- Teoria da ciência
- Teoria do conhecimento
- Teoria da evolução
- Teoria da relatividade
- Teoria geral dos sistemas
- Teoria da informação
Paradigmas da racionalidade

- Teorias por áreas científicas: psicologia, sociologia, cibernética
- Teoria sociedade de Luhmann
- Teorias educação concretas: Durkheim, Dewey, Cube, Peters, Novak
- Teoria do currículo Stenhouse

- Teoria do currículo de Kliebard
- Teoria da criatividade de Koestler, Guilford, Torrance
- Teoria da inovação Fullan; Havelock
- Teoria da comunicação Heinemann
- Teoria da mudança Watzlawick
- Teoria da comunicação Rogers

- Teoria do ensino, matérica de Bruera
- Teoria da aprendizagem de Ausubel
- Teoria da instrução de Bruner
- D.C.B. (MEC)
- Teoria de Parsons; Simon; Weber
- Teoria *Guidance*

- Teoria formal de transferência
- Teoria motivação, interferência
- Teoria química da memória
- Teoria Feuerstein
- Teoria da atribuição

- Teorias não-formalizadas, mas que fundamentam muitos escritos
- Estudos teóricos
- Teorias de professores sobre fatos educativos
- Conjeturas fundamentadas em experiência

FIGURA 3.3 Grade de teorias segundo seu alcance.

tipo de erro, muito freqüente, está amparado hoje em dia em certa literatura pedagógica que reduz a realidade educativa aos microcontextos da aula. "Uma teoria", dirá Schön, "deve nascer da prática". A prática se transforma, assim, em fonte de teorias elaboradas pelos "práticos". Uma coisa é refletir sobre a prática e chegar a formular as próprias conjecturas ou convicções e outra muito diferente é elaborar uma teoria que possa ser sustentada racional e cientificamente. Nesse sentido, De Giacinto (p.880) rejeita essa inversão de papéis (pedagogo e professor) afirmando: "Em um e em outro caso a pessoa se torna inacreditável, inadmissível e, com freqüência, invalida-se também a própria teoria".

O erro de uma teoria pedagógica não apenas provém de sua adequação ou não à verdade dos fatos nem a seu funcionamento na prática, mas de sua adequação aos valores que uma determinada sociedade estabelece. Não são suficientes as contribuições científicas, é preciso levar em conta outras considerações axiológicas. Esta é uma proposição meramente teórica do erro, mas nos interessa examinar mais o erro lógico e o educativo.

Erros de raciocínio dedutivo e indutivo

Anteriormente, referi-me a diversos modos de se enganar, segundo De Bono. Sua proposta é uma classificação que dou por estabelecida. Nessa mesma linha, no entanto, se pronunciaram outros autores, demonstrando que o erro não escapa aos processos naturais. Assim, Corral (1986, p.49) escreve:

> Agora sabemos que muitos dos erros que cometemos quando pensamos não são arbitrários; pelo contrário, respondem a diferentes momentos de nosso estado atual de conhecimento. Por isso seu estudo não supõe nenhuma morbosidade, senão que mostra algumas de nossas limitações intelectuais e sugere vias de aproximação qualitativa a nosso pensamento. Os erros revelam os processos psicológicos e os procedimentos heurísticos de nosso pensamento. Os erros são sinais de inteligência e correspondem à face oculta dos avanços intelectuais.

Corral diferencia dois tipos de erro:

a) erros de aplicação que têm lugar quando se conhece e se aceita determinada norma que logo não se aplica;
b) erros de compreensão, quando não se conhece claramente a norma.

Um exemplo do primeiro tipo: "Maria é uma mulher solteira de 35 anos. Estudou jornalismo. Durante o curso, participou de movimentos estudantis e estudou com maior profundidade os temas de discriminação e justiça social". Qual das duas afirmações sobre Maria é a mais provável:

1º Maria trabalha em um escritório
2º Maria trabalha em um escritório e participa ativamente no movimento feminista. Qual é a resposta? Em que se baseia a lógica?[11]

Entre os erros de conceito temos a inadequada classificação de alguns animais, por exemplo, que a baleia é um peixe, a aranha um inseto, o morcego uma ave, o pingüim um mamífero ou o verme um réptil. De que modo influem no período de oscilação de um pêndulo a massa do peso de chumbo e o comprimento da corda? Alguém se surpreenderá ao saber que a massa não influi em absoluto, que é o comprimento da corda que determina as variações de oscilação. Acertar isso representa ter compreendido determinadas noções de física avançada.

Os que mais sistematicamente descreveram os erros e as parcialidades do raciocínio foram Nikerson, Perkins e Smith (1987), referindo-se a três grupos:

a) raciocínio dedutivo;
b) raciocínio indutivo;
c) erros devidos a fatores sociais.

Segundo uma proposição muito semelhante, Alonso (1991) fala de erros formais e informais de raciocínio dedutivo e indutivo. Esta seria a tipologia básica de tais escritos, que têm grande interesse não só para a pesquisa científica como para o ensino formal e informal.

Erros de raciocínio dedutivo:
1. – Utilização de critérios de validade inadequados
    – Confusão entre verdade e validade
    – Confusão entre coerência e validade
    – Confusão nas formas de argumentação
    – Confusão entre polaridade e validade
2. – Erros de compreensão ou dificuldade da linguagem
    – Erros baseados na disjunção
    – Inadequada utilização da informação negativa
3. – Alteração da representação
    – Conversão das premissas
    – Adição de inferências pragmáticas
    – Falácia dos termos médios
    – Introdução da circularidade no argumento

Erros de raciocínio indutivo:
1. – Parcialidade ao tomar uma amostra
    – Amostragem não-representativa
    – Amostragem com parcialidades: heurística de disponibilidade

– A parcialidade da confirmação
2. – Parcialidades ao relacionar uma amostra com a hipótese
    – Utilização inadequada da informação negativa
    – Posturas prévias na utilização da informação
    – A heurística da representatividade
    – Apego à hipótese ou resistência à mudança
3. – Parcialidade na formulação de novas hipóteses
    – Limitação das alternativas propostas
    – Problemas de detecção da covariância
    – Confusão entre relação e casualidade

Erros devidos a fatores sociais:
1. – Parcialismo ao avaliar hipóteses com interesses criados
    – Falta de objetividade ao julgar as próprias opiniões
    – Parcialidade na avaliação e no emprego das provas
2. – Dificuldade de separar as opiniões das pessoas

Falhas no raciocínio informal (elaboração e avaliação):
1. – Medição da qualidade do raciocínio informal
2. – Erros correntes no raciocínio informal
3. – Falhas de elaboração

Estamos diante de uma elaborada categorização dos erros nos processos de raciocínio para a busca do conhecimento por meio da investigação. Diríamos que é difícil escapar ao erro, conforme já pudemos ver também na aproximação epistemológica ao tema. O conhecimento das deficiências do raciocínio, dirão os autores, é muito importante, em vários sentidos, para o problema de ensinar a pensar. Dada a acessibilidade da obra de Nikerson e colaboradores (1987) será útil sua consulta. A percepção dos erros e das parcialidades de raciocínio facilitará sua consideração, para melhorar ulteriores processos.

Erros de raciocínio dedutivo. Os processos de raciocínio são inerentes ao ser humano, o que, no entanto, não é obstáculo para que em tal processo ocorram certos erros de forma generalizada, algumas vezes, e outras, esporádicas. Alguns têm sua origem em variáveis cognitivas e outros, em variáveis emocionais. A utilização de critérios, linguagem ou representações inadequadas constituem as principais fontes de erro no raciocínio dedutivo.

A confusão da *validade de um julgamento* com a verdade, a coerência, a forma de argumentar, a eficácia ou as polaridades constituem freqüentes situações de erro. A teoria heliocêntrica pode não ser verdadeira do ponto de vista astronômico, mas é válida para explicar as variações climáticas e as estações da Terra, assim como a distribuição do tempo em meses e anos. Tampouco são verdadeiras algumas das teorias físicas elaboradas por Isaac Newton, que, no entanto, continuam condicionando fortemente nossos pensamentos e nossas condutas – muito mais que a teoria da relatividade. Quem fala da curvatura do espaço-tempo? Quem parte da relatividade do tempo em um experimento? A validade de um julgamento não está em sua verdade, mas em sua derivação lógico-simbólica do conteúdo das premissas. Vejamos com um exemplo a diferença entre validade lógica e verdade.

- "Os peixes voam; a truta é um peixe; logo, a truta voa". Aqui temos um processo lógico válido, embora falso, porque uma de suas premissas o é.

Vejamos outros:

- "A Lua circula em volta da Terra, a Terra em volta do Sol; logo, a Lua é menor que a Terra". Julgamento verdadeiro, mas não é válido porque conclui uma característica não-recolhida nas premissas.

Outro tipo de erro pela confusão argumentativa consiste em afirmar como válido o inverso de um julgamento. A afirmação: "Os jogadores de basquete são altos" não autoriza a concluir: "se são altos é porque são jogadores de basquete". Se podemos afirmar que em todo fracasso há um erro, nem sempre o erro é acompanhado de fracasso. Outro erro de raciocínio é atribuir aos contrários as mesmas características que aos consecutivos. Na afirmação: "Se você estuda, aprenderá", a negativa do primeiro termo não valida o segundo: "Se não estuda...".

Outro tipo de erro de caráter dedutivo tem a ver com o mau uso de certas *formas de linguagem* como a disjunção e a informação negativa. As pesquisas mostram que é mais difícil de utilizar a condicional "ou" que a adicional "e". Necessitamos de mais tempo para compreender as frases com "ou", possivelmente porque em nossa linguagem não é freqüente ligar atributos mediante sua contraposição, e sim mediante a anexação. Assim o demonstraram Bruner, Goodnow e Austin, ao constatar que as crianças descobrem mais facilmente a estrutura "vermelho e quadrado" que "vermelho ou quadrado". Outro tanto cabe dizer dos operadores informáticos *"and"-"or"*. Está igualmente constatado que as negações são mais difíceis de processar que as afirmações, qualquer que seja o contexto e a idade dos sujeitos.

Outra categoria de erro de raciocínio se deve ao fato de que o sujeito não faz uma *representação adequada* do conceito que trata de avaliar, chegando a inverter as premissas ou acrescentando inferências pragmáticas ao julgamento referido. A expressão "todos os sábios são estudiosos" perde seu significado se a invertermos: "todos os estudiosos são sábios". Afirmar "todos os artistas carecem de convencionalismos" é muito diferente de "todos os que carecem de convencionalismos são artistas". Dito zombeteiramente, não é a mesma coisa "monto a cavalo" que "o cavalo monta em mim". Isso, que é evidente neste tipo de afirmações, não o é tanto nos julgamentos abstratos, já que a representação é mais difícil. A linguagem, não vamos esquecer, está carregada de conotações, e uma explicação nos leva a reviver imagens associadas. Senão, comparemos os apontamentos tomados por vários alunos em uma aula de história ou literatura. As mesmas afirmações do professor proporcionam diferentes impactos nos alunos. A afirmação "educar é desenvolver a consciência pessoal e social" terá significados conotativos diferentes nas pessoas conforme sua formação. Uma verdade elementar? Certamente, mas esquecida pelo professor quando pede uniformidade nas respostas. Um terceiro equívoco provém de se modificar o significado dos termos, atribuindo-lhes significações em textos equivalentes. O próprio Kuhn não esteve isento de tais erros, provocando certos equívocos em relação ao alcance de "paradigma" na primeira versão de sua obra. A circularidade consiste em incorporar a conclusão já na premissa.

Erros de raciocínio indutivo. Boa parte do que chamamos aprendizagens na verdade são induções. A generalização é uma das atividades cognitivas que mais rapidamente a criança aprende. Diante de uma determinada observação, formula imediatamente julgamentos generalizados: "papais dirigem carro; mamães fazem comida", dirá, se assim viu em casa. Temos exemplos disso na própria linguagem ao tornar regulares todos os particípios irregulares. Segundo os estudos de Nisbet e Ross (1980) sobre os erros de indução, a operação comporta três ações:

1. tomada de uma amostra ou observação do meio;
2. relação da amostra com o julgamento ou a hipótese que se deseja formular. Uma hipótese é um julgamento comprovável em que atribuímos certas características a uma variável de forma generalizada. Uma hipótese leva sempre consigo certo grau de generalização que nos conduz além dos dados observados;
3. estabelecimento de novas hipóteses.

Os principais erros relativos a esse tipo de raciocínio acontecem ao não se dispor de uma informação adequada, ao estimar a relação entre os fenômenos, ao fazer inferências sobre a causalidade ou a previsão.

Nem sempre se dispõe da *informação adequada* antes de formular uma hipótese, algumas vezes por insuficiência e outras devido à grande complexidade de fatores. Nikerson (1987, p.146) dá por estabelecida esta contraposição curiosa: com freqüência se busca demasiada informação quando a incerteza, *a priori*, é pequena, e muito pouca quando a incerteza existente, *a priori*, é grande. Às vezes recorremos à "heurística de disponibilidade", que não é outra coisa que a disposição da experiência em nossa lembrança. O erro está em que a consciência registra com maior intensidade os acontecimentos impactantes que as situações rotineiras. Lembramos melhor as festas ou os acidentes que os fatos correntes. A vivacidade ou a proximidade dos dados nos induz a inferências deturpadas. O aluno realiza inferências quando responde a uma prova. Diante dos dados da pergunta, tem de pensar no que lhe pedem que responda, ou seja, o que é importante para o professor.

Temos um erro de parcialidade da confirmação quando alguns professores afirmam que a hereditariedade é determinante da aprendizagem escolar. Apóiam-se em uma série de casos conhecidos que utilizem como argumento. Outros defendem os ambientalistas, argüindo que as crianças com problemas de abandono familiar apresentam dificuldades evidentes na aprendizagem. Quem tem razão? Sem dúvida ambos, mas só em parte.

Um segundo tipo de erro no raciocínio indutivo ocorre ao se *estimar a correspondência* ou a variação entre os fenômenos. Uma tarefa simples à primeira vista como relacionar o grau de correspondência entre um efeito e sua causa, entre o sintoma e a doença, é uma fonte constante de erros. Para Alonso (1991, p.109), "está comprovado que tanto os adultos quanto as crianças erram com muita freqüência na hora de detectar a covariância entre diferentes fatos".

A razão principal está em que levamos em conta apenas os dados presentes, os constatáveis, mas não os ausentes. Emitimos juízos com dados parciais. O professor que diagnostica a hiperatividade de uma criança, somente porque ela se movimenta em aula, está fazendo uma inferência incompleta.

Existe uma falha generalizada na utilização da informação negativa; isto é, negada a validade de uma hipótese por não cumprir-se em certos casos, continuamos mantendo-a. Podemos ser da opinião de que "para ser um bom professor é necessário estar motivado". O fato de encontrarmos professores que, mesmo estando extremamente motivados, apresentam grandes deficiências no ensino nos faz mudar de opinião? Raramente modificamos nossos julgamentos diante da evidência de dados que os desmentem. Isso é, sem dúvida, "o erro mais generalizado" em crianças, jovens e adultos, porque não se utiliza eficazmente a informação negativa. Continuamos apegados à hipótese, ainda que esta já não responda aos dados observados inicialmente. É a força da persistência ou a resistência à mudança. Por outro lado, recorremos à representatividade da informação mais que à informação abstrata ou probabilística. O exemplo de Maria, a estudante de jornalismo, descrito antes, é ilustrativo do que afirmamos.

Um dos erros mais sub-repticiamente introduzidos nas pesquisas está em fazer *inferências sobre a causalidade* a partir da relação ou da covariância entre fenômenos ou variáveis. As idéias e as teorias prévias nos induzem, às vezes, a isso. Por exemplo, a alta correlação entre um teste de inteligência e o rendimento escolar nos induz a pensar que o rendimento é causado pela capacidade de responder a certos itens. Realmente, uma correlação desse tipo, e qualquer outro tipo de covariância entre variáveis, só nos informa que um elemento, ao variar, modifica o outro, na mesma direção ou em direção inversa. Se verdadeiramente a inteligência fosse a causa do rendimento escolar, não se dariam casos de baixo rendimento com alta capacidade intelectual. O que não quer dizer que a inteligência não seja uma variável influente, porque o é. Temos um exemplo bem claro de independência causal na alta relação existente entre a idade e a estatura do escolar (quanto mais velho, mais alto), embora os anos não sejam a causa do crescimento, nem o crescimento origine a idade. Como diz Nikerson, temos demasiada propensão a ver causalidade onde, no máximo, só existe uma correlação. A afirmação "a prática do esporte relaxa" não deve nos levar a pensar que depois de praticarmos um esporte voltamos ao estudo como novos.

O que dizemos da correlação pode ser aplicado à previsão, que apoiamos mais em nossas crenças, presunções e esquemas prévios do que nos princípios de probabilidade. Temos a convicção de que na sucessão de fatos ao acaso, a participação de alguns deles diminui seu reaparecimento. Assim, após o nascimento de dois machos, achamos que o terceiro nascimento tem mais probabilidade de ser de uma fêmea, por mais que saibamos que cada acontecimento tem, em situações normais, 50% de chances em 100. Quantos apostam de novo no número que acaba de sair na loteria? Existe uma crença irracional de que sua probabilidade de aparecimento diminui.

Erros de raciocínio devidos a fatores sociais. Se os erros anteriores têm sua origem estritamente cognitiva, existem outros que são determinados por motivações e relações sociais. Algumas vezes será o desejo da própria importância que nos faz superestimar nossos julgamentos e nossas opiniões sobre as dos demais; em outras, a dificuldade provém da estreita relação entre as idéias e as pessoas que as propõem. Um julgamento ou uma hipótese tem maior poder de convicção se é proposto por uma pessoa com prestígio do que por outra sem ele.

Não julgamos com igual objetividade nossas opiniões e as alheias. Dito de outro modo: existe certa *incapacidade para julgar com objetividade nossas opiniões.* Curiosamente, diante de idéias contrapostas, tendemos a atribuir o erro aos demais, como dizia Schopenhauer. Três causas parecem motivar isso. Em primeiro lugar, o escasso conhecimento de nosso próprio processo de pensamento, como foi demonstrado em um estudo realizado por Nisbet e Wilson com estudantes que pensavam estar bastante seguros de seus motivos para fazer alguma coisa, quando de fato outros fatores estavam influindo neles. O que leva um estudante a escolher determinados estudos? Em segundo lugar, é a necessidade psicológica de manter nossa própria estima e a terceira, a tendência a superestimar nosso conhecimento em certos temas.

Existe *parcialidade na avaliação* e no emprego dos dados à medida que favoreçam nosso ponto de vista. Bartlett observou que com freqüência as pessoas tomam decisões e as justificam considerando seletivamente as provas disponíveis. Não é infreqüente utilizar determinadas provas com base em decisões tomadas anteriormente, em vez de tomar decisões após analisar os resultados das provas disponíveis. A complexidade do funcionamento mental leva, às vezes, a certas tergiversações. F. Bacon já tinha intuído esse fato ao escrever: "O entendimento humano, uma vez que adotou uma opinião, faz todas as demais coisas em seu apoio e de acordo com ela" (Nikerson, p. 161).

Como seres sociais, é difícil para nós separar uma tese da pessoa que a defende e, se inicialmente avaliamos a idéia, acabamos avaliando a pessoa e utilizando o argumento *ad hominem*. Por trás de uma determinada postura estão as pessoas que a sustentam, com as quais terminamos por nos identificar ou rejeitar. Quando eu justifico como válidas as idéias de Dewey, Bruner ou Zeichner, termino me identificando com tais autores em toda sua produção mais que com uma obra específica. Essa espécie de "modelagem" adulta é freqüente com homens religiosos, escritores e atores, mas também se dá com cientistas e políticos. Se gostamos de alguma de suas obras, acabamos admirando a pessoa em qualquer coisa que faça. Quando isso acontece, saltamos por cima de suas limitações ou de seus erros. Nossa admiração pessoal nos cega e impede-nos de realizar uma avaliação objetiva de sua obra. Que jovem admirador renuncia a ver ao vivo os Rolling Stones se pode fazê-lo? Por que se comportam como malucos com sua atuação? Segundo Nikerson (p.162): "Demagogos e líderes carismáticos têm, pelo visto, tanta influência sobre seus seguidores, que qualquer coisa que afirmam é aceita sem crítica alguma, inclusive na presença de provas concludentes de que essa afirmação é falsa".

Esse é, na minha opinião, o segredo de embusteiros e fundadores de seitas. Obscurecem de tal modo a razão de seus seguidores que podem levá-los à sua própria destruição moral e inclusive ao Holocausto, sem que sejam conscientes disso. Fazem-lhes perder o senso crítico sobre as idéias que recebem e dão por boa qualquer decisão de seu mestre. Desse tipo de fatos – com recentes exemplos na Espanha – deduzo que a razão humana pode ficar anulada ao entrar em contato com pessoas dotadas de certo carisma empático.

Falhas no raciocínio informal. O trabalho de Perkins, Allen e Hafner sobre raciocínio informal proporciona nova luz sobre a forma lógica de proceder em situações correntes da vida cotidiana e de possíveis erros. Conseguiram avaliar a melhoria no raciocínio informal conforme a idade, com base em certas escalas que levam em consideração a quantidade de proposições, de argumentos ou roteiros diferentes e objeções em relação à sua posição básica. Como as pessoas argumentam ou raciocinam diante de uma questão de insegurança cidadã, por exemplo?

Entre os erros correntes de raciocínio informal, deduzidos das objeções propostas, os autores citam: a derivação de conclusões contrárias a partir da premissa inicial, a desconexão entre as premissas e a conclusão, a contradição ou o contra-exemplo carente de argumentação, lapsos e falhas de elaboração ou falta de análise do conjunto. Enquanto em um problema formal a informação necessária para sua resolução é facilitada, isso não acontece em uma situação informal. Os problemas da vida cotidiana não vêm preparados nem têm uma solução prevista. É necessário nos aproximarmos dela por meio de experiências passadas e sondagens. Como atuar quando não consigo manter a disciplina em aula ou os alunos não estão motivados para aprender? Que fazer quando uma criança decide não fazer caso do professor? Que medidas tomar quando não se vê progresso nas aprendizagens? Poucas vezes as receitas dos livros servem para resolver problemas, muito mais reais, por outro lado, que aqueles da aprendizagem significativa ou do ensino individualizado.

Entre os erros mais freqüentes de raciocínio informal, Alonso (1991) menciona diferentes tipos de argumentação parcial ou extrínseca à própria lógica do processo dedutivo. Uma atenta escuta das conversas mantidas por alunos nos recreios nos proporcionaria muitos exemplos desses erros de raciocínio em situações informais.

Utiliza-se o argumento *ad hominen* para falsear uma afirmação mediante a censura à pessoa, isto é, não mediante raciocínio apoiado em fatos ou dados, mas por falta de autoridade da pessoa que sustenta determinada opinião. Esse tipo de argumento é utilizado por alguns políticos como padrão preferencial nas campanhas eleitorais. Dispomos de muitos exemplos a respeito nos comícios. Também recorrem a esse tipo de argumentação os alunos quando afirmam: "E você acredita no que o Pepito fala? Só levou pau nas provas!".

O argumento *ad baculum*, ou de força, se apóia na realização de algo com base no poder ou na força de quem o propõe. É o caso dos alunos que comentam: "Puxa!, amanhã temos de levar todos os temas feitos, porque a aula é com a Marisa". O aluno sabe que a professora não perdoa e quem vem sem os temas terá de fazê-los multiplicados por três. A razão para fazer ou não os temas pouco tem a ver, neste caso, com um convencionalismo racional. Que alunos estudariam por convicção própria? Muitos comportamentos obedecem mais a motivações extrínsecas que intrínsecas.

O argumento *ad autoritatem* ou de autoridade consiste em se apoiar na opinião de especialistas que sustentam idéias defendidas por nós. Está profusamente difundido e aceito na literatura científica como modo de avaliar ou dar apoio à própria opinião. Isso não garante, no entanto, sua veracidade e até pode ser falacioso no terreno publicitário. Seria um erro considerar que, quando alguém famoso consome determinado produto, nossa aquisição nos assemelha a ele. A autoridade, manipulada desse modo, induz a um erro em que caem muitos consumidores de forma consciente ou inconsciente. Até estas situações falaciosas nos levam a análise do erro! Tal argumento de autoridade rege o conhecimento dos alunos do ensino fundamental e de boa parte do médio ao considerarem correto e verdadeiro o que o professor diz ou o que está escrito no livro-texto. Só mais tarde percebem os pontos de vista equânimes, parciais ou tendenciosos.

O argumento *ad ignorantiam* consiste em negar a verdade e concluir pela falsidade de algum fato, mesmo não-demonstrado. Algo assim como: "Tanto os buracos negros como a antimatéria são formulações falsas, já que não foram demonstrados. Por outro lado, carece de sentido que possamos voltar ao passado". Seria assim com a existência do átomo, antes de sua descoberta? O que dizer dos fenômenos paranormais? O desconhecimento de algo não deveria nos levar à sua negação, pois facilmente cairíamos em erro. Em certa ocasião, ouvi uma coisa parecida com isso: "O que você diz do Estado de 'Liechtenstein' não é verdade; isso é conversa sua, porque não disseram nada em aula nem está no livro; ninguém o conhece".

O argumento *ad morem* se apóia no costume como critério para validar formas de fazer e argumentar sua continuidade. "Sempre se fez assim", se afirma. É o argumento do imobilista ou de quem obtém vantagens no continuísmo. No argumento *ad populum*, ou falacioso se recorre a circunstâncias ou a fatos que despertam interesse e emoção no auditório como meio para induzi-lo a aceitar a conclusão. É o que, em termos políticos, se chamaria demagogia. Esses não são os únicos erros, mas nos dão uma pista da labilidade do raciocínio, submetido a múltiplas limitações.

Modelo de Análise Didática dos Erros (MADE)

Se as classificações e as tipologias anteriores nos acercam dos erros lógicos, necessitamos de algo mais próximo ao professor e às tarefas de aula. Parece evidente que o conhecimento dos erros e de seus tipos facilita o diagnóstico e o tratamento. Nikerson, Perkins e Smith (1987, p.168) se expressam nos seguintes termos: "É importante que os professores se dêem conta das deficiências comuns do raciocínio; não apenas com o fim de que sejam capazes de corrigi-las mediante treinamento, como também, o que não é menos importante, para evitar o reforço desses modos de pensar".

A esse argumento de evitamento acrescentamos o da utilização sistemática, à maneira de vacina, para impedir que a pessoa caia em erros posteriores. Assim, portanto, se o tratamento do erro for manejado adequadamente, pode ser benéfico para a melhor compreensão dos mecanismos de aprendizagem. Quem teria acreditado, antes de Pasteur, que injetando no organismo humano os microrganismos portadores de uma doença este poderia lutar melhor contra ela? O erro seria, portanto, como *a vacina que melhora os processos de aprendizagem*.

É freqüente ouvir queixas dos professores de gramática ou matemática sobre a pesada carga de corrigir erros várias vezes, ano após ano, sem que isso tenha grande serventia. O aluno cai uma vez depois da outra nas mesmas falhas. Duvidam que valha a pena o esforço. Chegam a dilemas como: "Ou eu não sei explicar para eles ou eles não querem aprender". Como é possível, eles se perguntam, que um animal não tropece duas vezes na mesma pedra e nossos alunos tropecem mais? A questão é simples assim? Vamos lembrar um pouco. Quantas vezes nós caímos ao começar a andar? Pois bem, talvez estejamos julgando os erros de nossos alunos a partir de nossas estruturas mentais, não a partir das suas. Processos tão simples para nós, como procurar uma palavra em um dicionário, são complexos. E nem falemos das operações matemáticas ou de leitura compreensiva. Ocorrem erros diferentes e atrás de cada um existe um porquê. Averiguar a causa de cada erro nos abrirá muitos segredos de aprendizagem.

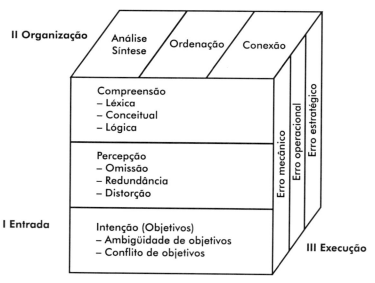

FIGURA 3.4 Modelo de análise didática dos erros (MADE).

Na Figura 3.4, são recolhidas as principais dimensões e categorias do erro, que podem servir de guia tanto para a investigação como para sua análise e seu tratamento didático. Entendendo a aprendizagem, e a ocorrência do erro dentro desta, como um processo, parece óbvio atender aos três momentos de qualquer procedimento sistêmico: entrada, processamento, saída. Se definimos o erro como desequilíbrio entre o esperado e o obtido, como falha de um processo, devemos examinar os dados de entrada, sua percepção e compreensão; os dados de organização da informação e a realização ou a execução da tarefa. Em suma, parece razoável e legítimo levar em consideração os três momentos de qualquer sistema ativo. Em torno deles descreveremos diferentes categorias ou tipos de erro.

Uma classificação por matéria seria excessivamente diversificada para uma primeira aproximação. Por outro lado, não seria difícil uma posterior adaptação curricular a partir de dito modelo geral. É óbvio que estamos nos referindo aos erros que ocorrem em torno da aprendizagem instrutiva, isto é, nos "deveres" de casa ou nas tarefas de aula, nas perguntas que o professor faz como *feedback* para sua explicação, em provas, e onde ocorra uma situação de aprendizagem. O modelo pode ser utilizado pelo professor de educação infantil, no ensino da leitura-escrita ou das operações aritméticas, no ensino de idiomas e em outras matérias curriculares a partir do ensino fundamental até os níveis superiores. Em todas as etapas encontramos erros que podemos transformar em informação valiosa. Embora nosso MADE tenha uma primeira intenção descritiva, não há dúvida de que pode nos ser útil em nível explicativo, preditivo e corretivo.

Como o professor atua diante dos erros? Na maior parte dos casos, corrige-os indicando a solução correta. Mas ele se pergunta por que os alunos cometeram determinado erro? Pensa no tipo de erro que se trata? Fazer-se tais perguntas e tentar respondê-las lhe proporcionará muito mais informação que a simples correção. Blythe Clinchy e Kristine Rosenthal (1981), em quem nos inspiramos para esta análise, afirmam: compreende-se que o professor deteste os erros e trate de suprimi-los, mas isso lhe rouba uma fonte de informação importante acerca do funcionamento mental das crianças. Quando um(a) professor(a), depois de explicar o mecanismo da soma, encontra a resposta: 1 + 4 = 14, o que pensa? A correção é insuficiente. Salta à vista onde está a origem do erro. Mas o que acontece se opera deste modo: 1 + 4 = 4? A criança pode ter multiplicado o 4, ignorado o 1 ou levado em conta apenas a última cifra.

O que dizemos em nível de aprendizagens instrumentais pode ser estendido a conceitos mais complexos como equações, análise sintática, utilização de estruturas lingüísticas ou compreensão de noções socioculturais. Por que se cometem tantos erros ao se analisar os pronomes? Por que há tantas dificuldades ao se analisar o "se"? Um esquema compreensivo de seus tipos, usos e funções com exemplos ilustrativos facilitaria a compreensão. Embora com isso não eliminemos aquelas passagens de certa ambigüidade, solucionaremos uma alta percentagem de situações. Para isso, ajudarão os ideogramas ou a representação gráfica dos conceitos e suas relações. Exemplos ideogramáticos relativos à árvore das orações, aos pronomes e aos elementos cinematográficos podem ser vistos em S. de la Torre (1991): "Técnica de Ideogramação".

Passo a descrever com algum detalhe as variantes dos erros, atendendo aos três parâmetros ou momentos do processo: Entrada, Organização e Execução.

Erros de entrada ou desequilíbrio de informação

Uma alta percentagem dos erros cometidos pela criança obedece a certo desequilíbrio entre a informação de que ela dispõe e o problema que tem de resolver. Existe um problema de insuficiência ou inadequação da informação em algum destes três planos: intenção, percepção, compreensão. Vejamos cada um deles, com alguns exemplos referentes a distintos níveis escolares e materiais curriculares.

Erros no plano das intenções

a) *A indefinição de metas* ou falta de clareza na intenção é um primeiro motivo de equívocos. Muitas vezes, o aluno não sabe o que realmente se pede em um trabalho ou uma tarefa, o que o professor quer, para que serve a atividade. Existe confusão ou ambigüidade de metas quando o professor pede uma redação sobre um determinado tema sem especificar seu sentido. O que é que se avalia: o tratamento do tema, as frases literárias e metafóricas, a imaginação do relato ou a descrição, a estrutura, a mensagem, os erros de ortografia, a apresentação e a limpeza? Que elementos realmente levam o professor à diferente qualificação de uns ou outros alunos? Por que diferentes professores pontuam de vários modos uma mesma redação ou um mesmo trabalho? Tais metas ou intenções são, muitas vezes, as que o aluno realmente desconhece. Se fossem especificadas, obteríamos melhoras surpreendentes. Quando não são expressas claramente, a criança trata de inferi-las, esquadrinhando os objetivos implícitos em situações paralelas. Esse tipo de erro ocorre em tarefas semi-abertas.

Para comprovar o efeito da falta de clareza nas metas basta que entreguemos a nossos alunos uma folha em branco sem outra instrução que: "escrevam". Mais ainda se dissermos: "Façam o que quiserem". Veremos como surgem de imediato mil perguntas que tentam esclarecer as intenções. O aluno se sente perdido, sem indicações. Necessita saber o que se pede que faça, o que vai se avaliar, o que se pretende com essa tarefa. A clareza de objetivos ou de intenções é fundamental para ajustar nossa atividade a eles. Diante da instrução "façam o que quiserem", talvez algum pense numa bola de papel para atirar em um colega. Tudo depende do estilo do professor ou da professora.

b) *Incompreensão ou confusão do objetivo* ou da intenção. Muitos dos problemas malresolvidos não se devem à incapacidade, mas à falta de compreensão do que se pede. Quando iniciamos as crianças nos problemas matemáticos simples, com operações de somas e subtrações, a principal fonte de erros está em que não sabem o que se pede no problema, qual é a pergunta a que têm de responder, em que consiste afinal o problema. Quando o aluno se dirige ao professor em termos como: "É que eu pensava que...", salta à vista a existência de alguma confusão em relação ao que se pedia. Em um problema como: "Você tem R$ 2,00 para comprar dois pães. Se cada um deles vale R$ 0,80, quanto custam os dois e quanto sobra?". Essa forma de apresentar o problema cria confusão porque não tem um objetivo único, mas dois. Isso significa que a criança tem de alcançar primeiro um objetivo e depois o outro; mas por qual deles deve começar? Qual dos dois deve ser feito primeiro?

A compreensão de uma meta ou um objetivo de um problema tem a ver com o desenvolvimento do *patamar de captação de significados* por parte do sujeito. O problema anterior não seria adequado para uma criança de 6 anos e sim para uma de 9. É preciso, portanto, partir da maturidade do sujeito em relação ao tipo de objetivo ou de metas apresentadas em uma tarefa. Toda tarefa, não devemos esquecer, exige um nível de compreensão. Com muitas metas diferentes, como em tarefas como "Faça um mapa da Espanha; desenhe os elementos de uma célula; escreva adjetivos para a palavra 'primavera' ou complete a frase: Eu vivo em...", cada uma delas requer um patamar mínimo de capacitação.

c) O *conflito de objetivos ou o desvio da meta fixada* é uma terceira causa de erros de intenção. Isso acontece quando a tarefa ou o exercício desperta no sujeito "objetivos" mais desejáveis que os propostos pelo professor. Ao se dar um desvio da meta prevista, o erro é o resultado mais provável. Ocorre em todos os níveis educativos. Podemos dar a um grupo de crianças vários cubos coloridos para que os ordenem conforme o tamanho, mas o grupo talvez prefira utilizá-los como "armas" para brincar. É mais divertido, as crianças pensarão; mas se distanciaram do objetivo previsto. Com crianças maiores isso acontece muitas vezes quando se vai de visita ou excursão formativa, fora da escola. Os objetivos podem ter sido bem-planejados, mas o ambiente liberal e lúdico pode transformar a visita em um divertido passatempo. Que objetivos previstos foram alcançados? O conflito de objetivos botou a perder as boas intenções dos professores. É mais atraente brigar com um colega que prestar a atenção às explicações do guia. Que excursões de fim de ano cumprem os objetivos de ensino que deveriam animá-las? Também ocorre em níveis superiores, quando os professores propõem determinados trabalhos e os alunos se centram em uma parte deles por se interessarem mais, descuidando outras partes. A projeção de documentários ou de filmes com intenção pedagógica não pode transformar-se em um atrativo a mais, sem que comporte a melhora a que o professor se proponha.

Em suma, pode a falta ou o desvio da informação inicial se transformar facilmente em desequilíbrio ou erro educativo.

Erros no plano das percepções da informação

Outro tipo de erro tem sua origem na inadequada percepção da informação. A ambigüidade na apresentação da tarefa pode dar origem a uma má percepção desta. Os erros de percepção resultam de uma má interação entre as características da informação e os processos cognitivos do sujeito. Se nos erros de intenção o principal responsável era o professor, no plano da percepção é a metodologia docente e a capacidade discente. Podemos nos referir, entre outras, a três modalidades dentro dessa categoria: erros de omissão, erros de redundância e erros de distorção.

a) Os erros devidos à *omissão de informação suficiente* são muito mais freqüentes do que poderia parecer à primeira vista. Os professores dão por certo que seus alunos têm conhecimentos ou habilidades que não possuem para resolver determinadas atividades ou problemas. Porque não se trata da informação de que o docente dispõe, mas da que o discente tem realmente. Os estudantes de cursos superiores já estão acostumados a ouvir: "Isto vocês já sabem de anos anteriores"; "Damos estas noções por sabidas"; "Revisem por sua conta estas noções, antes de fazer o problema". Cabe se perguntar: o aluno possui as noções necessárias para realizar a tarefa que lhe pedimos? A falta de informação básica pode se dever a três causas: sobrecarga de informação, distração, insuficiente percepção ou análise.

1º) *Sobrecarga de informação*, impedindo de captar os pontos relevantes e significativos. Se se dispõe de informação excessiva é preciso sintetizá-la e reduzi-la para sua fácil utilização. Quando não existe a capacidade suficiente para integrar e recodificar uma abundante informação, é como se não se dispusesse dela. Quero dizer que a quantidade de informação apresentada tem de estar em sintonia com a capacidade da pessoa em questão. Nas provas com consulta ao material, nem sempre obtêm melhores qualificações os que se rodeiam da maior quantidade de livros e apontamentos.

Este princípio, que é geral, ganha maior importância para quem trabalha com sujeitos com atrasos ou com turmas de educação especial. O atraso no desenvolvimento das estruturas cognitivas não permite perceber os elementos informativos necessários para responder a tarefas, os quais outras crianças da mesma idade realizam sem dificuldade. Tanto o objeto como a informação apresentada deve ser simples. Um adulto pode reter as diferentes regras ortográficas; a uma criança não podemos pedir que leve em conta mais do que uma ou duas por vez. A capacidade é determinante em relação aos erros por omissão, por sobrecarga de informação. Isto me lembra exercícios de coordenação múltipla em ginástica. Peçamos a um aluno de 14 anos que faça quatro movimentos simultâneos (giro de cabeça, flexão de braços e perna e torção de tronco para um lado e outro consecutivamente) e os realizará. Peçamos a um de 10 anos e ele terá dificuldade. Uma criança com atraso coordenará menos movimentos simultâneos devido à sobrecarga de informação, cuja utilização passa pela representação mental de tais movimentos.

2º) A *distração* é a causa mais mencionada pelos professores e a que recorrem habitualmente para explicar certos erros. É natural que os que não estão atentos à informação fornecida pelo professor ou pelo livro tenham dificuldades ao interpretar uma tarefa ou resolver um problema mais tarde. Seu rendimento é baixo. "Seu filho vai mal em minha matéria porque é muito distraído", os professores dizem aos pais. E estes repetem aos amigos: "É que meu filho é muito distraído", como se se tratasse de uma justificação que deixasse a salvo sua capacidade mental. No entanto, na maior parte dos casos, não se trata de indisciplina, mas de imaturidade cognitiva. A atenção costuma aumentar com a idade.

3º) A terceira causa de omissão na informação vem da *insuficiente percepção ou análise* da tarefa ou do problema. Este ponto tem muito que ver com o estilo cognitivo, já que os sujeitos de estilo globalizador atenderão aos traços gerais, passando por alto certos detalhes, enquanto que os sujeitos de estilo analítico tendem a ser mais observadores dos detalhes. Nas provas de confrontação de informação, seja gráfica ou semântica, quantos estudantes percebem que fizeram mal uma prova ao compará-la com o que haviam respondido os colegas? Não perceberam nem analisaram suficientemente o que é o que se pedia a eles e responderam inadequadamente, pensando que estavam na direção certa. Tinham os conhecimentos necessários sobre o tema, mas erraram por uma insuficiente percepção do que lhes era pedido. Enquanto as pessoas de "estilo aguçado" (*keenning*) conseguem detectar perfeitamente as diferenças na informação apresentada, as de "estilo nivelador" (*leveling*) se fixam mais nas semelhanças ou nos elementos parecidos. Com a idade, no entanto, vai se dando a passagem do estilo nivelador para o aguçado, influenciado, talvez, pelas exigências educativas e pelo predomínio de tarefas analíticas. Com a prova Tarefas de Enfoque Cognitivo (TEC), atualmente em estudo, pretende-se detectar a tendência dos sujeitos para um ou outro estilo com base em estímulos gráficos, semânticos e simbólicos de certa ambigüidade. Pede-se ao sujeito que indique primeiro frases que lhe sugerem ou chamem sua atenção como: "falando baixo", "apenas os ouvia". Enquanto uns captam a equivalência semântica ou a complementaridade entre falar e ouvir, outros ressaltam a diferença de pessoas nos verbos.

b) Uma segunda categoria de erros de percepção provém da relação *redundância e omissão*. Enquanto para alguns sujeitos é preciso certa redundância de informação, para outros isso pode atrapalhar. É necessário chegar a um desequilíbrio ótimo entre a informação assimilada e a nova. Excessiva redundância ou repetição do que já se sabe leva à ineficácia; excessiva informação nova dificulta sua assimilação. Mas nem todos necessitam de igual quantidade de informação redundante. Não podemos esquecer que a sobrecarga de nova informação leva ao erro de omissão, por não se poder integrá-la adequadamente. Isso sabem muito bem os alunos que perdem certas aulas de ciências: custam a acompanhar durante um tempo as explicações do professor. Enquanto o professor "vai rápido" para uns, para outros pode ir normal ou lentamente. Os primeiros necessitam maior "redundância" ou repetição dos conceitos, sob formas distintas. Quando os professores falam do "método pilão", na verdade estão usando a *filosofia da redundância*, isto é, de insistir repetidamente nos mesmos conceitos ou exercícios que mostraram sua eficácia com alunos lentos ou atrasados. A criança pequena, como a pessoa com atraso, precisa de maior redundância.

Uma prova de como a omissão e a redundância influem em pessoas de diferentes idades é o "teste de pregnância perceptiva" ou rapidez de fechamento (*Closure Speed*) de Thurstone e Jeffrey, no qual se pede que se reconheçam silhuetas ou sombras. Nós, adultos, suprimos com maior facilidade a falta de informação ou a ambigüidade desta. Outro modo de compensar a falta de redundância é a lógica. Quando o aluno está familiarizado com um tema, qualquer indicação serve para ele se situar; mas, se o tema é novo, a redundância fará falta para compreender tudo o que nele se diz. Este mesmo parágrafo é um exemplo de como a falta de informação redundante dificulta uma compreensão mais completa de quanto estou dizendo. Os que conhecem o efeito de "pregnância perceptiva" não necessitam mais indicadores; mas os que desconhecem em que consiste, obterão uma vaga informação e um mau exemplo, já que não podem representar mentalmente o que tratamos. O que aconteceria se ilustrasse graficamente dito conceito? O exemplo seria melhor entendido? Que objeto percebemos nas seguintes imagens? Uma criança de 6, 7, 8, 9 anos perceberá o mesmo objeto?

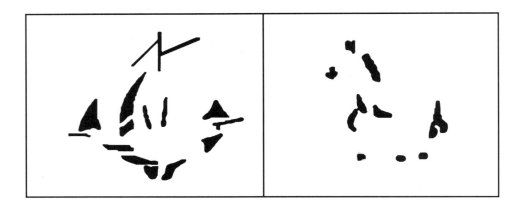

c) Os *erros de distorção* costumam ocorrer quando a informação não é dominada, é pouco clara, ambígua, imprecisa ou alheia aos interesses cognitivos. Piaget chegava a dizer que a "criança vê o que sabe" para indicar que percebe o que assimilou e distorce o que não domina. Tal fato não é exclusivo da infância. Se damos uma má explicação de como se dirige um carro para um motorista experiente para que este a transmita para outra pessoas, sem dúvida ele a melhorará. Mas se pedimos a um estudante da cidade que explique qual é a estrutura e o funcionamento de uma horta para uma criança do campo, esta perceberá que está distorcida a realidade que conhece. Façamos a prova de perguntar a estudantes da séries iniciais qual é o processo do papel, desde sua origem até chegar ao livro que tem em mãos. E o pão? Alguns pensarão que há "lojas" especializadas em fazer leite, pão, dinheiro ou roupa.

O efeito Rosenthal (as expectativas do experimentador influem nas respostas dos sujeitos) e o efeito Pigmaleão (as expectativas do professor influenciam os alunos e suas condutas) são uma transferência científica e profissional de como as expectativas podem distorcer os fatos. Os erros que atribuímos à distração podem ter uma raiz muito mais profunda, como são as diferenças de interesse entre professor e aluno e inclusive de desníveis sociais. Os interesses das classes baixas costumam ser diferentes dos que se incentivam na escola, de modo que não sintonizam com os conceitos explicativos do professor. Não se trata de uma simples falta de atenção voluntária, mas de inadequação cognitiva. Vemos aquilo em que estamos interessados em ver e não percebemos aquilo para o que não estamos motivados. Lembro como J. Itard descreve a lenta evolução do menino selvagem Víctor de Aveyron. Em certa ocasião, comenta que o selvagem permanece insensível aos ruídos das coisas, como se não existissem, pois ele realmente não tem consciência de sua existência; mas em troca se volta rapidamente ao ouvir o ruído de uma noz. Aprende-se a percepção, como tomada de consciência. Prestamos atenção àquilo que estamos motivados. Talvez a educação devesse ser iniciada com a percepção ou a atenção àquilo que posteriormente se deve aprender, mais que ensinar conteúdos culturais específicos.

Enfim, a distorção pode provir também da complexidade da informação e da tentativa de simplificá-la ou da dificuldade de discriminar o essencial do secundário. Essa é uma fonte importante de erros conceituais, desde a educação infantil até a formação universitária. Diferenciar o relevante da alegoria ou do acessório nem sempre é fácil, principalmente porque este último costuma ser mais fácil de compreender e lembrar. Quantas vezes, ao perguntar por um conceito, nos respondem com a alegoria que utilizamos como exemplo esclarecedor! Para Clinchy e Rosenthal (1981, p.140), ocorrem erros de distorção porque o sujeito não distingue entre a própria interpretação subjetiva dos fatos e os fatos mesmos; porque as expectativas sobre os dados ou as informações são impróprias; porque supõe que sua interpretação é correta; porque simplifica os dados de tal maneira que muda o significado deles.

Erros de compreensão

Uma alta percentagem de erros escolares tem sua raiz em limitações ou deficiências na compreensão léxica, conceitual ou lógica. Compreender uma tarefa ou um problema significa ser capaz de reconceitualizá-lo ou expressá-lo com termos diferentes, com a própria linguagem. Muitos dos erros cometidos em exames se devem ao desconhecimento de palavras ou expressões, de conceitos ou inclusive de falhas lógicas. Isto é, existe uma insuficiente informação de entrada. A falta de compreensão na linguagem não se circunscreve somente à área de linguagem, nós a encontramos em qualquer outra disciplina, incluindo a matemática. Está amplamente constatado que a compreensão facilita a melhora na realização de atividades de outras áreas. Não disponho de informação sobre pesquisas que mencionem a percentagem de erros atribuídos a esse âmbito, mas indubitavelmente ela será alta.

O domínio e a compreensão do vocabulário adequado à idade do sujeito evitam erros e facilitam aprendizagens posteriores. Se na educação fundamental o problema se centra no desconhecimento do significado de palavras de uso comum, em níveis superiores entram em jogo palavras técnicas e as acepções científicas. Boa parte da atividade educativa consiste em transmitir significados, e, embora as palavras não sejam as únicas unidades, são as mais importantes da comunicação verbal. Se eliminássemos as falhas devidas a desconhecimento de certos termos, teríamos suprimido um bom número de erros na educação infantil. Para isso, sublinhar as palavras novas ou difíceis é um modo de evitar possíveis erros. Na aprendizagem do idioma ou de segunda língua, os erros de tipo léxico, fonético e estrutural são os mais abundantes. Inclusive nas provas de seleção esse tipo de falhas vem determinando a qualificação final, mais que os erros de caráter conceitual ou lógico. Não é possível entender ou se expressar em uma língua se não se conhece seu léxico.

A própria linguagem pedagógica, para não falar de outros âmbitos científicos, como o biológico, o médico, o psicológico, etc., possui abundante terminologia específica, como facilmente se pode comprovar em qualquer dicionário de ciências da educação. Muitos deles são termos correntes, mas com um alcance e um significado muito mais rico em matizes para os profissionais da educação que para pessoas com outra formação. Termos como currículo, didática, projeto curricular, projeto educativo, avaliação, inovação, etc., são conceitos de uso comum, mas que admitem diversos níveis de conceitualização. A significação que uma pessoa da rua possa lhe dar sem dúvida seria considerada errônea em uma prova de pedagogia de nível universitário.

Tanto os erros de incompreensão de conceitos como os erros de caráter lógico são os que mais deveriam atrair a atenção do professor, por sua tremenda repercussão no desenvolvimento dos processos cognitivos. O pensamento se constrói com base em conceitos e significações. Nem sempre é o aluno o responsável por tal carência; ela pode ter sua origem em uma metodologia inadequada ou em uma intervenção docente não-adaptada aos sujeitos. Quando os estudantes acabam algumas aulas sem compreender grande parte das explicações, estamos diante de uma falha desse tipo, que habitualmente é compensada com horas de estudo em casa. A incompreensão leva, antes ou depois, ao erro. A ação docente deve ser direcionada para facilitar a aprendizagem e a compreensão de conceitos (de forma direta ou heurística), porque, se não for assim, está contrariando-se o primeiro significado de "en-sinar", que é tornar patente para o aluno (decodificar) aquelas mensagens que estão latentes "en-signo".

Nem sempre será fácil discernir entre erros conceituais e lógicos, mesmo que os primeiros possam estar mais ligados a significados convencionais, enquanto os processos lógicos são fruto do funcionamento mental. Mas também este vem condicionado pelos elementos efetivos e externos. Como mencionei estes erros em tópicos anteriores, não entro agora em mais detalhes.

Entre as "barbaridades" que já ouvimos ou vimos em provas cabe toda essa gama de erros. Uns devido à ignorância total do que se pergunta ou à confusão de palavras; outras vezes se trata de uma compreensão deficiente ou da falta de lógica. Tirado (1988) nos oferece uma coleção de perguntas e respostas recolhidas em aula, que provocam hilaridade mais que preocupação, já que algumas se parecem mais com piada que com respostas reais. Veja-se uma amostra delas:

- O que é monopólio?
  R: Um mono com paralisia (erro léxico).
- O que é a micção?
  R: É o ato de chupar forte (erro léxico).
- Diferenças entre a abelha e a vespa.
  R: A vespa faz mel e a abelha* dá lã (confusão léxica ou perceptiva).
- O que é o aborto?
  R: É um homem ou uma criança muito feio e mirrado (erro conceitual devido ao duplo significado do termo).
- Explique o ditado "que bicho o mordeu".
  R: Se um bicho mordeu você, é preciso procurá-lo (erro conceitual e lógico).
- Que teoria Charles Darwin expôs?
  R: Aquela segundo a qual todos somos macacos (erro conceitual).
- Explique o refrão: "de tal pau, tal cavaco".
  R: Conforme o pau com que nos baterem, assim será o "galo" em nossa cabeça (erro conceitual e lógico).

O erro também tem seu lado positivo na graça, em uma confusão ou na ambigüidade calculada para provocar a hilaridade ou o riso.

Erros de organização da informação

Entendendo a aprendizagem como processo de mudança cognoscitiva, atitudinal ou de habilidades, além dos dados ou da informação de entrada que estimule tal mudança, deve-se levar em conta a organização interna da informação. Isto é, como cada sujeito organiza os dados facilitados pela percepção ou dados em um problema. É aqui que entram em jogo os processos

---

*N. de T.: Em espanhol, as palavras se parecem: *abeja* (abelha) e *oveja* (ovelha).

cognitivos do sujeito. Os erros de organização ocorrem quando o sujeito trata de mudar a informação de que dispõe para dar com a resposta que lhe é pedida. As principais operações que acontecem, além dos procedimentos dedutivo e indutivo já referidos, são as de isolar elementos (análise), combiná-los de diferentes maneiras (síntese), associá-los com os conhecimentos prévios (conexão), ordená-los corretamente (seqüência). Vejamos como ocorrem os erros ao se realizar tais operações.

1. *Erros de análise e síntese*. Nem sempre é fácil analisar ou isolar as propriedades de um objeto e muito menos diferenciar o substancial do complementar ou acessório. Enquanto os processos de retenção e evocação são relativamente simples, a síntese é extremamente complexa, porque implica um julgamento avaliativo de diferenciação e escolha. Se pedimos que se continue a série de números 1, 5, 10, 14, 19, 23... o sujeito vai analisar primeiro os números e sua seqüência e depois encontrar a diferença entre eles para descobrir o princípio. A coisa se complica se pedimos a ele que elabore outra série paralela. Claro que pode sair do aperto acrescentando um valor a cada número e obter: 2, 6, 11, 20, 24. Mas em que diferem as séries? Uma das diferenças está em que a soma de seus valores absolutos é maior na primeira que na segunda; por outro lado, enquanto a sucessão da primeira série é composta por dois números ímpares, dois pares, dois ímpares, a segunda é formada por dois pares, dois ímpares, dois pares; além disso, 10 é o dobro de 5, mas 11 não é de 6. Nem todos chegam a essa análise.

A dificuldade de analisar pode ser observada igualmente com códigos figurativos e semânticos. O Teste de Raven e outros de raciocínio lógico nos proporcionam muitos exemplos de análise e síntese. No exemplo seguinte, o aluno de séries iniciais se limitará a tomar uma das figuras dadas na fila ou na coluna em vez de colocar um círculo sombreado. Cometeu um erro de análise e síntese.

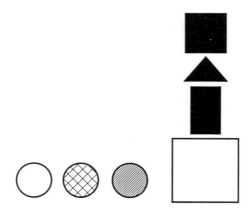

Como será esta figura?

Se propomos resumir em uma as idéias de duas frases, muitos sujeitos teriam dificuldades de análise e síntese. Por exemplo:

"Antônio escreve um conto que lhe pediram no colégio. Seu irmão Juan está fazendo os exercícios de matemática".

Uma síntese poderia ser: "Antônio e Juan, que são irmãos, estão fazendo os deveres do colégio".

Para organizar a informação, é preciso partir de algum critério; do contrário, o que se faz é "amontoá-la", com a dificuldade que isso representa para sua posterior utilização. A transferência na aprendizagem implica levar em conta os elementos-chave, dentro de outro contexto. Dois aspectos importantes desse processo são identificar as características relevantes e ter claros os passos a seguir. Quando um aluno diz diante de um problema de matemática: "Eu não entendo", geralmente se refere ao fato de que desconhece os passos a seguir em sua solução. Se se trata de outras matérias, pode implicar uma falha de compreensão léxica ou conceitual.

Dois modos errôneos que se introduzem freqüentemente na análise-síntese são a própria experiência e a adivinhação com que o sujeito supre a falta de informação. Se apresentássemos um desenho do Sol sobre o horizonte para crianças de várias idades e perguntássemos se se trata de um nascer ou de um pôr-do-sol, responderiam uma coisa ou outra, sem reparar que falta informação para se responder. Dão por certo que o professor lhes deu toda a informação necessária, porque não teria feito a pergunta se não fosse assim. Tratam, portanto, de adivinhar a resposta, apoiados em indicações imaginárias.

2. *Erros de ordenação*. Esse tipo de erro deriva da inadequada relação ou seqüenciação da informação. O sujeito não conecta adequadamente a informação que possui, desviando-se, por isso, da meta buscada. Organizar a informação disponível é uma tarefa fundamental, não só para resolver problemas como para tomar decisões. Tanto ao escrever quanto ao falar seqüenciamos as palavras e as idéias, para que adquiram determinado sentido. Não é a mesma coisa afirmar: "O fim justifica os meios" que "os meios justificam o fim". A ordem facilita, portanto, a compreensão da mensagem e evita equívocos.

Vários exemplos podem nos ilustrar o conceito de ordenação e seqüenciação da informação. "Quem é quem" é um jogo didático que consiste em adivinhar o personagem escolhido por outro jogador. Enquanto as crianças pequenas tratam de adivinhar mediante perguntas diretas, as maiores utilizam estratégias de agrupação de idéias como: é homem ou mulher, é careca ou não, usa óculos ou não, etc. Isto é, organizam e ordenam a informação de modo que com uma resposta afirmativa ou negativa eliminam muitos passos intermediários. Quando pedimos a uma criança que faça a operação 3 x 9, ela pode proceder de várias maneiras se não lembra o resultado: 27. Uma delas consiste em somar o valor 3 nove vezes e, se conhece a propriedade comutativa, somará 9 três vezes, abreviando, assim, essa operação. Tal ordenação ocorre igualmente com as tabuadas, de modo que começará a multiplicar a tabuada do três utilizando um longo processo – ou a do 9. É curioso que, mesmo conhecendo a propriedade comutativa, os estudantes continuem utilizando durante muito tempo a primeira opção sobre a segunda. Uma alternativa mais elaborada consistiria em multiplicar 2 x 10 e subtrair três. Mas esse tipo de organização supõe ir além dos dados explicitados.

Quando nos pedem que aprendamos certa informação complexa, tendemos instintivamente a organizá-la e agrupá-la em categorias para dominá-la melhor. O desenvolvimento do pensamento facilita a utilização desse tipo de estratégias. Se pedimos a um grupo de sujeitos de idades diferentes que aprenda de memória um número longo, observamos como logo agrupam os algarismos em blocos que vai lhes facilitar o trabalho. Vejamos o número 71216202428. Alguns o organizarão em unidades de duas ou três cifras. No entanto, os mais alertas darão rapidamente com a estrutura 7-12-16-20-24-28. A descoberta dessa estrutura, além de evitar erros, facilita uma aprendizagem rápida e sólida. Vejamos um exemplo de organização divergente que toma Wertheimer. O professor pergunta: "Quem de vocês sabe escrever mais rápido o resultado de 1 + 2 + 3 + 4 + 5 + 6 + 7 + 8?". Enquanto os alunos convergentes, habituados a utilizar o processo lógico, vão fazendo uma soma cifra após a cifra, quem tem predisposição para utilizar o pensamento divergente busca rapidamente outras alternativas. Uma análise atenta nos revela que, unindo consecutivamente as cifras extremas, o resultado dá sempre 9, com o que obtemos rapidamente o produto de (1 + 8; 2 + 7; 3 + 6; 4 + 5) 4 x 9.

Os erros de organização ou de seqüenciação ocorrem quando o sujeito altera a ordem pertinente ou conveniente. Esse tipo de erros é especialmente abundante na aprendizagem de uma língua, já que esta se apóia nas estruturas morfossintáticas e na ordem das palavras para que se possa compreender a mensagem. Também tem lugar quando se altera a ordem das operações em um problema de matemática ou se misturam as causas de um fato com as conseqüências em ciências sociais. Por trás de um erro de ordenação costuma existir um erro conceitual de entrada. Um erro de seqüenciação é aquele cometido ao ordenar as seguintes frações de maior para menor: 9/3>8/8>5/5>4/3. Esse sujeito ordenou as frações guiando-se pelo numerador: 9>8>5>4.

3. *Erros de conexão e interferências*. Embora seja certo que os conhecimentos adquiridos e as experiências passadas são uma fonte inesgotável de novas aprendizagens, em algumas ocasiões podem criar oportunidade para erros. Também o telefone busca e consegue a comunicação, mas às vezes nos cria dificuldades e provoca interferências. É necessário procurar a raiz desse desajuste na dificuldade de integrar a própria experiência. Nem sempre é fácil passar de um plano a outro sem transferir os conceitos para a prática, elevar a prática a conceito teórico ou passar de umas estruturas a outras. Donaldson observou que as crianças tendem a solucionar os problemas seguindo critérios empíricos antes que os lógicos. Às vezes, o sujeito se agarra de tal maneira aos padrões adquiridos que rejeita qualquer variação que não se ajuste ao

conhecido. Qualquer estudante de 5ª ou 6ª série do ensino fundamental é capaz de identificar esses dois triângulos retângulos.

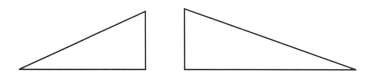

No entanto, se perguntarmos quais destes polígonos são triângulos retângulos, nem todos qualificarão de retângulos estes mesmos triângulos em posição invertida.

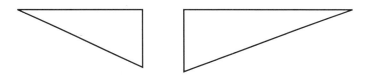

Por quê? Porque mesmo conhecendo o conceito básico teórico e observar que tal aqui se cumpre, o estudante se agarra ao padrão perceptivo apresentado pelo professor e pelos livros, em que o ângulo reto sempre está na base. Ocorre uma interferência entre o conceito teórico e o modelo empírico, predominando este em caso de conflito.

Outras vezes, a dificuldade provém de transferir as estratégias conhecidas para o problema atual. O aluno pode saber perfeitamente a regra ou a fórmula, mas tem dificuldades ao projetá-la sobre uma situação nova. São erros de extrapolação e transferência. Imaginemos que os alunos sabem achar a área de um retângulo, e pedimos a eles que achem a área de um paralelogramo, sem lhes explicar como transformar um paralelogramo em retângulo. Quantos notarão que a área se mantém se compensamos as irregularidades desses dois paralelogramos?

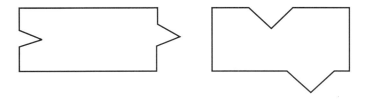

Muitos dos erros e das falhas de aprendizagem surgem ao se transferir os conhecimentos adquiridos para situações diferentes. Que mecanismos cognitivos entram em ação na transferência? Por ora os desconhecemos, mas indubitavelmente a capacidade mental do sujeito é decisiva para se conseguir a adequação ajustada aos novos elementos. Ocorre algo assim como quando uma pessoa tem de se acomodar em uma casa nova, em um lugar ou trabalho. Aparecem certos inconvenientes de adaptação que a pessoa inteligente consegue superar sem dificuldade. A criança pode saber resolver um problema de soma e subtração de balas, porque isso se encontra próximo de sua experiência, mas, se transferimos esse problema para litros de leite ou vinho, possivelmente ela se perderá e não encontrará a solução correta, devido à dificuldade introduzida pelas unidades do sistema decimal.

É na aprendizagem de outras línguas que há mais erros de conexão e interferência, já que o sujeito trata, se em dúvida, de recorrer às estruturas da língua que domina. "Qualquer falante ou escritor que esteja aprendendo uma segunda língua" – escreve Ferrán (1990) –, "se vê sujeito a cometer erros". Por quê? Porque qualquer usuário, seja criança ou adulto, recorre a uma série de estratégias para superar as deficiências de conhecimento, aventurando respostas que têm a ver com o aprendido na própria língua ou em outras que conhece. Esse autor de refere especificamente a quatro tipos de estratégias em que se acha o erro. Tais como:

a) Recorrer à gramática da primeira língua (L1), partindo do pressuposto de que a segunda língua (L2) funciona de igual modo que a conhecida. É assim que o estudante faz transferências errôneas em suas estruturas ou na ordenação de palavras.
   – "Tenho fome". Dirá erradamente: *Have hungry,* em vez de *I'm hungry:* Eu estou faminto.
   – "Há três livros grandes" é expressado erroneamente: *Has three books bigs* ou *A trois libres grands,* em vez de *There are three big books* ou *Il y a trois grandes livres.*
b) Simplificação da morfossintaxe, seguindo processos similares aos utilizados na primeira infância ao aprender a língua materna. Diante da dúvida, simplifica-se o tempo verbal, valendo-se de um advérbio de tempo. Assim, em vez de dizer "Eu irei amanhã", dirá "Eu ir amanhã": *I go tomorrow.*
c) Generalização de regras a partir de observações parciais de um determinado morfema, como o particípio, transformando em regular uma forma de uso irregular. É freqüente ouvir crianças de 3 anos a expressão: "ponhei" apesar de já ter ouvido "pus". Isso também acontece com os estudantes da língua inglesa, em relação ao uso de "ing", quando fazem uma tradução literal de nosso gerúndio.
d) Substituição das estruturas conhecidas por circunlóquios ou perífrases para contornar aquilo que não sabem.

Esse tipo de erros acontece quando se submete o sujeito a situações que ultrapassam sua competência lingüística. Nem sempre será fácil estabelecer a causa do erro, por isso convém interrogar o sujeito e indagar por que deu tal resposta ou como chegou a determinado resultado.

Erros de execução

Embora sejam os erros de entrada e de organização os que mais devem atrair a atenção do professor, por suas repercussões cognitivas, o aluno comete outros erros igualmente sancionados nas avaliações. Poucos professores levam em conta a origem da falha se o resultado não é o esperado. Nesse sentido, interessa ressaltar que esse tipo de erros não provém tanto da falta de percepção ou de compreensão quanto do desenvolvimento ou da maneira como é posta em prática uma alternativa decidida. É o tipo de erro que corresponderia melhor ao que chamamos de *equívoco*. Se estivéssemos trabalhando com linguagens informáticas falaríamos de *bugs* ou falhas de programação. Nesses casos, conforme S. de la Torre (1990, p.41), "o erro nos surge como um elemento privilegiado para a análise, não apenas no que se refere aos erros que ocorrem, como também (e de forma importante) no que se refere a quais estratégias são utilizadas para sua retificação no processo de realização de um projeto".

Enquanto os erros de entrada e de organização requerem uma maior orientação, nos de execução basta proporcionar pistas indicativas do processo. Um resultado intermediário ou final permite ao aluno voltar sobre seus passos e achar o lugar da falha. Encontrei sujeitos que gostavam de fazer matemática e física por razões tão surpreendentes como saber se estava bem ou mal o processo seguido graças à solução que o livro lhes dava. Poder verificar a correção ou não da solução encontrada lhes estimulava para empreender novos exercícios, coisa que não ocorria quando o aluno carecia de tais pontos de referência. Tratava-se de sujeitos de estilo analítico ou independentes de campo, que não se entregam com igual entusiasmo ao estudo de história ou letras, porque não dispõem de indicadores de correção. Seus exercícios obedecem mais a processos de derivação lógica do que a processos de compreensão e memorização.

Os erros de execução têm a ver com a atitude e o estilo da pessoa. Têm lugar quando o sujeito arrisca caminhos novos, novas estratégias, procedimentos não-familiares. Enquanto uns preferem rotas seguras, os mais aventureiros tentam outras vias. Todos nós começamos contando nos dedos das mãos. Mas houve um momento em que abandonamos tal caminho para utilizar a tabuada de multiplicar. Esse fato é um indicador interessante para o professor de séries iniciais. Enquanto para uns alunos custa se desfazer de tal hábito, outros não demoram a perceber as vantagens de abandoná-lo.

As crianças hiperativas cometem muitos erros de execução. É freqüente que estudantes do ensino médio ou da educação profissional sejam capazes de apresentar problemas difíceis de matemática ou física e equivocar-se ao resolvê-los em uma operação de soma ou subtração. Esqueceram essas operações? De modo algum. Mas seu estilo impulsivo, pouco reflexivo, leva-os a cometer mais erros de execução que outros colegas. Sabem mais que outros e, no entanto, o professor lhes nega a qualificação máxima devido a esse tipo de erros, o que provoca neles raiva e exasperação, quando não rejeição. O teste de avaliação dos estilos reflexivo-impulsivo leva em conta o número de erros cometidos por uns e outros sujeitos. Os de estilo reflexivo cometem menor número de erros e empregam mais tempo nas tarefas de juntar figuras familiares que os de estilo impulsivo. Se o professor dá maior importância à perfeição do todo e à execução inatacável do que à busca de novas vias de solução, atrasará o surgimento de estratégias cognitivas mais elaboradas e complexas.

Utilizando a terminologia que Tubau aplica à linguagem informática e que nós mesmos descrevemos ao tratar da linguagem LOGO em S. de la Torre (1990), podemos nos referir a erros sintáticos, semânticos e lógicos. Os erros sintáticos são provocados pela escrita incorreta de alguma norma ou série de ordens da linguagem que se está utilizando. Os erros semânticos apontam a não-compreensão do funcionamento de normas ou estruturas da linguagem. Os erros lógicos têm a ver com a estrutura dos procedimentos ou dos programas. Todos eles podem ser qualificados de erros de execução, porque estão ligados ao processo de programação ou ao de execução de uma tarefa. Porque qualquer tarefa, exercício ou controle de aprendizagem comporta: primeiro, alguns dados de entrada, que podem ser compreendidos ou não pelo sujeito; segundo, um processo de relação, associação, ordenação da informação disponível direcionado a encontrar a resposta ou a solução correta; terceiro, um processo de execução ou aplicação de procedimentos. Esse é o caso que estamos examinando, em que de forma generalizada podemos falar de erros mecânicos ou lapsos, erros operacionais e estruturais.

a) Os *erros mecânicos ou lapsos* da linguagem têm lugar na comunicação oral ou escrita. Isto é, no processo de codificação. O sujeito não é consciente deles e acontecem mais em situações estressantes, com precipitação ou urgência, cansaço ou fadiga. Costuma-se tratar de pequenos detalhes como omissão de letras, alteração ou substituição de um sinal por outro ou de uma palavra por outra. Esse tipo de erros foi muito estudado na literatura psicanalítica como avisos do subconsciente. De uma perspectiva didática, no entanto, parecem ter menos relevância.

b) Os *erros operacionais e de distração* ocorrem ao se operar ou executar um procedimento. Outras vezes, se apresentam em forma de omissões devidas a esquecimentos. O sujeito se esforça para lembrar alguma coisa, mas não consegue. O nervosismo é uma causa freqüente nesse tipo de situações em que se chega a bloquear o processo de evocação. Temos exemplos de erros operacionais quando confundimos os sinais matemáticos, somando quando devíamos multiplicar ou o contrário. As distrações levam a confundir também a ordem de operações ou os passos de um processo. Quando existe muita semelhança entre elementos que devem ser ordenados, os sujeitos niveladores (os que percebem semelhanças) terão mais propensão a esse tipo de falhas que os aguçados (que percebem diferenças). Por exemplo, ordenar de maior para menor estes números: 121, 10, 111, 101, 110. Embora o sujeito saiba a ordem correta das quantidades, pode confundir os números 111, 101, 110 pela semelhança deles. Os erros operacionais são mais freqüentes quando ainda não se domina o procedimento, como no caso da criança que está aprendendo a somar e esquece as "sobras". Ela as conhece e sabe que deve acrescentá-las à cifra seguinte, mas esquece porque não chegou a interiorizar e mecanizar o processo.

c) Os *erros estratégicos* ocorrem quando se dá um equívoco na utilização da estratégia adequada para a resolução de um problema. Não acontece somente na aprendizagem escolar, mas na vida diária e na tomada de decisões. Se entendemos a estratégia como o procedimento pelo qual organizamos seqüencialmente a ação com o objetivo de alcançar determinados propósitos, vemos esse tipo de erros de estratégia. O professor que atrai sobre si a raiva de uma mãe por ter castigado seu filho comete um erro de estratégia; um aluno que se estende em uma prova quando o professor pede esquemas ou sínteses comete um erro estratégico; também comete um erro estratégico o aluno que não segue o processo completo de simplificação de uma equação quando o professor o pedia, ou utiliza um procedimento inapropriado na solução de um problema. Os erros estratégicos são erros de procedimento.

No ambiente da sala de aula, os erros de execução se apresentam quando, depois de haver aprendido algo, o aluno se esquece ou quando são propostas tarefas que exigem mais passos do que o sujeito é capaz de integrar. Às vezes ouvimos de professores: "Não sei o que fazer com x. Antes sabia somar e subtrair, mas agora se engana a três por quatro". Os altos e baixos e as irregularidades costumam ser característicos dos erros de execução. Os alunos esquecem determinados passos do processo. O tempo, a prática e a atenção contribuirão para sua eliminação.

Tratei de descrever, nos tópicos anteriores, um modelo de análise didática dos erros (MADE). Embora não seja o único modo de categorizar o erro, ele nos proporciona uma visão mais ampla e completa da tipologia do erro para sua análise, sua investigação e seu tratamento. A diferenciação que fizemos do erro nos dá oportunidade para profundas reflexões sobre o modo e o uso que fazemos de tais falhas. Para muitos professores, todo desajuste é tratado por igual; não se pode avaliar por igual uma falha de ambigüidade de metas, de percepção, compreensão, organização da informação ou de execução. Estes últimos aparentam menor gravidade que os de compreensão ou de organização.

Tratamento dos erros no ensino

Análise diferencial de erros e desenvolvimento evolutivo

Nos primeiros capítulos, tratamos de fundamentar a natureza interdisciplinar, epistemológica e psicopedagógica do erro. Destaquei também o caráter construtivo do erro no processo didático. Mas não gostaria que se entendesse minha exaltação por esse lado positivo como uma apologia do erro. Seria tão perniciosa para a educação como a do terrorismo em política. Não seria bom promover o erro sistematicamente como tampouco o seria manter "a febre ou abusar das vacinas". Afirmei anteriormente que os erros na aprendizagem deveriam ser como as vacinas nas mãos do professor. A *inoculação do erro* deve ser feita com planejamento e prudência. Por isso, junto com o caráter construtivo, é preciso destacar a correção do erro. Se com a vacina se busca a saúde, com o erro se busca a melhora na aprendizagem. Os erros têm de nos servir para avaliar o crescimento cognitivo do aluno e facilitar seu desenvolvimento, mas de modo algum devem ser provocados sem controle. Para Clinchy e Rosenthal (1981, p.164),

> uma maneira de fazer o erro se destacar, quando o professor suspeita dele como causa de que o rendimento da criança não seja o esperado, consiste em organizar o material de modo que exista uma maior probabilidade de que o erro aconteça, permitindo-se à criança dar, por si só, com o motivo de sua dificuldade. O outro enfoque consiste em reduzir a possibilidade de erro, ajudando a criança a vencer sua dificuldade. Se com essas modificações de apresentação se consegue aumentar ou diminuir os erros, poderá se supor que o ponto fraco foi apontado com correção e que, agora, o professor pode enfrentá-lo diretamente.

A correção didática do erro deveria ser guiada por uma dupla consideração: *seu caráter diferencial e processual*. Diferencial porque à tipologia dos erros descrita acima (natureza do erro) deve se acrescentar a idade dos sujeitos (estado do desenvolvimento) e as áreas curriculares das quais se trate. Salta aos olhos que um erro de percepção ou de execução não deve ser tratado da mesma forma em um aluno da educação infantil, do ensino médio ou da universidade. Um erro em nível universitário ou profissional implica maiores conseqüências e exige um tratamento mais rigoroso. Outro tanto cabe dizer dos erros conforme a matéria em que acontecem. Isso nos leva a propor a análise dos erros no currículo, acrescentando ao conteúdo sua relação com o método, o professor e a avaliação. O caráter processual do tratamento permite levar em consideração suas três fases: localização, identificação e correção. Para cada uma dessas fases existem técnicas diferentes.

Saber como o aluno pensa deveria ser uma preocupação do professor. O desenvolvimento da consciência pessoal e social, assim como a reflexão, são capacidades estritamente humanas que se alcançam por meio da ação educativa planejada. Deveriam estar presentes em qualquer processo educacional, porque a função primordial da educação não é outra que a de ensinar a raciocinar, a refletir, a se comunicar e a participar dos valores da cultura. Isto é, desenvolver ao máximo as potencialidades cognitivas, afetivas próprias de todo ser humano.

Parece fora de toda dúvida que os *estados de desenvolvimento* afetam a freqüência com que as crianças cometem erros. Em cada etapa ou estágio de seu desenvolvimento existem distintas expectativas sobre suas aprendizagens e suas condutas. O próprio sujeito vai tomando consciência do que pode ou não fazer. No início, nossas expectativas se limitam a que as crianças compreendam nosso código lingüístico. Depois, pedimos que se expressem com ele. Aqui se iniciam os primeiros erros que, longe de nos perturbar, até nos parecem engraçados. Adotamos uma atitude tolerante com os primeiros erros e até os provocamos, ao imitar a criança em sua fala vacilante e defeituosa. Uma vez que as crianças vão se firmando no domínio da expressão oral, inicia-se a fase de correção. Já não rimos das expressões ou das palavras malpronunciadas por uma criança de 5 anos, pedimos para ela uma pronúncia correta. Se em outro momento era engraçado ouvir "'Ponhei' meu carro na mesa", agora exigimos da criança que se ajuste à linguagem adulta: "Pus meu carro na mesa".

As novas exigências da aprendizagem escolar irão substituindo o mundo subjetivo e fantasioso da primeira infância pelo das regras e das pautas impostas pelos outros, provenham estas do professor ou dos colegas. Aos erros de linguagem oral se somarão, naturalmente, os erros provenientes de outras aprendizagens novas ao se manejar instrumentos, aprender a ler, escrever e contar. No entanto, nesta primeira fase de aprendizagens instrumentais existe uma ampla tolerância, embora sem se chegar a utilizar o erro como instrumento diagnóstico. A imposição cada vez maior do predomínio dos conteúdos sobre as habilidades, atitudes e condutas relacionais levará à exigência da correção e à sanção do erro, tanto nas tarefas de aprendizagem como nas avaliações.

Incluídos no contexto escolar, a análise dos erros pode se transformar em um *indicador da etapa de desenvolvimento* mental dos alunos entre 5 e 15 anos. A evolução do pensamento pode ser seguida por meio de erros que o sujeito comete com mais freqüência. Para isso, bastaria elaborar uma escala de atividades de conteúdo figurativo, simbólico e semântico em que se graduarão os tipos de erros de entrada, organização e execução. Desse modo, poderia se intervir didaticamente com exercícios de reforço naqueles casos de atraso na utilização de operações ainda não-alcançadas. Mesmo que não disponhamos de pesquisas a respeito, podemos predizer que tanto os erros de entrada como os de organização e de execução têm a ver com a idade ou a maturidade cognitiva dos sujeitos. A utilização de processos como um, dois, cinco ou mais passos nos proporcionaria pistas de interesse para estabelecer o nível de retenção na execução. Propor somas de uma, de duas ou de várias cifras seria o primeiro passo, que se complicaria complementando-se com operações de subtração e multiplicação em um problema. No campo semântico, poderia se avaliar pela interpretação de frases familiares primeiro e refrões, depois, suscetíveis de significados simples e profundos, tais como "tempo é dinheiro". O que significa tal expressão para uma escolar de 8, 10, 13, 16 anos?

"Podemos dar por estabelecido" – afirmam Clinchy e Rosenthal, – "que os erros de execução são cometidos em função da experiência e indiretamente de acordo com a idade". Enquanto a criança pequena só é capaz de lembrar ações imediatas ou pequenos passos e o escolar seqüências curtas de passos lógicos, o adolescente é capaz de manejar seqüências complexas. Mas também encontramos as diferenças em nível de organização da informação e da percepção de metas. A criança se distrai mais facilmente diante de uma tarefa prolongada e tem um ponto de vista egocêntrico.

Uma estratégia alternativa, que preferimos para estudar a *atitude cognitiva diante do erro*, é propor uma atividade ou um conjunto de exercícios para serem corrigidas por professores e alunos de diferentes níveis. Isso nos permite verificar nossa hipótese de tratamento diferencial do erro com base no estilo cognitivo (analítico ou globalizador) da pessoa que enfrenta a correção e a avaliação; da formação humanística ou de ciências que possua, de seus conhecimentos sobre o tema. Digamos que a qualificação acadêmica se realiza com base no número de erros cometidos pelos alunos, mais que atendendo a omissões ou acertos conseguidos.

Análise de erros e currículo

Se a idade ou o desenvolvimento do sujeito introduz diferenças na quantidade e no tipo de erros, o currículo é outra fonte diferencial em sua análise e tratamento. Os erros variam com as matérias ou os conteúdos do currículo, mas também afetam o método e a avaliação. Entre as didáticas especiais que mais atenção prestaram à análise dos erros estão o estudo das línguas (em particular a segunda língua) e a matemática. Enquanto as primeiras focalizam sua atenção nos erros de execução, a matemática atende aos erros de raciocínio, de compreensão e de organização biológica da informação. As referências sobre o tema aparecidas no ERIC (*Education Resources Information Center*) e no *Psychological abstracts* apresentam uma desigual distribuição nos diferentes temas curriculares.[12]

A bibliografia referente à análise do *erro na aprendizagem das segundas línguas* começa a aumentar. Tanto o trabalho de J. M. Ferrán (1990), dentro de uma obra coletiva de didática das segundas línguas, como o de Sajavaara (1989) na Enciclopédia Internacional da Educação, mostram a difusão e a relevância do tema. As obras e artigos de Richards (1974), Corder (1986), Nickel (1981), Palmberg (1980), Norrish (1983), Robinett e Schachter (1983), Beretta (1989), Hayward (1989), Lennon (1991) nos falam de sua aplicabilidade e de seu interesse lingüístico. As revistas *I.R.A.L, Modern Language Journal, Tesol Quarterly*, entre outros, resumem alguns dos artigos publicados sobre o tema. A correção dos erros sempre foi uma prática comum no ensino, não só dos idiomas, como das ciências. Mas foi no estudo do idioma estrangeiro que se deu o maior número de interferências. Do estudo estático do erro se passou à análise da linguagem em seu conjunto. Sajavaara (1989, p.197), afirma:

> A análise estática dos erros foi substituída por estudos que consideram os erros como ingredientes essenciais no processo dinâmico de aprendizagem de uma língua, em vez de tratá-los como malformações as quais é preciso eliminar radicalmente. Assim, portanto, os erros dos estudantes são considerados parte integrante de uma fase inevitável na mudança para o domínio de uma segunda língua.

Nada mais explícito e contundente para afirmar o caráter construtivo do erro. Um amplo tratamento do erro lingüístico pode ser visto em Torre e colaboradores (1983).

A análise tradicional, focalizava-se na origem e na explicação do erro, reconhecendo três causas principais: erros interlingüísticos, motivados pelas interferências entre a língua materna e a segunda língua; erros intralingüísticos, devidos à estrutura ou ao sistema interno da língua aprendida, e erros induzidos pelo método de ensino. Enquanto estes podem ser facilmente modificados pelo professor, os outros não.

Os enfoques atuais consideram os erros habituais como marcos no progresso do aluno e dão ao processo de aprendizagem a categoria de período de "interlíngua" ou competência transicional, já que se apóia na comunicação. A "interlíngua" é um sistema lingüístico que surge como conseqüência das tentativas do aluno para assimilar os códigos comunicativos da segunda língua. Suas principais características ou subprocessos são: a transferência entre línguas, a transferência do ensino, as transferências de aprendizagem da segunda língua, as estratégias de comunicação em uma segunda língua e a generalização do material lingüístico dos idiomas estrangeiros. Mas o próprio Sajavaara reconhece a limitação dos enfoques lingüísticos, propondo trabalhar dentro de parâmetros mais amplos que incluam enfoques psicológicos, sociológicos, neurológicos e didáticos. "Demonstrou-se que o fato de provocar erros é com freqüência necessário para expor o estudante a situações em que é provável que ocorram certos tipos de estruturas" (1989, p. 198b).

A análise dos *erros no ensino da matemática* se centra nas falhas de compreensão e no processo lógico seguido, quando o estudante realiza uma tarefa ou resolve um problema matemático de forma errônea. Como conseqüência da análise, o professor modifica suas estratégias docentes e utiliza uma metodologia mais adaptada às características dos sujeitos. Enquanto em uma prova o professor se centra no número de erros, sem dar atenção à sua natureza, na análise de erros se presta mais atenção ao tipo e à forma dos erros cometidos. Os erros de execução, embora existam, carecem de relevância. O aluno sente dificuldades não tanto ao aplicar uma fórmula, ou desenvolver um procedimento, mas principalmente ao apresentar corretamente um problema. Uma vez apresentado, não é difícil resolvê-lo. Não basta saber a mecânica operacional, é necessário escolher previamente o processo adequado. Por que um tipo de operações e não outro? Por que uma fórmula e não outra? Por que começar por umas operações e não por outras?

Um compromisso com a análise de conteúdo significa um compromisso com os *métodos de ensino*. A localização e a identificação dos erros não apenas informam o professor sobre os processos de aprendizagem como, indiretamente, indicam a adequação ou a inadequação do método utilizado. Assim como os erros de execução e de organização têm a ver principalmente com as aptidões pessoais, os erros de entrada estão muito condicionados pela atuação do professor e pelo método empregado. Um método de ensino pode atender somente ao nível de êxito ou levar em consideração o fracasso, não apenas nos resultados finais, mas inclusive na realização de tarefas de aprendizagem. Quando nos deparamos várias vezes com os mesmos erros, podemos imputá-los ao aluno ou ver em que medida dependem dos materiais, do tempo e das estratégias docentes utilizados. Os materiais apropriados para uma idade podem não ser ideais para outra.

Poucas crianças, dos 10 anos em diante, vão à escola porque gostam do que se faz nela; nem mesmo vão para aprender aquilo que necessitarão mais tarde. Ao menos não têm consciência disso. Para algumas, talvez, não importe demasiadamente o que o professor explica. Estão ali porque assim foi estabelecido pelos pais e pela sociedade. *Têm um desafio diante de si.* Vão seguir em frente nos estudos conseguindo respostas corretas, não importa como, para as perguntas dos professores. Aprendem estratégias para superar com êxito os testes, porque sabem muito bem que o erro é punido. Clinchy e Rosenthal (1981) afirmam que:

> A criança vê a escola como um lugar onde se sucede um sem-fim de provas e não como o lugar em que se vai para aprender. [...] Se a atividade principal da aula consistisse em refletir sobre o porquê e o como das perguntas e respostas, [as crianças] logo se interessariam em tal procedimento. Mas a realidade é que nossa escola está mais inclinada a transmitir conteúdos culturais que a fazer pensar através de tais conteúdos. Transforma-

mos os conteúdos em finalidade, em vez de utilizá-los como meio. Uma maior consciência dos processos mentais e a liberdade de explorar formas e métodos diferentes para chegar aos resultados buscados produzirá, sem dúvida, indivíduos mais reflexivos e criativos.

A análise dos erros também pode ser utilizada como método de avaliação do currículo, tal como propõe Postlethwaite (1989), ou de uma prova particular de controle. Um enfoque consistiria na *análise de itens*, no caso de se tratar de escalas ou respostas de opção múltipla. Tal análise seria aplicada em três momentos. O primeiro corresponde à fase de ensaio em pequena escala; o segundo, à fase de ensaio em grande escala e o terceiro momento equivale à fase de controle. Uma vez que se identificam as falhas e a percentagem que corresponde a cada uma delas, perguntamos por que aconteceram. Postlethwaite escreve: "Nas fases de ensaio em grande escala e controle, a única possibilidade é analisar os materiais curriculares com a esperança de descobrir a causa do erro ao dispor de novas informações".

Consideremos o seguinte exemplo: (– 7) + (– 5) = ? Alternativas: a) + 12; b) – 12; c) + 2; d) –2. De que nos informa o fato de que um ou vários sujeitos considerem boa a opção a)? O mais provável é que assimilem ou transfiram para a soma, o conceito de "menos por menos dá mais" da multiplicação de números negativos.

Outra modalidade de análise é aquela que vincula os erros à forma como os professores explicam regras e princípios. A explicação das unidades positivas e negativas, mediante uma reta numérica em que se separam os números positivos dos negativos pelo ponto zero, induz a certos erros como os expressados nas alternativas c) e d) do exemplo anterior. Transmite-se a imagem de que somar sempre é acrescentar algo mais ao que se tem. Outra forma de utilizar a análise é estabelecer objetivos de aprendizagem esperados. Com esse procedimento, obtemos uma rápida visão dos pontos de mais baixo rendimento.

Giordan (1985, p.12) se refere ao caráter diagnóstico do erro nos seguintes termos: deste modo formulamos a hipótese didática de que as "bobagens" dos alunos, simples faltas ou erros para evitar podem se transformar em um instrumento que permite o diagnóstico e, a partir daí, sugerir um tratamento pedagógico melhor adaptado.

Fases do tratamento didático dos erros

Apresentei, nos tópicos anteriores, os aspectos diferenciais do erro com base no estágio de desenvolvimento do sujeito e nos elementos curriculares. Concluo agora a fundamentação teórica, a revisão de contribuições e reflexões psicopedagógicas e didáticas do erro, para passarmos à segunda parte com o desenvolvimento de uma pesquisa. Até aqui tentei sublinhar que "o erro não é um defeito do pensamento mas o testemunho inevitável de um processo de busca", como escreve Martinand. Se algum princípio deve ser mantido na correção do erro é o de que este não deve ser transformado em instrumento de poder, e sim deve estar a serviço do aluno.

E, junto a essa postura relativizadora, não podemos esquecer que mediante o ensino se transmitem padrões e normas sociais. Seria um grave erro pensar que a criança de 5 ou 6 anos pode ter a mesma liberdade de aprender do adolescente. A falta de padrões e normas de conduta tem um efeito negativo sobre o desenvolvimento. A criança necessita de pontos de referência estáveis de tal modo que, se não os tem, criam-se nela inseguranças e desorientação. Se a falta de afetividade nos primeiros meses gera atrasos no desenvolvimento da linguagem e na inteligência, a carência de normas nos primeiros anos da escolaridade dará espaço para confusões conceituais e faltas de constância na realização de uma tarefa. Os professores de educação especial que trabalham com crianças com problemas familiares coincidem em destacar a carência de normas claras de conduta em muitas delas. Seu atraso não se deve tanto à falta de capacidade quanto à carência de estímulos e hábitos. Estímulos e normas devem se combinar desde a primeira educação. Isso quer dizer que devem se corrigir aquelas ações, condutas ou respostas inadaptadas às normas, sejam da linguagem, de consideração a pessoas e coisas ou de desajuste moral. Educar em liberdade não significa exatamente "fazer o que lhe dá na telha sem que ninguém possa dizer nada", como respondia um estudante à pergunta: "O que é liberdade?"

Embora com diferente denominação, os autores vêm coincidindo em assinalar dois momentos: diagnóstico e tratamento; ou três fases no tratamento e na correção dos erros: localização, descrição e retificação, segundo propõe Ferrán. Cada uma delas implica técnicas diferentes. A. Giordan (1985), partindo dos obstáculos na compreensão, fala de dois momentos gerais: o de coleta de informação (diagnóstico das dificuldades) e o tratamento dessa informação. Clinchy e Rosenthal, referindo-se ao manejo dos erros de entrada, afirmam que a primeira tarefa do professor consiste em identificar o erro específico. Depois virá a explicitação ou o esclarecimento por parte do professor e do aluno, do que é que se pretende, para terminar com a re-codificação, transmitindo a máxima informação com o mínimo de palavras. Nós nos ateremos às três fases: detecção, identificação e retificação.

1. *Detecção de erros*. A primeira fase do tratamento didático dos erros está em detectá-los. Enquanto não forem localizados e não se tiver consciência deles, não é possível seguir em frente. Tal detecção pode ser realizada pelo professor, pela pessoa que cometeu o erro ou pelos colegas. Tudo dependerá do tipo de erro de que se trate. Enquanto é relativamente fácil descobrir os erros em uma prova, não o é tanto quando se trata de ações ou estratégias. Que aluno tem consciência de que é equivocado ficar na dúvida sem pergun-

tar ao professor? Por que tendo estudado como outros colegas seus resultados são piores? Os erros de atitude, opinião e conduta são difíceis de ser explicados e assumidos pelas pessoas afetadas como falhas que devem ser corrigidas.

Admitindo que os professores têm lapsos, como qualquer pessoa, na correção das tarefas escolares, eles são, no entanto, os principais agentes de detecção de erros. Sua função em tais casos é informar o aluno para que este tenha consciência de seu erro. As estratégias e as técnicas utilizadas são tão variadas como os estilos e as metodologias seguidos. Os professores podem se valer de códigos verbais ou não-verbais, assim como de uma informação individualizada ou grupal. As duas perguntas básicas são: em que está o erro ou o equívoco? Como comunicá-lo ao aluno para que o leve em conta? Vejamos algumas técnicas usuais.

a) *Repetição do expressado* se se trata de uma falha oral, como é o caso em aprendizagem de idiomas ou resposta a perguntas. Quando o professor solicita: "Diga de novo", alerta o aluno sobre algum tipo de deficiência na primeira tentativa. Desse modo o aluno presta mais atenção à repetição, levando em consideração aspectos antes ignorados. No entanto, o professor não dá pistas a respeito da localização do erro. A entonação do professor (ou expressões como "Não entendi bem", "Diga de outro modo") solicita a reelaboração da resposta.

b) *A desaprovação admoestativa* é um caminho mais seco e categórico para indicar o erro. "Não, não!", "Assim não!", "Está tudo errado!", "Onde você anda com a cabeça?!" são algumas das expressões que se podem ouvir na correção oral, quando o professor encontra uma sucessão de erros que não esperava. Não é aconselhável essa técnica porque projeta certa carga de autoritarismo e desconexão afetiva. Por outro lado, tampouco dá pistas sobre a localização do erro ao realizar uma desaprovação global.

c) *A interrogação* é um modo habitual de indicar ao aluno que cometeu um erro. Quando o professor pergunta ao aluno: "Tem certeza de que é assim?", "Não será de outro jeito?", "Não seria melhor se...?", "O que aconteceria se...?", está alertando-o sobre alguma falha cometida ou incitando a buscar outro tipo de resposta. A interrogação é uma técnica heurística de extraordinário valor cognitivo, porque induz e orienta o aluno para que indague e descubra por si mesmo novas alternativas.

d) *A comunicação não-verbal* (CNV) é uma técnica muito mais freqüente do que imaginamos, já que a utilizamos sem consciência disso. O professor reage imediatamente com seu rosto diante de uma resposta incorreta, adotando uma expressão de espanto, surpresa, desacordo, insatisfação, contrariedade, etc. Isto é captado pelo aluno, porque espera um gesto de aprovação ou desaprovação. Outras vezes, o professor utiliza conscientemente a CNV para emitir mensagens de aprovação ou desaprovação com o próprio gesto da mão.

e) *A correção coletiva* é sem dúvida a técnica mais difundida quando se trata de comprovar a correção dos exercícios ou das tarefas de sala de aula. É eficaz porque, com pouco tempo, dá-se uma informação rápida a todos os alunos, mas nem as variantes particulares ou os processos seguidos pelo sujeito são levados em conta. Costuma tratar-se de exercícios escritos que o professor, diretamente, ou valendo-se de algum aluno, corrige no quadro. Nesses casos, a identificação do erro é feita de forma genérica, de modo que o aluno que esteja distraído não chegará a perceber todas as suas falhas.

f) *A correção cruzada* ou *a troca* de exercícios resolvidos é outra estratégia utilizada pelos professores de idioma, ciências ou linguagem, quando se trata de questões com solução preestabelecida. São os próprios colegas que localizam os erros, com o inconveniente de se introduzirem distorções e com a vantagem de o próprio sujeito ver-se envolvido no processo de detecção de erros.

g) *A caça ao erro* é uma estratégia corrente na aprendizagem das línguas, tanto da primeira como de uma segunda. Consiste em proporcionar textos que contenham determinados erros que o aluno deve descobrir. Em função do nível destes, podem ser palavras ou estruturas e é possível proporcionar algumas pistas. Quando tais exercícios são feitos em grupo, ganham especial motivação pelo desejo de cada grupo de se destacar, seja no tempo, seja no número de erros descobertos. Também pode se tratar de descobrir erros lógicos, adequados, certamente, à idade dos sujeitos. Consideremos o seguinte exemplo: Marta tem 16 anos, sendo por sua vez cinco e sete anos mais velha que outras duas meninas. Quantos anos têm Maria e Luísa? A resposta de que Maria tem 11 e Luísa 9 não está justificada. Por quê?

2. *Identificação de erros.* Ficamos, na maior parte das vezes, na localização do erro, sem passar à sua identificação, à descrição do tipo de erro e à causa deste. Esta fase de diagnose nos proporciona informação importante para sua posterior retificação. Constatado o desajuste ou a inadequação da resposta é preciso averiguar que critérios foram transgredidos e por quê. Pode tratar-se de um erro de entrada, porque o problema supera a capacidade ou a competência do sujeito; de organização de informação e de relação com conhecimentos prévios; de execução, por falta de prática ou de tempo. Seria um grave erro avaliativo do professor tratar por igual qualquer desacordo com a resposta esperada. Levamos em conta o que o sujeito quis expressar? A tipificação de erros atendendo à matéria ajudará a caracterizar as falhas. Na aprendizagem de uma língua damos atenção principalmente à aprendizagem do domínio da competência comunicativa, à adequada utilização de signos lingüísticos, seu significado e sua estruturação. Em matemática, interessa a

compreensão do problema, seu planejamento, o desenvolvimento lógico do processo, o correto uso das operações matemáticas. Em ciências sociais, costuma-se exigir a reprodução da informação, sua interpretação, sua aplicação ou a relação com outros fatos.

O aluno pode saber que se equivocou e onde se equivocou, mas desconhecer em que está o erro, qual regra, norma ou convencionalismo transgrediu, por que um determinado conceito está mal. Entrar nas causas do erro significa entrar na psicologia de quem aprende, já que todo erro comporta um aspecto relacional; isto é, um desacordo entre a mente do sujeito e uma determinada regra lógica ou convencional. Se não houvesse regras, não haveria erros, mas estes tampouco existiriam se a mente humana fosse perfeita. Como escreve Ferrán (1990, p.296), referindo-se ao âmbito do idioma: "Imediatamente depois de localizar uma incorreção é necessário identificá-la, explicar que regra se transgrediu". Mas não tem de ser necessariamente o professor quem identifica o erro, o próprio aluno pode participar de seu esclarecimento. Contribuirá para isso o fato de saber perguntar, e não apenas responder.

Aprender a fazer perguntas sobre as coisas é tão importante como saber responder a elas. Está aí uma informação que poderia nos surpreender, mas que supõe uma concepção transformadora do ensino. Significa dar o salto do pensamento convergente para o divergente. Ensinamos a responder, mas não a perguntar, quando uma pergunta bem-feita nos guia para a solução de certos problemas. Um estudante tende muitas vezes a operar com os dados ou as informações de entrada sem averiguar primeiro o que se pretende com eles, por que lhe foram fornecidos, o que tem de responder. Vejamos com um exemplo. Imaginemos que nos perguntam: como agrupar todos os sinais digitados nas categorias *Fil* e *Pod*? Quais pertenceriam à categoria *Fil* e quais à *Pod* na seguinte lista?

$$P - E - R - n - 4 - O - T - r - 1 - 8 - 2$$

Talvez algum aluno respondesse imediatamente diferenciando os números das letras, sem se perguntar primeiro de que informação dispõe. Se tal resposta fosse errada, agruparia os sinais em maiúsculas e minúsculas, atendo-se à sua experiência com o duplo tipo de letras. Mas e os números? A resposta é diferenciar os *Fil* dos *Pod*, de modo que se torna necessário obter informação complementar. Imaginemos que só nos permitem fazer uma pergunta indireta. Qual faríamos? Perguntar quantos há de cada tipo ou quantas letras correspondem a *Fil* seria insuficiente, assim como um exemplo do tipo E é *Fil* ou 8 é *Pod*. Necessitamos: primeiro, conhecer um maior número de elementos de pelo menos um grupo; segundo, inferir quais pertencem ao outro grupo; terceiro, deduzir daí qual é o traço que permite agrupar os sinais em *Fil* ou *Pod*. Se perguntamos: "Que expressão agruparia os sinais *Fil*?". A resposta

[2EnTrE 1] nos permitirá inferir que [4 POR 8] pertenceriam a *Pod.* Outra pergunta poderia ser também: "Que cifras pertencem a *Fil* e a *Pod?*". Resposta: a *Fil:* 1, 2, 3, 5, 7; a *Pod:* 4, 6, 8, 9. O que define, pois, cada tipo de sinal?[13]

No âmbito da língua, e mais especificamente na aprendizagem das segundas línguas, é crescente o interesse pelo estudo dos erros como meio de melhorar os processos de aprendizagem. Lennon (1991) demonstrou que os erros não se distribuem por igual, que existe mais de um tipo que de outro, sendo os mais numerosos os de caráter léxico. A identificação do erro suporá, pois, da perspectiva lingüística, determinar a categoria a que pertence. De uma perspectiva da causa é mais útil recorrer a nosso Modelo de Análise Didática do Erro (MADE). Nele se justificam melhor os erros a partir de uma orientação psicopedagógica.

Se tomamos como unidade de análise a oração (T-*Unit* ou unidade de significado, como a denominam Hunt e Vorster), cabe falar de:

1. *Erro fonológico,* referente à má pronúncia dos fonemas.
2. *Erro morfológico,* em qualquer das palavras que levam variantes de morfema como o verbo, o nome, adjetivo, artigo.
3. *Erro do grupo nominal,* pela inadequada utilização de determinantes ou qualificativos, assim como repetição e estrutura.
4. *Erro do grupo verbal,* referente aos modos, aos tempos, aos verbos auxiliares e às locuções.
5. *Erros no uso de preposições e advérbios,* assim como sua combinação em expressões adverbiais. As preposições são os elementos talvez mais difíceis de uma língua, por não estarem submetidas a regras fixas, porque muitas vezes seu significado é determinado pelas palavras a que se unem.
6. *Erro em pronomes e adjetivos,* ao confundir um pelo outro. Podem tratar-se de pronomes pessoais, reflexivos, possessivos demonstrativos, indefinidos.
7. *Erro na posição de advérbios* e outros elementos invariáveis.
8. *Erro na estrutura do verbo* e seus complementos, atendendo ao tipo de frase de que se trate: afirmativa, negativa, interrogativa, substantiva, preposicional, de gerúndio, de infinitivo, etc. (Os gerúndios e os infinitivos com verbos auxiliares são do item 4.)
9. *Erros de ligação ou de conexão entre orações,* adotando três variantes principais conforme seja o tipo de ligação: nexo de coordenação, conjunção de subordinação, pronome de relativo.
10. *Erro de estrutura da frase (sintático),* devido, agora, não à alteração de palavras isoladas, mas à adequada estruturação da frase ou da oração, por transferência, talvez, de outra língua.
11. *Erro léxico* ou de escolha inadequada de palavras. Esse tipo de erro é o mais comum, podendo se referir a verbos com boa ou má colocação, nomes com correta ou incorreta colocação, adjetivos com apropriada ou inapropriada colocação.

Os erros variam segundo os sujeitos, as horas de aprendizagem e as circunstâncias pessoais. O erro deve ser levado em consideração, afirma P. Lennon (1991), em qualquer descrição do desenvolvimento lingüístico.

A formação matemática proporciona à criança uma nova dimensão da realidade e, com ela, um enriquecimento conceitual que nenhuma outra disciplina lhe dá. Os conceitos de número, de operação e de proporção contribuem para configurar processos lógicos que nos acompanharão ao longo da vida. Tem em comum com a linguagem o fato de valer-se de sinais e códigos que requerem certo grau de abstração. Na matemática, embora parta da realidade sensível em sua origem, sua razão de ser consiste em ultrapassá-la, proporcionando-nos verdades e raciocínios amplamente aceitos em nossa civilização. Como diz Mialaret: "O raciocínio matemático não é inato. Ele é aprendido e se constrói ao mesmo tempo em que o raciocínio hipotético-dedutivo".

A *aprendizagem da matemática* apresenta certas dificuldades que convém ter presentes em seu ensino:

1. A dificuldade de utilizar uma linguagem específica que se afasta do convencional.
2. O raciocínio se apóia em axiomas que nem sempre são compreendidos.
3. Conhecer uma regra ou uma norma não implica saber aplicá-la, devido à dificuldade da linguagem para se perceber a relação entre os elementos.
4. A utilização de incógnitas representa uma nova linguagem, mas sem seu domínio não é possível resolver adequadamente os problemas.
5. A ordenação lógica dos diferentes elementos de uma demonstração é um processo complexo que implica uma aprendizagem lenta.
6. Dificuldade para operar com números decimais.

A classificação dos erros no âmbito da matemática, que Booth (1984) sugere, centra-se na realização de operações. Tais são:

1. Erros por se confundir a incógnita com a inicial de uma palavra.
2. Erros de transferência direta de procedimentos aritméticos, como somar termos com e sem incógnita.
3. Erros relativos aos sinais, tais como má utilização de parênteses e colchetes, esquecimento de algum dos sinais, cálculos com valores de diferente sinal.
4. Erros de cálculo ao operar com frações.
5. Erros ao passar os termos de um membro a outro nas equações.

A revisão de qualquer exame de matemática evidencia o surgimento de todos esses erros.

Uma classificação geral dos erros em matemática nos levaria a identificar os seguintes tipos:

1. Inadequada percepção daquilo que se pede no problema ou na tarefa. A falha pode ter sua origem em uma leitura precipitada, que passa por alto certos dados. O aluno costuma perceber tal tipo de erros quando os colegas comentam depois da prova.
2. Erros de apresentação devidos geralmente a uma má compreensão dos principais termos do problema, o que leva a escolher procedimentos ou fórmulas inadequadas.
3. Erros de conceito quando se propõem questões teóricas.
4. Erros de seqüenciação dos passos a seguir na solução de um problema, desenvolvendo umas operações antes que outras como, por exemplo, ao eliminar os parênteses.
5. Erros operacionais ou de cálculo.

3. *Retificação de erros.* Localizado e identificado o erro, chegamos ao objetivo final: a correção e a eliminação. A preocupação que deve guiar o professor nesta fase não é tanto a de corrigir como a de conseguir certa mudança no aluno. Enquanto o erro era malvisto na pedagogia tradicional – quando se tratava de evitá-lo antes que aparecesse –, na *Didática do erro* este permite que nos introduzamos nos processos cognitivos antes que desapareça. O erro não pode se perpetuar, deve ser eliminado pela raiz e não apenas na aparência. Por isso, afirmo que deve se conseguir uma mudança nos processos de aprendizagem do sujeito. A aprendizagem e a formação foram descritas por nós em termos de mudança. Enquanto esta não acontece, não há uma aprendizagem realmente significativa. É, portanto, a consciência do sujeito dos seus erros o que contribuirá para eliminá-los. A correção do professor por si só não introduz mudanças no sujeito, enquanto este não refletir sobre seus erros. Isso é o que quero dizer com o termo retificação.

A correção pode vir tanto do professor como do próprio aluno ou dos colegas, como sua localização. Enquanto estivermos utilizando o tratamento didático do erro como estratégia de aprendizagem, não deveria se misturar o critério de avaliação e de qualificação. Fazê-lo assim equivaleria a utilizá-lo simultaneamente como processo e como produto, com a conseqüente rejeição por parte do aluno. O importante, nesses casos, é fazer chegar ao interessado o modo de retificação, mais que o nível de consecução dos objetivos.

Se sustentamos que o conceito da retificação é a **consciência do erro**, por que foi cometido e como evitá-lo, isso nos leva a dar prioridade à **autocorreção** junto com a correção do professor. Naturalmente, não estou me referindo à avaliação somativa, mas formativa. Muitas das correções carecem de efetividade, apesar de o sujeito conhecer o motivo da falha, porque o desajuste não chega a ser significativo para o sujeito. Faz parte da rotina e provavelmente ele cometerá o mesmo erro mais algumas vezes. Vemos isso principalmente na aprendizagem da ortografia e em operações matemáticas. O conhecimento do erro não leva automaticamente à mudança, do mesmo modo que o conhecimento de uma estratégia de inovação não leva automaticamente a pessoa a pô-la em prática. A mudança requer algo mais que conhecimento. Supõe envolvimento e compromisso. Por isso mesmo, deve se considerar a vertente aplicativa e atitudinal, juntamente com a cognoscitiva. A correção não produz um efeito imediato. Mas o importante é que deve ser vista como um ato positivo, e não sancionador.

As estratégias de correção e retificação podem ser tão variadas quanto o professor desejar. Sugerimos algumas delas, mencionadas por Ferrán (1990), Lennon (1991) e outros.

a) *Ficha-registro de erros.* Consiste na observação e no registro sistemático dos erros que os alunos cometem com mais freqüência na matéria (língua, matemática, ciências sociais, ciências). Podemos abrir uma ficha para cada tipo de erro do MADE, em que se recolham os seguintes tópicos:

1. *Erros* cometidos segundo tipologia da matéria.
2. Identificação e *descrição* do erro com indicação da norma ou da regra transgredida.
3. *Correção* ou resolução incorreta do problema.
4. *Estratégia de retificação* que o professor utilizará para que o aluno assimile as formas corretas e evite erros futuros.

Poderia-se inclusive elaborar um fichário de erros, que seria útil nos anos seguintes, como este:

Erros	Descrição	Correção	Estratégia de retificação

I. Erros de entrada
II. Erros de organização
III. Erros de execução

b) *Corrigir ou melhorar os exercícios*. Aproveitando a informação que o professor dispõe mediante a estratégia anterior, pode ser introduzido em exercícios ou textos aquele tipo de erros que seja mais freqüente, pedindo aos alunos que individualmente ou, melhor ainda, em grupos localizem, identifiquem e corrijam tais erros. Não convém utilizar mais de dois ou três tipos de erros diferentes se o que pretendemos é que sejam retificados. Não seria suficiente a identificação do erro, os alunos deveriam explicar por que está errado. Outras vezes pode se tratar de que melhorem algo já escrito, como no caso de redações literárias ou provas em ciências sociais. Não desconhecemos o perigo de apresentar erros ortográficos, pela fixação que possam proporcionar. Por isso, não convém abusar dessa estratégia em exercícios que não impliquem um processo de resolução de problemas ou melhora de um resultado aceitável.

c) *Segunda oportunidade*. Uma das estratégias mais efetivas de retificação e melhora nas aprendizagens consiste em dar ao aluno uma segunda oportunidade de apresentar seus trabalhos ou seus exercícios depois que o professor fez determinadas observações. O estudante se empenha mais quando sabe que suas tarefas ou seus exercícios são qualificados novamente. Se após uma primeira avaliação baixa, devido às deficiências do trabalho, o professor sugere que pode apresentá-lo outra vez para uma nova avaliação, o aluno tratará de evitar aqueles erros que o desmereceram. Vi essa forma de atuar em alguns professores de artes, que conseguiam uma boa melhora nos trabalhos retificados que os alunos realizavam livremente. Se isso é imposto como castigo, bota a perder a motivação intrínseca de superar as próprias cotas de rendimento. Do mesmo modo que se faz com um desenho, a técnica pode ser aplicada às redações em língua ou língua estrangeira. Para Ferrán (p.298): "A experiência daqueles professores que utilizam esta técnica para incentivar a autocorreção demonstra que, embora esta possa parecer um exercício mecânico de cópia, os alunos se sentem motivados pelo fato de poder melhorar a primeira nota obtida".

d) *Correção cooperativa*. Se entendemos a aprendizagem como um processo interativo, que tem lugar dentro e fora da aula, com apoio dos professores e mediante influências dos colegas, é certo que também estes têm seu papel na retificação do erro. A aprendizagem compartilhada e a aprendizagem entre iguais, de que a literatura atual trata, não se esgota no intercâmbio de informação: tem sua conseqüência nas explicações dos erros pelos próprios colegas. O professor pode propor que os exercícios sejam corrigidos por duplas ou em pequenos grupos. Ao se encontrar diferenças de resultado, surgirá entre os alunos uma frutífera discussão, e o professor servirá de árbitro no caso de conflito ou desacordo. Não se trata apenas de fazer exercícios em grupo. Depois de realizados os exercícios, os próprios colegas devem localizar, identificar e informar quais resultados estão errados e por quê. Desse modo, quem se equivocou se vê implicado num processo coletivo de retificação. Se a finalidade é a *aprendizagem cooperativa,* não seria prudente atribuir uma nota a tais atividades.

e) *Revisão de exercícios malresolvidos.* Geralmente o professor avalia por meio de exercícios, perguntas ou problemas que devem ser respondidos. Mas terá pensado fazê-lo através de exercícios malresolvidos? Se mediante o primeiro sistema se atende ao domínio de conhecimentos sobre fatos, conceitos ou princípios, no segundo se avalia o domínio do procedimento, a capacidade de análise, a atitude para melhorar. Um mecânico não constrói o carro, mas necessita conhecer seu funcionamento para poder consertá-lo. A revisão de exercícios malresolvidos contribui para reconhecer processos, desde sua apresentação inicial à sua execução. Inclusive o professor pode graduar o tipo de erros, desde um nível de erro operacional até um nível de erro de apresentação.

f) A *caça do erro do professor.* O professor comete diferentes tipos de erros em suas explicações que devem ser descobertos pelos alunos. Assim se estabelece uma espécie de competição em que, se os alunos descobrem o erro, ganham um ponto, se não o descobrem, quem ganha o ponto é o professor. A atenção às explicações aumenta significativamente, conseguindo-se um excelente grau de motivação.

g) *Auto-reflexão ou metacognição.* Desde as séries finais do ensino fundamental até o nível universitário é possível introduzir a auto-reflexão como estratégia de análise do próprio fracasso. Após uma prova ou uma avaliação de resultados inesperados (por serem baixos, naturalmente) é útil recorrer a uma descrição dos erros cometidos, como ocorreram e a que se deveram. Os políticos e outros profissionais fazem freqüentes análises de suas intervenções. Enquanto mantivermos uma atribuição extrínseca aos maus resultados, estaremos fechando uma porta para a mudança. No entanto, a metacognição nos leva a examinar o porquê de nossos acertos e desacertos e, ao fazê-lo, localizamos, identificamos e retificamos possíveis erros. Não resisto a transcrever, como arremate da primeira parte do trabalho, a auto-reflexão feita por um universitário em suas primeiras provas, porque pode servir de exemplo a ser seguido em outros níveis.

Esta é a história e a descrição. Trata-se de um estudante com excelentes qualificações ao longo do ensino médio, com uma média de 8,2 com três 10 nas provas de seleção (matemática, desenho e química) e sem nenhuma reprovação em sua vida de estudante. Nunca renunciou a se divertir com os colegas, sabendo combinar a diversão e o esporte com o estudo. Inicia telecomunicações contente com a escolha feita. Acompanha as explicações sem dificuldade. Depois de um mês e meio de curso, faz uma prova objetiva orientativa de quatro matérias e é reprovado em todas elas com pontuações entre 2 e 4 sobre 10. É a primeira reprovação em muitos anos e isso o faz pensar: o que aconteceu? Por que foi tão mal? A que se devem essas notas tão baixas quando estava convencido de que dominava a matéria? Esta é sua descrição:

"Depois da realização de uma prova, mil dúvidas assaltam você, incertezas, inquietação e curiosidade sobre qual será a solução correta de alguns problemas. Saí da prova convencido de que não era tão difícil, mas não demorou a surgir a dúvida e a insegurança ao comparar os resultados que eu tinha obtido com os de outros colegas. Começava a entrever muito mais erros do que pensava. As notas confirmaram uns dias depois o descalabro. Reprovado em todas as matérias! Como? Por quê? Os motivos podem ser vários:

1. Atrapalhação em um dos problemas, já que o encaminhei bem, sabendo que devia realizar uma divisão por dois, após resolver manualmente uma raiz quadrada. Mas a insegurança e o temor de me enganar no cálculo me levaram a procurar o resultado mais próximo da solução dada, esquecendo-me da operação posterior. A preocupação para encontrar logo o resultado contribuiu para que perdesse de vista o conjunto do problema.
2. Outro erro foi por causa de uma interpretação infundada. Pensando que davam o resultado mais óbvio para que a gente se enganasse, tentei justificar uma resposta diferente.
3. Outro erro incompreensível: fiquei cego com um resultado que dei por certo intuitivamente, sem tratar de analisar o problema. Me deixei levar pelo autoconvencimento.
4. Falta de compreensão de alguns conceitos e da linguagem utilizada nos enunciados.
5. Dificuldade de entender o significado de uma pergunta sem pensar em exemplos concretos.
6. Outras falhas foram por causa de falta de reflexão, tentando provar por tentativa em vez de raciocinar; falta de atenção ao passar a limpo os resultados; tendência a buscar exemplos conhecidos ou resolvidos para usar o mesmo procedimento, já que a mente segue a trilha do conhecido; o exame de tipo teste, etc.

As falhas e os erros aparecidos na prova talvez não se devam à falta de conhecimento, mas à falta de atitude crítica de uma série de suposições.

Essa descrição me faz pensar que o componente emocional tem um papel relevante na aprendizagem e nos erros. Ansiedade, distorções de caráter emotivo, insegurança e desconfiança, fixação de idéias, transferências inapropriadas, falta de compreensão e problemas de abstração induzem ao erro.

NOTAS

1. Herbart (1776-1811) é conhecido como o primeiro pedagogo que apresenta uma visão científica da educação. Na eficácia do ato didático, são importantes os interesses; mas estes não bastam para a eficácia do trabalho. Para isso propõe acomodar-se

Aprender com os erros | 143

a um processo integrado por quatro momentos ou graus. São os conhecidos passos formais: clareza, associação, sistema e método. Ziller e Rein introduzirão variantes, tais como indicação do fim, preparação ou análise, síntese ou apresentação, associação ou enlace, sistema ou recapitulação, método ou aplicação. Esses passos serão recolhidos nas lições dos livros ou das explicações do professor.
2. Em geral, em boa parte das provas, o aluno já tem assumido seu papel para expressar (de forma oral ou escrita) certas noções que nem integrou nem considera suas; mas que tem de responder para ter êxito diante dos professores e dos pais.
3. Birzea, C. (1982): *La pédagogie du Succès,* PUF, Paris, em espanhol *La pedagogía del éxito*, Barcelona, Gedisa.
4. O mesmo autor reconhece certas limitações na pedagogia para o domínio. Distingue três categorias de críticas: a) a tentativa de impor a todos um padrão preestabelecido; b) a nivelação de resultados é a curto prazo, não incidindo na formação a longo prazo; c) os alunos apresentam um rendimento externo pobre.
5. Estamos pensando em níveis básicos de formação, etapa que deveria estar planejada para que todos os alunos adquirissem as habilidades e os conhecimentos básicos.
6. Não julgamos a validade desta complexa problemática. Qualquer concepção, modelo ou estratégia docente demonstra sua validade na aplicação pertinente. Quantos professores assumiram e aplicaram adequadamente os princípios desta pedagogia do êxito? Poucos.
7. O processo seguido poderia ter sido 2 + 0 + 02; como o zero não vale, resta 2.
8. A metáfora do erro como sintoma nos parece acertada e sugestiva. Em medicina, o sintoma poder ser qualquer sinal (febre, coloração da pele, manchas...) provocado por uma doença de que constitui uma manifestação que a põe em evidência. Neste sentido, deve ser tratado como efeito e não como causa. Da mesma forma que uma febre alta e prolongada é prejudicial, não é conveniente que o escolar cometa falhas ou erros de modo contínuo na realização de suas tarefas. Isso induzirá a criar certa coincidência de fracasso, desvalorização e desânimo.
9. Utilizamos o termo "erro" no sentido de *desajuste* entre o esperado e o obtido, tomando-o como indicador de um processo possível de ser melhorado. Pode ter sua origem em falhas do processo lógico, conceitual ou de execução, quando então falamos de equívocos.
10. Zeichner é citado mais de 60 vezes e L. S. Shulman mais de 50 frente a Gagné (3), Boom (5) e Flanders (5). Algo está mudando no enfoque sobre a formação dos professores. Dewey (com 32) continua na mente de muitos estudiosos e pesquisadores da educação.
11. Quem tenha optado pela segunda alternativa cometeu um erro lógico. Deixou-se levar pela intuição e os indicadores situacionais, esquecendo a lei das probabilidades. É mais provável que ocorra apenas um fato (trabalhar no escritório) que a união de dois (trabalhar no escritório e participar do movimento feminista).
12. Das 2.141 referências do ERIC que incluem o termo *erro* no campo de *abstracts* (com data de 29/10/91), a maior parte se centra na análise do erro estatístico (583) e *erro paterns* (732), erro de medida, análise do erro, erro e linguagem, erro e ensino (404), erro e aprendizagem, erro e currículo, erro e ensino de segundas línguas, erro e ensino de matemática, erro e ensino de ciências (422).
13. A categoria *Fil* corresponde a sinais abertos; a categoria *Pod*, a sinais fechados.

Parte II

DESENVOLVIMENTO DE UMA PESQUISA

O erro é fecundo e positivo porque tem um lugar no mecanismo produtivo do conhecimento (H. M. Casávola, 1988, p.44).

4

Projeto da pesquisa

ANTECEDENTES VINCULADOS À PESQUISA

Nossa pesquisa sobre *o erro como estratégia de mudança* e inovação tem uma curta, mas intensa, história. Como qualquer linha de pesquisa, surge de preocupações pessoais ou grupais, de contextos propícios ao tema e de adesões a determinadas correntes de pensamento. Não vou me referir agora aos pressupostos teóricos gerais que foram amplamente descritos na primeira parte deste trabalho, mas à intra-história, às aproximações e sondagens prévias ao tema aqui proposto. No entanto, não é demais sublinhar que o enfoque didático do erro tem suas fontes teórico-cognitivas na inovação educativa centrada no aluno, no pensamento implícito dos professores, na metodologia heurística e na reflexão filosófica e psicológica sobre a natureza da aprendizagem hu-

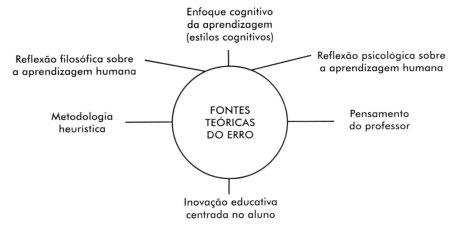

FIGURA 4.1 Fontes teóricas do erro.

mana. O estudo do erro pode facilmente se transformar no encontro de paradigmas e principalmente em local de "aterrissagem" de teorias pouco vinculadas à prática da aula. Como resolver, ao aplicar o currículo, as dificuldades e os erros de aprendizagem em qualquer idade e conteúdo?

No que se refere a nosso meio próximo, esta pesquisa vem precedida de estudos sobre informática educativa, estilos cognitivos, inovação educativa e alguns conceitos empíricos em torno da consideração do erro por parte dos professores. Desse modo, o tema do erro pode ser considerado como o ponto de cruzamento teórico-operacional da metodologia heurística, de estilos cognitivos e de aprendizagem, como estratégia de mudança de uma proposição de conduta a um enfoque cognitivo, do pensamento implícito do professor sobre o erro e, é claro, do complexo tema da avaliação. Minha vinculação com esses campos de investigação vai crescendo desde que ingressei no Grupo de Pesquisa *[Grupo Recerca]* no Plano de Introdução da Informática na educação básica por meio da linguagem LOGO, em 1985, e posteriormente com a realização de cursos de doutorado sobre inovação curricular e estilos cognitivos.

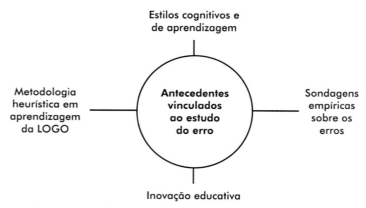

FIGURA 4.2 Antecedentes vinculados ao estudo do erro.

1. *A metodologia heurística na aprendizagem da linguagem LOGO* incorpora o erro como um elemento construtivo de aprendizagem. O erro não tem para Parpet nem para Bossuet a significação sancionadora, nem "culpógena" de outras linguagens, mas se transforma em instrumento de reflexão e revisão dos processos seguidos pelo aluno no planejamento e na execução de seus projetos. Para Bossuet (1985, p.54): "A noção de fracasso não existe como tal. A falta de êxito é percebida pela criança como uma etapa para uma elaboração completa de procedimentos que estejam mais em conformidade com seu pensamento".

Wertz afirma igualmente que uma das características mais notáveis da LOGO é que ela permite uma melhor compreensão dos erros.

Os trabalhos realizados pelo Grupo de Pesquisa (do Plano Experimental) sobre a introdução da informática desde o ensino fundamental por meio da LOGO participam dessa filosofia de aceitação do erro como elemento inseparável do tateio, ou da aprendizagem por descoberta, chegando a definir uma metodologia heurística orientada. Essa metodologia é descrita por De Cea e Estebanell (1988) como o processo de aprendizagem mediante o qual o aluno se coloca diante de uma situação nova e tenta descobrir os "segredos" que ela traz implícitos; quando consegue isso, a criança não só aprende, como torna seu todo um conjunto de conhecimentos que tradicionalmente vem sendo transmitido pelos professores para os alunos como conteúdos culturais a aprender. A heurística, tal como a entendemos, permite ao sujeito desenvolver estratégias cognitivas superiores. Adquirir a forma criativa, exploradora e indagadora chega a ter tanta ou mais importância formativa que a aquisição de conhecimentos. A *metodologia heurística* foi objeto de um recente estudo de S. la Torre (1991c) como estratégia criativa, estimuladora da atividade. Os informes de Benedito (1986 e 1989), os artigos de S. de la Torre e Benedito (1988), Benedito e S. de la Torre (1990), S. de la Torre, Benedito e De Cea (1991) explicitam algumas idéias surgidas nesta pesquisa em torno da aprendizagem inovadora em que se sobressai a atenção ao processo sobre a preocupação com os resultados.

2. *A inovação* que leva consigo a passagem de uma atitude negativa para uma positiva do erro está inspirando muitas das idéias aqui expostas. Porque, finalmente, a consideração didática do erro determina uma estratégia de mudança metodológica e um modo diferente de aprender por parte do aluno. Nesse sentido, a utilização didática do erro nos abre para a inovação centrada tanto no professor como no aluno. Este é o principal ponto afetado pela mudança. A inovação como reflexão teórica foi recolhida em González, S. de la Torre (1989-1993) e como aproximação empírica em Benedito e colaboradores (1988), além das múltiplas derivações dos programas de doutorado sobre inovação curricular desenvolvidos pelo Departamento de Didática e Organização Escolar da Universidade de Barcelona desde 1986.

3. O estudo dos *estilos cognitivos* adquiriu um renovado interesse em nossos dias devido à demanda de um ensino diferenciado e adaptativo. Um ensino que parte das características do sujeito deve levar em conta o estilo cognitivo não só do aluno como do professor. O estilo cognitivo é aquele modo predominante que os sujeitos têm para perceber, processar informação, pensar, aprender ou atuar com base em determinadas estratégias de funcionamento mental. O estilo é o "timbre cognitivo" de um indivíduo. Do mesmo modo que uma pessoa se distingue por seu timbre de voz, tem um modo peculiar de enfrentar a informação e organizá-la no momento de aprender. As diferenças entre pessoas do tipo estilo reflexivo, analítico ou independente, e as de estilo do tipo impulsivo, globalizador, dependente, determinam a maior ou a menor presença de erros na realização de tarefas escolares e inclusive profissionais. As relações entre estilo cognitivo e número de erros já foram

apontadas em tópicos anteriores. A avaliação dos estilos reflexivo-impulsivo de Kagan é feita levando-se em conta a latência (tempo empregado antes de responder) e os erros cometidos. O número de erros é significativamente mais elevado nos sujeitos com menor latência, conforme comprova Cairns e Cammock (1983) em diversos trabalhos sobre o MFFT *(Matching Familiar Figures Test)* e Solís-Cámara (1987).

A tipologia dos estilos cognitivos é tão heterogênea no critério de partida como constante na polaridade dos traços. A seguinte categorização doe estilos mais difundidos serve como amostra disso:

QUADRO 4.1

Autor/critério	Estilo I	Estilo II
Vernon (funções cerebrais)	*Hemisférios esquerdo*	*Hemisfério direito*
Witkin	Independente	Dependente
Kagan	Reflexivo	Impulsivo
Gilford (pensamentos)	Pensamento convergente	Pensamento divergente
Guilford (conteúdo)	Semântico/simbólico	Figurativo
De Bono	Pensamento vertical	Pensamento lateral
Ornstein	Racional, lógico	Criativo, intuitivo
Nesser	Serial	Paralelo
Paivio	Seqüencial	Sincrônico
Pask (aprendizagem)	Serial	Holístico
Das (codificação)	Serial	Simultâneo
Entwistle (aprendizagem)	Intensivo	Extensivo (Estratégico)
Bruner	Simbólico	Icônico
Sensorial	Auditivo	Visual (Tátil)
Controle	Controle rigoroso	Controle flexível
Perceptivo/memória	Aguçado	Nivelador
Função dominante	Verbalizador	Visualizador
Procedimento Informacional	Analítico	Sintético
Kirton	Adaptador	Inovador
S. de la Torre (E. docente)	Reprodutor	Transformador

O interesse pelo tema nos leva a ministrar um curso de doutorado sobre estilos cognitivos e estratégias de aprendizagem correspondente ao programa de "Inovação curricular" iniciado em 1986. Os estudos feitos por nós sobre os estilos abordam diferentes temáticas relacionadas com o ensino, tais como conceitualização, tipologias e projeção didática, em S. de la Torre (1988); aprendizagem da linguagem LOGO e a formação dos professores, em S. de la Torre (1990); aprendizagem do currículo, em S. de la Torre e Mallart (1989); os estilos sociocognitivos em S. de la Torre e Ferrer (1991). Faltam, no entanto, trabalhos específicos sobre o estilo cognitivo e os erros em situação de aprendizagem ou de avaliação.[1]

4. *Sondagem empírica sobre os erros.* Dada a relação existente entre estilo cognitivo e erros, iniciamos a seguir uma primeira exploração sobre os erros dos

alunos e sua avaliação por parte do professor. Em 1987, realizamos algumas reflexões teóricas e sondagens empíricas. Surgiram, entre outras coisas, a contradição entre o que o professor expressa verbalmente e sua atuação espontânea. Enquanto que os professores reconhecem o valor positivo do erro quando são perguntados, na prática utilizam-no como critério sancionador. Não pudemos constatar as presunções errôneas do professor porque dificilmente reconhecemos as próprias deficiências diante dos demais. Daí que sejam pouco confiáveis as informações que possam ser recolhidas por meio de entrevistas sobre questões com peso social. É por isso que recorremos a instrumentos de coleta de informação com intenção projetiva. Com isso, pretendemos avaliar aspectos subjacentes em sua linguagem, indagar os pensamentos implícitos em seus julgamentos sobre questões de ensino. Sua opinião sobre os erros faz parte de uma visão curricular mais ampla. Veremos isso ao descrever os instrumentos.

Corominas e colaboradores (1988) nos dão os primeiros indicadores de opinião de uma amostra de 78 professores do ensino fundamental em relação a 10 afirmações sobre o erro.[2] Apresentadas em escalas de 1 a 5, obtiveram resultados discordantes com as hipóteses que formulamos. Julgamos ter contribuído para isso o desejo dos professores de se aproximar de uma resposta mais aceitável. Os resultados podem ser vistos nas tabelas e nos gráficos a seguir.

Os anos de experiência influem no que diz respeito a uma consideração mais positiva do erro. Os acertos nem sempre significam que o aluno aprendeu; os alunos que cometem mais erros o fazem em outras matérias, podendo se obter deles mais informação que dos acertos. Os professores que receberam informação complementar dão mais importância aos componentes intelectuais que aos metodológicos; os que receberam menos informação, inclinam-se pela repetição da correção de um erro como procedimento a ser evitado.

Na segunda parte deste ensaio se propunha um texto escrito (uma redação de um suposto aluno da 2ª série de ensino fundamental) com a instrução

TABELA 4.1
Resumo do questionário de opinião (nº de respostas)

	1	2	3	4	5	Média	Desvio Típico (DT)
Q1	3	11	18	33	13	3,54	1,05
Q2	5	7	15	15	36	3,90	1,26
Q3	10	12	34	18	4	2,92	1,05
Q4	3	4	21	22	28	3,87	1,09
Q5	7	16	26	26	3	3,03	1,03
Q6	1	5	24	23	25	3,85	0,99
Q7	2	3	13	32	28	4,04	0,96
Q8	1	11	17	24	25	3,78	1,09
Q9	5	10	20	32	11	3,44	1,09
Q10	6	18	36	15	3	2,88	0,94

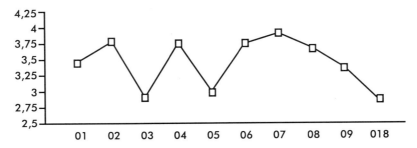

FIGURA 4.3 Perfil da média de respostas ao questionário de opinião.

para corrigi-lo e fazer as oportunas recomendações. Os aspectos levados em conta foram:

a) o tipo de erro corrigido: de conceito, ortográfico, sintático, de pontuação;
b) a justificação das correções;
c) o tipo de exercícios recomendados e sua relação com os erros detectados;
d) as anotações ou as recomendações, tais como: trabalhos de esforço, dar explicação dos erros, utilização de atividades de esforço direcionadas para a atividade principal.

Os resultados, em porcentagens de respostas, podem ser vistos na tabela a seguir.

TABELA 4.2
Resultados e respostas sobre procedimentos dos professores em relação ao erro

	% SIM corrigem	% Não corrigem
a) Tipo de erro corrigido		
1. Erros de conceitos	11,54	88,46
2. Erros ortográficos	87,18	12,82
3. Erros sintáticos	24,36	75,64
4. Erros de pontuação	26,92	73,08
b) Justificam as correções feitas	10,26	89,74
c) Exercícios de correções feitas		
1. Exercícios para trabalhar erros de conceito	3,85	96,15
2. Exercícios para trabalhar erros ortográficos	76,92	23,08
3. Exercícios para trabalhar erros sintáticos	28,21	71,79
4. Exercícios para trabalhar erros de pontuação	25,74	74,36
d) Recomendações propostas		
1. Exercícios de reforço à margem do erro detectado	5,13	94,87
2. Dão explicações de seus erros aos alunos	26,92	73,08
3. Exercícios de repetição a partir de erros detectados	79,49	20,51
4. Atividades paralelas para reforçar a atividade principal	7,69	92,31

Disso se conclui:

1. É muito baixa a percentagem de professores que justificam suas correções.
2. A maior parte das correções se centra em erros ortográficos e de pontuação.
3. Existem muito poucas correções de conceito, e os professores que a fazem não propõem, depois, atividades de recuperação.
4. A quarta parte dos entrevistados corrige erros sintáticos, e outro tanto propõe exercícios de correção de tais erros.
5. A retificação de erros se inspira no princípio tradicional da repetição, sendo os ortográficos os mais freqüentes.
6. Somente um quarto dos entrevistados sugere a explicação como estratégia de correção.
7. Poucos utilizam atividades paralelas para reforçar conceitos trabalhados na atividade principal.

PLANEJAMENTO E OBJETIVOS DA PESQUISA

Revisando o projeto inicial e limitando-nos pelo momento à primeira fase deste, apresentaremos a problemática, os objetivos e as hipóteses a verificar. O objetivo central da primeira fase consiste em *analisar o "status" do erro*. Para isso nos propomos realizar uma macroanálise sobre a consideração do erro por parte dos professores e dos alunos e, ao mesmo tempo, identificar fatores que introduzem diferenças na avaliação e na correção de provas. Não gostaria de perder de vista, no entanto, que a finalidade é elaborar material e orientações que permitam aos professores trabalhar os conteúdos curriculares, transformando os erros em meios de aprendizagem. Isso suporá a formação dos professores em modelos pessoais e interativos, além de pôr em prática diversos projetos de inovação curricular. Dito de outro modo, os *erros se transformam em estratégia de inovação e de renovação pedagógica,* ao se levar em consideração não apenas os resultados, mas também os processos. Representa uma mudança de perspectiva, já que da prioridade ao domínio de conteúdos se passa a destacar a aprendizagem de procedimentos, da retenção de informação se passa para a utilização de estratégias cognitivas, de focalizar o ensino nos resultados se passa a destacar os projetos, de um paradigma positivo para outro compreensivo.

Minha tese inicial é de que o tratamento didático dos erros nas tarefas escolares representa muito mais que uma mudança metodológica. Mediante o novo enfoque se configuram (se obtêm) nos professores e alunos atitudes e comportamentos coerentes com uma visão processual e sociocognitiva da informação, ao mesmo tempo que proporciona novas estratégias de inovação e formação dos professores. Uma pesquisa educativa deve atender não apenas ao crescimento do "corpus científico", à contribuição de novos conhecimentos, mas à inovação e à melhoria dos processos de ensinar e aprender. Ela persegue a mudança. Dessas considerações, derivaremos certas hipóteses de caráter empírico relacionadas com a opinião e a atuação dos professores diante dos erros nas tarefas escolares.

1. *A problemática* em torno dos erros na aprendizagem e na avaliação poderia ser estendida muito além da limitada análise aqui apresentada. Por ora, temos mais interrogações que respostas. Poderíamos nos fazer tantas perguntas sobre o erro como sobre as tarefas escolares. Qual é a atitude dominante em alunos e professores sobre os erros na aprendizagem? Como mudar essa atitude? Como o professor atua diante erros escolares? O que os erros dos professores e dos alunos indicam? É possível qualificar o erro sem sancioná-lo? De que modo o erro está relacionado com o desenvolvimento psicológico da pessoa? Que relação os erros guardam com as características atitudinais dos sujeitos? E com o estilo cognitivo? Que relação os erros guardam com o método de ensino? E com o estilo docente? Como influem a ansiedade e as variáveis emocionais no número de erros? Que tipo de erros é mais freqüente nas diferentes matérias: matemática, língua, língua estrangeira, ciências, sociais, etc.? Como localizar, identificar e corrigir o erro nos diferentes conteúdos curriculares? A lista seria interminável.

Não dispomos, no momento, de informação suficiente para responder a tantas questões. A problemática que guia nosso trabalho se enquadra na conveniência de operacionalizar a concepção construtiva do erro, pondo a descoberto a *relatividade dos critérios de avaliação,* quando se trata de corrigir e de qualificar uma tarefa específica. O erro, como desajuste, não está somente no aluno que aprende, mas também atinge os professores. Existem nas pessoas condicionantes de tipo pessoal, profissional, de estilo cognitivo, etc., que influenciam a avaliação que emitem e o modo de fazê-la. Tal condicionante cria um problema em relação à avaliação, já que o professor costuma considerar seu critério quase tão inapelável como o do juiz, com a diferença de que este se guia por normas previamente estabelecidas e conhecidas. O juiz interpreta, o professor estabelece o critério, determina o que é ou não pertinente e interpreta o grau de proximidade do aluno a tais critérios. Quero mostrar com isso a *relatividade do erro* diante de resultados tão aparentemente indiscutíveis como os matemáticos.

Por mais objetivo que pareça um julgamento avaliativo, sempre está rodeado de elementos subjetivos, a menos que se apóie em provas objetivas. O problema viria, em tais casos, da escolha dos itens. Isso nos leva a pensar em sistemas multimodais de avaliação que compensem, de algum modo, a relatividade de critérios.

Que tipo de relação guarda o estilo docente com a avaliação e o tratamento do erro? Embora caiba esperar que exista certa correspondência entre ambas as variáveis, não dispomos nem de modelos nem de instrumentos que nos permitam relacioná-los. É preciso elaborá-los. Se aceitamos como estilos docentes a tendência predominante pela reprodução ou pela transformação, pelo analítico ou pelo global, cabe perguntar de que modo tais estilos influenciam a consideração do erro.

Qual é a opinião do professor a respeito da inovação, dos alunos, dos professores, dos métodos de ensino, dos erros? Trata-se de buscar o pensamento latente, esse que se projeta além da informação transmitida. O que reflete a direção e a intensidade do conteúdo. E isso requer novas estratégias metódicas de investigação. A conclusão de frases nos permite uma informação aberta, mas manejável, quando se trata de amplas amostras. Combina a profundidade explicativa do método clínico com a possibilidade generalizadora das amostras grandes. Diante da imediata instalação da Reforma, é bom saber qual é a *atitude cognitiva do professor,* o que o inquieta e que disposição tem para envolver-se. Porque qualquer projeto inovador, e muito mais a Reforma, deve contar com uma atitude favorável para seu conteúdo. Se não for assim, dificilmente se obterão os resultados desejados. A atitude cognitiva do professor para a mudança será, portanto, um bom indicador para iniciar uma inovação com o tratamento didático do erro ou qualquer outra.

Se os alunos devem fazer parte de qualquer inovação curricular os alunos devem fazer parte, o que eles opinam sobre os erros de aprendizagem? Como avaliam as provas de outros colegas? Que critérios os guiam?

2. *Objetivos da pesquisa.* Especificando as intenções do trabalho para esta primeira fase, estabelecemos as seguintes prioridades e intenções em cada uma destas duas frentes: a) o professor; b) o aluno.

a) *Objetivos relacionados com os professores*
1. Identificar o estilo docente que predomina em cada nível (de ensino) e sua relação com outras variáveis pessoais ou profissionais.
2. Definir o estilo docente e constatar se existe alguma relação na hora de corrigir uma tarefa de matemática e ciências sociais.
3. Constatar a diversidade e a heterogeneidade de critérios na correção e na qualificação de uma tarefa escolar, e ver se estes variam com o estilo docente.
4. Determinar quais fatores pessoais, profissionais, contextuais ou cognitivos introduzem mais diferenças na classificação e nas anotações ao se avaliar um exercício.
5. Constatar as diferenças de opinião, em relação ao erro e outras variáveis curriculares (educação, alunos, professores, método de ensino, recursos, avaliação), entre professores com formação pedagógica diferente.
6. Conhecer o pensamento implícito dos professores sobre a Reforma e a inovação, assim como a direção e a intensidade de sua atitude para com a mudança.

b) *Objetivos relacionados com os alunos*
1. Conhecer a opinião e o pensamento dos alunos sobre os erros nas tarefas de aprendizagem e sobre a avaliação: orientação, atribuição e elementos destacados.
2. Conhecer o estilo de aprender dominante conforme os níveis escolares e sua relação com outras variáveis pessoais.
3. Contrastar as diferenças ente professores e alunos, assim como entre alunos de diferentes séries na qualificação de tarefas.
4. Determinar aqueles fatores que apresentam maior incidência na qualificação atribuída a uma tarefa e nas anotações realizadas.
5. Avaliar a capacidade para detectar erros conceituais e engenhosidade para explicá-los.

3. *Hipótese principal e hipóteses secundárias da pesquisa*. Em termos gerais, podemos afirmar que existe uma tendência generalizada a evitar os erros na aprendizagem e a penalizá-los nas provas, ao mesmo tempo em que se reconhece o valor construtivo deles. A quantidade e a diversidade de erros cometidos nas provas, assim como sua correção em uma prova avaliativa, estão associadas a diversos fatores de caráter pessoal, profissional, contextual e cognitivo. O tratamento didático dos erros representa um enfoque cognitivo de inovação e desenvolvimento profissional do docente. Indaga-se a *aproximação ao status do erro e seu tratamento diferencial na avaliação*.

De modo mais explícito, cabe formular as seguintes hipóteses secundárias:

1. Existe uma dupla consideração do erro: professores e alunos emitem opiniões construtivas quando são perguntados sobre os erros, mas na prática da aula trata-se de evitá-los e penalizá-los.
2. A forma de corrigir e qualificar uma prova está associada a fatores de índole pessoal, profissional, contextual e de estilo docente e discente.
3. O mesmo erro é avaliado de maneira diferente pelas pessoas. Idade, sexo, estilos de ensinar e de aprender introduzem diferenças significativas nas correções e qualificações.
4. O pensamento implícito do professor sobre a mudança e a inovação demonstra a existência de posturas contrapostas e falta de um tom geral de aceitação.
5. As opiniões do professor sobre os elementos curriculares adotam uma linha desigual de aceitação. A heterogeneidade e a diversificação são a nota dominante.

Outras hipóteses secundárias derivam dos próprios objetivos.

PROJETO EMPÍRICO DA PESQUISA

Depois de revisar os antecedentes imediatos e delimitar os objetivos e as hipóteses, resta-nos precisar o *projeto, a metodologia e a amostragem*. O projeto geral pode ser qualificado de descritivo. Nele convergem toda uma gama de informações de diversa índole que busca descrever, esclarecer e facilitar a compreensão do "*status* do erro" no ambiente escolar. Não se trata, portanto, de um projeto clássico de relação linear entre variáveis nem de buscar o grau de covariância entre elas, mas que responde antes ao princípio compreensivo de complementaridade e confirmabilidade por caminhos diferentes da hipótese central: *aproximação ao* status *do erro e seu tratamento diferencial na avaliação*.

Os erros se transformam em variável dependente neste estudo à medida que ocorrências, correções e opiniões são condicionadas por características pessoais, profissionais ou de estilo. Mas a consciência do erro, como resultado sancionável ou punível, está influindo por sua vez em tais condutas docentes e discentes. Isto é, existe uma consciência social que vai além dos processos e das opiniões individuais. O sujeito forma sua própria consciência de estudante com base nos seus êxitos e fracassos escolares. Os numerosos e contínuos erros contribuem para uma auto-imagem negativa. É por isso que damos ao seguinte projeto um caráter interativo entre as variáveis, tal como acontece na realidade. Porque a realidade não é única nem linear, mas diversa e inextricável. Podemos chegar a estabelecer certo grau de correspondência e covariância entre fenômenos, mas isso não permite estabelecer sua reação causal. E é isso o que queremos expressar na Figura 4.4. As variáveis dependentes e independentes são reversíveis, conforme o ponto de vista que se adote.

Não estamos diante de um projeto experimental, mas descritivo, que nos facilita uma melhor compreensão das relações e dos aspectos diferenciais em torno dos erros na aprendizagem e na avaliação.

Tratei de *integrar a metodologia* quantitativa e a qualitativa, predominando, no entanto, a informação categorial e descritiva sobre a numérica. Existe uma parte da realidade que é mensurável e pode ser expressa em termos numéricos, como idade, anos de experiência, qualificação em um questionário, etc., em que se dá razão de proporcionalidade; isto é, quem obtém um valor 10, por exemplo, representa o dobro de quem tem 5. A pessoa de 7 anos representa um terço menos do que quem possui 21. Mas outros tipos de atributos são expressos melhor em variáveis discretas e categorias convencionais, que nos permitem comparar alguns fenômenos com outros. Não existe razão de proporcionalidade entre elas. Esse é o caso de variáveis como o sexo, série em que se estuda ou em que se ensina, localidades ou escolas, tipos de erros,

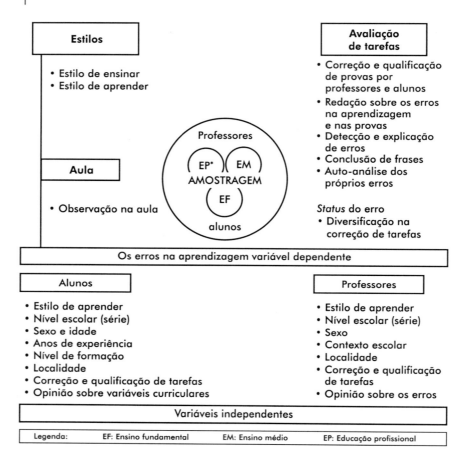

FIGURA 4.4 Plano geral do projeto de pesquisa.

postos desempenhados, opiniões e explicações sobre o erro, modo de fazer as correções, etc.

Entre as estratégias hoje difundidas da metodologia etnográfica e qualitativa estão informes, diários, documentos escritos, observações, etc. Isto é, dá-se especial atenção à interpretação que as pessoas envolvidas fazem dos fatos. Nesse sentido, introduzimos uma *inovação metodológica* na conclusão de frases sobre aspectos profissionais e vivenciais do professor. Parte-se da perspectiva curricular ao se referir as expressões a seus componentes. Essa estratégia permite combinar a formulação aberta com um tratamento facilmente manejável, por meio de programas de análise de texto.

As principais fontes de obtenção de informação são os professores, os alunos e a interação de ambos em sala de aula. Embora, inicialmente, tenhamos pensado nos pais para captar a significação social do erro, desistimos por limitações de tempo e carência de meios. Definimos na tabela seguinte os *tipos de variáveis* a que a informação prevista dá lugar.

QUADRO 4.2
Tipos das principais variáveis

Professores A/V. Situacionais e contextuais	Alunos A/V. Situacionais e contextuais
1. Nível escolar 2. Estudos pedagógicos realizados 3. Localidade em que trabalha 4. Escola	1. Nível escolar 2. Procedência social 3. Localidade em que estuda 4. Escola
B/V. Pessoais e profissionais	B/Variáveis pessoais
5. Sexo 6. Idade 7. Séries em que leciona 8. Titulações 9. Anos de experiência 10. Postos desempenhados	5. Sexo 6. Idade 7. Série em que estuda
C/V. Estilo de ensinar	C/V. Estilo de aprender
11. Analítico 12. Globalizador 13. Transformador 14. Reprodutor	8. Analítico 9. Globalizador
D/V. Tratamento prático do erro (prova)	D/V. Tratamento prático do erro
15. Tipo de qualificação (numérica, verbal) 16. Nota ou qualificação 17. Observações realizadas 18. Erros corrigidos	10. Tipo de qualificação 11. Nota ou qualificação 12. Observações realizadas 13. Erros corrigidos
E/V. de opinião e pensamento implícito	E/V. de opinião e pensamento implícito
19. Inovação e mudança 20. Os alunos 21. Os professores 22. Método de ensino 23. Os meios 24. Os erros	14. Inovação e mudança 15. Os alunos 16. Os professores 17. Método de ensino 18. Os meios 19. Os erros

Amostragem. Na escolha da amostragem foi levado em conta o *critério de diversificação* para justificar o princípio científico de confirmabilidade por meio de diferentes amostras, além de compensar a ausência de aleatoridade. Esta não garante a confiabilidade dos resultados mais que sua comprovação por vias diferentes. Em termos de análise de material qualitativo ou de análise da comunicação, falaríamos de *Round Robin* (confirmação), técnica utilizada pelo Centro de Pesquisa da Universidade de Michigan. Esta técnica, utilizada nas ciências sociais, consiste em confiar a tarefa de codificação, ou outra atividade, a várias pessoas ou grupos. "Estes grupos" – nos diz Katz – "operam separadamente e, depois, das unidades e categorias utilizadas até que chegam a ser operantes". Uma vez terminado o *Round Robin* se procede à codificação definitiva. Não é esse nosso caso, mas nos sugere a estratégia de confirmação por meio de amostras diferenciadas.

A fim de obter uma melhor *aproximação ao "status" do erro e seu tratamento diferencial na avaliação* são elaborados alguns instrumentos comuns a professores e alunos, escolares dos ensinos fundamental e médio e da educação profissional levando-se em conta diferentes localidades e províncias da Espanha. São três, portanto, os níveis de amostras que confrontamos: professores *versus* alunos, níveis de escolaridade e localidade de professores e alunos. O tratamento conjunto de todos eles nos proporciona uma informação generalizadora sobre a dupla consideração do erro, a heterogeneidade avaliativa das pessoas, a predominância de estilos e sua possível relação com a avaliação. A análise comparativa nos proporcionará indicadores que evidenciem o papel dos grupos (nível escolar e localidade) quanto às variáveis anteriormente descritas. Desse modo, a macroanálise que predomina nesta pesquisa não nega a possibilidade de se recorrer a análises contextualizadas com intenção confirmatória.

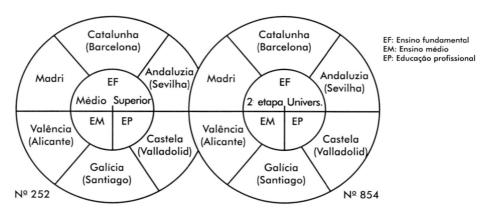

FIGURA 4.5 Diversificação da amostra.

NOTAS

1. O trabalho empírico sobre estilo cognitivo e liderança de M. Perela e M. Pons não confirma sua relação.
2. No questionário se pedia ao professor que refletisse sobre sua prática docente e expressasse seu grau de identificação com as seguintes afirmações: 1) Um resultado correto na resolução de um problema, por parte do aluno, é indício de uma proposição também correta. 2) Em avaliação os resultados têm tanta importância como os processos. 3) Os erros dos alunos são um indício negativo da aprendizagem. 4) O acerto nem sempre significa que o aluno compreendeu. 5) Os alunos que cometem erros, cometem-nos geralmente em todas as matérias. 6) Os erros dos alunos dão mais informação, normalmente, que seus acertos. 7) Um bom professor é o que incentiva a seus alunos para que sejam conscientes de seus erros. 8) Quanto mais se corrige um mesmo erro, mais possibilidades existem de que o aluno o evite em circunstâncias semelhantes. 9) O erro é mais freqüente em alunos procedentes de meios socialmente desfavorecidos. 10) Os erros dependem mais da capacidade intelectual dos alunos que da metodologia de aprendizagem.

5

Estratégias de coleta de informação

Um paradigma científico se projeta sobre a metodologia de pesquisa e esta é reconhecida pelo tipo de instrumentos, técnicas ou estratégias utilizadas na obtenção de informação. A perspectiva de conhecimento centrada no objeto, no sujeito ou no grupo legitimador das normas se traduz, na prática, na utilização de testes, entrevistas ou documentos pessoais e a pesquisa na ação. O enfoque tecnológico-científico insiste na objetividade da informação e se vale de instrumentos caracterizados por sua confiabilidade e validade, porque busca medir o mais objetiva e rigorosamente possível a intensidade da mudança nas variáveis. O enfoque interpretativo sublinha o caráter significativo da informação para todos os envolvidos e, por esse motivo, sugere todo um conjunto de técnicas e estratégias, em que o pesquisador toma parte ou interage com os sujeitos que proporcionam a informação. Observações participantes, diários, entrevistas, memórias, convivências, gravações, etc. são algumas das técnicas que permitem nos aproximar o máximo possível da realidade investigada. O enfoque sociocrítico utiliza estratégias como a reflexão crítica, as dinâmicas de grupo ou a pesquisa-ação, em que entram em discussão os participantes para chegar a um consenso e melhorar a prática com um propósito emancipador. São postos a descoberto os valores pessoais, as intenções subjacentes, a racionalidade e a ideologia mediante os quais legitimamos nossos atos.

Nossa preocupação por definir um paradigma compreensivo ou integrador fica amplamente refletida em S. de la Torre (1992). Partimos da mudança como critério de racionalidade, entendendo que esta apresenta aspectos diferenciais no âmbito educativo. A mudança formativa ou inovadora não é equivalente à da geologia, da biologia ou da física. Também não se identifica com as mudanças psicológicas ou sociológicas, embora contenha características de umas e outras. Isso nos leva a um tipo de epistemologia também diferente. Está funcionando na educação um paradigma submerso, afirma S. de la Torre (1992), que, sem estar formalmente explicitado, é compartilhado por muitos pesquisadores e profissionais do ensino insatisfeitos com os paradigmas atuais. Trata-se de uma proposição aberta, carregada de humanismo, de considerações sociais, de preocupações cognitivas e de atenção aos processos. Incorpora a pesquisa ativa, a participativa e a observacional, sem renunciar a uma análise empírica rigorosa. O paradigma compreensivo recolhe as aspirações dos que realizam proposições holísticas e humanistas, dos que consideram o homem como um todo e seu desenvolvimento fruto da interação sociocognitiva. Um enfoque compreensivo da educação, do ensino ou da inovação deve ser entendido como um sistema de coesão dinâmico, que não é regulado de forma mecânica, mas dirigido pela consciência psicossocial, buscando o desenvolvimento pessoal e social.

O método de pesquisa, como qualquer técnica, tem um caráter mediador, instrumental. O objetivo buscado é que nos orientará sobre sua adequação e pertinência. Nesse sentido, qualquer estratégia de coleta de informação pode ser útil em um certo momento. Um teste nos proporciona indicadores de aptidões mentais; uma entrevista nos permite aprofundar as intenções, as opiniões e os valores das pessoas; um debate em pequeno grupo nos proporciona informação relevante sobre os papéis e as relações dos participantes. O erro estaria em cingir-se a um só tipo de estratégias de coleta de informação, renunciando a utilizar os demais com base em razões de índole epistemológica. A partir dessa consideração aberta, e até certo ponto relativizadora das grandes verdades e do método único, propomos uma série de estratégias e instrumentos de coleta de informação centrada nos professores e nos alunos. Haveria ainda uma complementação com as estratégias centradas na aula.

ESTRATÉGIAS CENTRADAS NO PROFESSOR

São quatro as principais fontes mediante as quais se obtém informação do professor quanto às variáveis anteriormente citadas:

1. Inventário de palavras.
2. Auto-imagem do estilo de ensinar.
3. Completar frases.
4. Correção e qualificação de exercícios com erros.

Uma quinta fonte, muito pouco utilizada, é a entrevista clínica com alguns professores para recolher sua opinião sobre as causas, as conseqüências e o tratamento didático dos erros.

Inventário de palavras

a) *Antecedentes e objetivo.* "Inventário de palavras" é o enunciado que oculta o título original **Seu estilo pessoal de ensinar** (TEPE).* A modificação foi feita para evitar as desconfianças do professor ao tomar o questionário como um instrumento de controle. Pensamos que a expressão "Inventário de palavras" não compromete tanto a atuação pessoal, e a distorção, por causa das expectativas, será menor. Trata-se de uma lista de 40 palavras que, em colunas de cinco, se referem a oito atuações docentes. A prova é inspirada no questionário Kolb, "Estilo de Aprendizagem Pessoal", adaptado, na Espanha, por Tirados e Alonso. O sujeito deve pontuar os quatro adjetivos de cada fila de 1 a 4.

O modelo proposto por Kolb se caracteriza por uma seqüência cíclica de quatro momentos. O sujeito parte da experiência concreta (EC), das próprias vivências, das coisas que o rodeiam. Estas o levam a observar, refletir sobre os fatos percebidos e os elementos relacionados, originando-se, assim, uma observação reflexiva (OR). A partir desse momento, o sujeito, por meio de uma experimentação ativa (AE), incorpora a seus pensamentos à realidade exterior, alcançando diferentes graus de conceitualização abstrata (CA). Em cada momento, põe-se em jogo uma determinada potencialidade do sujeito, sendo desenvolvida de diferentes formas para cada pessoa. O predomínio de uma tendência sobre sua contrária: concreta *versus* abstrata, reflexiva *versus* ativa, determinará o estilo preferencial do sujeito. Essas duas coordenadas (concreto-abstrato; ativo-reflexivo) configurarão os quatro estilos cognitivos de aprendizagem.

Em nosso caso, trata-se de um questionário original em que o sujeito tem de ordenar as cinco palavras de cada fila de 1 a 5 conforme o grau, maior ou menor, de identificação que tenha com elas. Após diversas análises parciais e suas correspondentes modificações, na forma atual, indica-se na margem esquerda de cada linha a atividade docente à qual deve se referir as cinco ações ou nomes dessa linha.

O *objetivo do questionário* é o de identificar de forma rápida e fácil o estilo docente baseado na preferência de manejar conceitos analíticos *versus* globalizadores e a predominância de um estilo reprodutor ou tradicional *versus* um transformador ou inovador. Com esse inventário se obtém informação sobre a dupla tendência cognitiva e o comportamento do sujeito.

b) *Estrutura* e característica do inventário. Cada linha é formada por quatro termos (verbos ou substantivos) que correspondem a cada uma das quatro tendências mencionadas anteriormente, e outra coluna (a primeira) que nos permite avaliar o nível de distorção ou sinceridade, já que nela se recolhem

---

*N. do R. Tu estilo personal de enseñar, em espanhol.

alternativamente termos que tendem a destacar uma atitude permissiva e regressiva externa. Desse modo, proporciona, por sua vez, um indicador dessa dupla tendência. Os oito campos de atuação docente levados em conta são os seguintes: antes da aula, forma de proceder em sala de aula, ensino-aprendizagem, tarefas de aula, clima da aula, melhorar o ensino (introduz a escala de inovação), elementos a que se presta maior atenção, qualificação.

c) *Aplicação*. O inventário, dado que é curto e fácil de responder, é facilitado aos professores juntamente com as frases para completar. De modo geral não oferece dificuldades, já que é introduzido com uma breve explicação nos seguintes termos:

> A seguir, você encontrará um inventário de termos. Avalie cada uma dessas palavras tentando descobrir quais delas descrevem melhor sua forma habitual de realizar as tarefas docentes. Dito de outro modo, com que termo você se identifica mais e com qual menos. Não existem respostas boas ou más, apenas maneiras ou estilos diferentes de atuar. Para responder, proceda deste modo:
>
> 1. Leia as cinco palavras de cada linha. A expressão sublinhada à esquerda de cada linha indica o campo a que essas palavras se referem.
> 2. Ordene-as do 1 a 5 *atribuindo* o valor 5 à que melhor *descreva seu modo ou estilo de ensinar e o* valor 1 à que pior *o faça. O valor 4, à palavra cuja identificação com ela seja alta, e o valor 2 quando a identificação seja mais baixa. O valor 3, à palavra que você tenha mais dúvidas ou que sua identificação seja intermediária.*
> 3. *Todas as palavras de cada linha devem ficar ordenadas de 1 a 5.*

d) *Avaliação*. A informação que este questionário nos proporciona é dupla. Por um lado, temos 40 conceitos ou ações que nos permitem avaliar as preferências (e tendências) e as rejeições dos professores por uns ou outros. Por outro lado, sua ordenação nos proporciona seis indicadores, em que quatro deles correspondem aos estilos analítico *versus* globalizador e reprodutor *versus* transformador ou inovador. O questionário parte do pressuposto de significação e orientação cognitiva diferentes atribuídas às palavras, devido aos contextos em que vêm sendo utilizadas. Assim, termos como: organizar, explicar, informar, dirigidas, respeito, comprovar, resultados, controle, vão carregados de fortes conotações próprias de uma tendência reprodutora e tradicional, mantenedora do estabelecido, se os comparamos com: prever, interpretar, descobrir, livres, troca, inovar, processos, avaliação, referentes às mesmas ações. Estes últimos termos levam uma carga significativa tolerante do novo, e denotam um estilo transformador ou inovador. Cabe dizer outro tanto de termos de orientação analítica: programar, fazer exercícios, instruir, detalhar, exercícios, etc.; e globalizadora: planejar, comentar, formar, sugerir, comunicar, mudar.

Auto-imagem do estilo de ensinar

a) *Antecedentes e objetivo.* Esse instrumento, dirigido aos professores, surge como réplica ou paralelo da "autopercepção do estilo de aprender". Inicialmente se pretendia incorporar aquelas operações que têm se referido aos estilos cognitivos, tais como perceber, raciocinar, processar informação, resolver problemas, aprender e atuar, tal como as percebem os entrevistados. Daí o qualificativo de autopercepção ou auto-imagem. Buscava-se uma aproximação ao estilo cognitivo a partir das indicações do próprio sujeito seguindo nosso conceito de estilo cognitivo S. de la Torre e Mallart (1989, p.46): "estratégia de funcionamento mental que permite diferenciar os sujeitos pelo modo predominante de perceber o meio, processar informação, pensar ou resolver problemas, aprender e atuar".

Com isso, tentávamos integrar de forma isolada como lembrar, perceber ou processar a informação.

O *objetivo* principal da presente versão não é outro que diagnosticar a tendência predominante do professor para um estilo analítico ou globalizador, atendendo às preferências nas tarefas docentes, tais como planejamento da aula, modo de ensinar, funcionamento da aula, avaliação, opinião sobre o ensino. Essas categorias nos permitem falar de estilo docente, de uma perspectiva cognitiva e não apenas de conduta, como é habitual nos trabalhos de Rosenshine, Hennings ou N. Bennett.

b) *Estrutura e características.* O questionário "auto-imagem do estilo de ensinar" consta de 30 itens que têm afirmações opostas ou contrapostas, apresentadas em forma de escala de cinco níveis (A, B, C, D, E), entre as quais o sujeito deve optar conforme se incline para um ou outro extremo. As afirmações da esquerda recolhem preferências de tipo analítico, sistemático e transmissivo. As expressões da direita respondem melhor a preferências globalizadoras, compreensivas, relacionantes e transformadoras.

A maior clareza conceitual da frase apenas diante de palavras e o maior número de itens para determinar a tendência para um ou outro estilo fazem com que esse instrumento seja mais adequado para o diagnóstico que a "a lista de palavras" descrita anteriormente. Tem o inconveniente, no entanto, de exigir maior atenção e dedicação por parte do professor e de explicitar mais as intenções, de modo que pode se prestar à manipulação ou à tergiversação dos entrevistados. Mediante a lista de palavras se evitava, em parte, esse risco por se apoiar nos significados implícitos das palavras. Cada instrumento tem, portanto, suas vantagens e seus inconvenientes.

Com a finalidade de manter o paralelismo com a "autopercepção do estilo de aprender" e facilitar estudos comparativos entre estilo docente e estilo discente, agrupam-se os itens em blocos de cinco, que descrevem diferentes situações relativas a cada um dos seis campos de atuação docente:

1. Planejamento das aulas, fazendo menção do modo como se planeja assim como sua incidência nos conteúdos, nas atividades e nos objetivos.
2. Modo de ensinar, referindo-se aos procedimentos ou aos métodos preferidos atendendo ao de caráter transmissivo ou implicativo.
3. Sob o enunciado "O normal nas aulas é que..." recolhem-se as diferentes formas de organizar a atividade docente na aula, distribuição do tempo, intervenção do aluno, trabalho individual ou grupal.
4. No que se refere à avaliação, são contrapostas provas de respostas curtas, correção detalhada, penalização do erro e qualificação numérica com provas de tipo ensaio, correção global, avaliação por categorias.
5. No último bloco, pede-se a "opinião sobre o ensino" para saber se o professor se orienta para a transmissão e a reprodução ou para a renovação e a transformação.

c) *Aplicação*. O questionário, após coletar informações sobre as variáveis pessoais e profissionais, de idade, sexo, escola, titulações, nível/série em que trabalha, matérias que leciona, anos no ensino e postos desempenhados, apresenta este protocolo:

> Situe-se nas seguintes escalas, entre A e E, conforme você se considere mais ou menos próximo ao conceito descrito em cada par de frases. Você deve se guiar por suas preferências ou seu modo habitual de proceder e pôr um xis na linha correspondente. Se houver engano, anule a resposta com um círculo. Não há respostas melhores ou piores, mas modos diferentes de proceder e realizar as tarefas docentes. Deve ler o questionário por linhas ou pares de conceitos.

Não existe um tempo limitado para realização do questionário, embora possa ser respondido em 10 ou 15 minutos.

d) *Avaliação*. A pontuação, por categorias e geral, é obtida atribuindo-se o valor 1, 2, 3, 4, 5 respectivamente às letras A, B, C, D, E. Desse modo, de um máximo de 25 pontos por categoria, quando a pontuação se situar abaixo de um quarto da população, podemos falar de predomínio do estilo analítico e transmissor, enquanto se a pontuação supera três quartos, estamos diante de uma pessoa de estilo transformador.

Correção e qualificação de exercícios

a) *Antecedentes e objetivo*. Temos os antecedentes imediatos da utilização de um caso prático de correção e qualificação no trabalho de C. Corominas e outros (1988), citado nos antecedentes contextuais desta pesquisa. Ele inspirou um ambicioso plano que contemplava a criação de exercícios de diferentes matérias (matemática, língua, língua estrangeira, ciências sociais) no ensino fundamental. Mas tanto nos projetos de pesquisa como no planejamento curricular nem sempre a aplicação corresponde à concepção inicial. Esse é um claro exemplo de que o enfoque de fidelidade, tanto em inovação como em pesquisa educativa, não é o mais adequado com uma realidade complexa e heterogênea. Dada a dificuldade de se obter amostras representativas de várias matérias, optamos por generalizar o mesmo exercício de matemática da 5ª série à professores e aos alunos. Desta maneira, transformamos um enfoque extensivo da pesquisa em um intensivo. Esse tipo de exercícios poderia ser corrigido facilmente por todos os professores e alunos de 8ª série.

Um dos *objetivos* deste trabalho está não só em esclarecer o estatuto do erro no ensino, sua consideração entre professores e alunos, como também em evidenciar as possíveis contradições entre o ponto de vista conceitual e o comportamento na prática. Nesse sentido, seria insuficiente nos contentarmos com informações que só refletem pontos de vista conceituais. É por isso que necessitamos de outro tipo de estratégias que nos aproximem o mais possível do tratamento do erro na prática da avaliação. A proposta de correção de um caso prático representa uma novidade metodológica e certamente inovadora no que se refere ao tratamento do erro. Contamos aos milhares os escritos sobre avaliação. Mas quantos trataram de comparar o tratamento do erro, diante de um caso prático, por parte de professores e alunos? Que fatores influem na avaliação de um exercício? Quem qualifica mais alto e quem mais baixo? Que formas de corrigir os professores e os alunos utilizam? Enfim, as perguntas a fazer, diante de um caso como o sugerido, são múltiplas. O objetivo principal dessa estratégia consiste em nos aproximar do tratamento do erro em professores e alunos por meio da correção e da qualificação de um caso prático. Como veremos a seguir, esta estratégia é útil e rica em informações.

b) *Estrutura e características.* O material sugerido consiste em um exercício de matemática da 6ª série e uma pergunta de ciências sociais correspondente à 4ª série. Desse modo, levamos em consideração as ciências e as letras como campos tradicionalmente diferenciados. São corrigidos e pontuados de igual modo?

Como em outro tipo de materiais propostos, buscou-se que os exercícios fossem breves, já que se são longos ou complicados geram uma atitude de pouco-caso e preguiça. A pessoa nunca encontra o momento apropriado para respondê-los. A maior parte dos professores não está inclinada à realização de tarefas alheias a seu trabalho habitual e menos ainda se elas representam uma espécie de inspeção de sua forma peculiar de trabalhar. Os longos questionários só são viáveis quando acompanhados de entrevistas; reduzindo-os mais de uma vez, é possível oferecer aos professores o exercício para corrigir em uma só folha, junto com as frases para completar e as listas de palavras. Desse modo, é possível relacionar a informação proveniente dos três tipos de instrumentos.

A prova de matemática consiste em cinco exercícios com os seguintes tipos de erro nas respostas. Foram escolhidas expressamente cinco tarefas para comprovar se o corretor qualifica sobre "10", atribuindo automaticamente dois pontos para cada exercício, ou leva em conta as diferenças de dificuldade que cada um deles comporta.

1. Em primeiro lugar, pede-se ao aluno que escreva frações que representem números inteiros e decimais, introduzindo um *erro de execução* ao mudar a ordem de apresentação das respostas. São corretas, mas se colocam primeiro as frações decimais e depois as inteiras. Uma revisão superficial leva a dar por incorreta a resposta; um olhar atento captaria que não se trata de um erro conceitual, mas de execução.
2. A segunda pergunta é conceitual e exige uma descrição: quando uma fração vale mais que a unidade? Resposta do aluno: *quando o número de cima é maior que o de baixo. Por exemplo, 5/6*. A resposta não é expressa em linguagem matemática (numerador e denominador), mas em linguagem coloquial, o que demonstra compreensão. Mas de novo se introduziu um erro no exemplo que não foi pedido: isto é, sem o exemplo, a resposta é correta, mas se levamos em conta o exemplo se dá uma contradição com a resposta escrita. Como casos assim são avaliados? Novamente podemos estar diante de um erro de execução. Distração?
3. O terceiro exercício consiste em somar várias frações. O erro não surgiu da mecânica operatória de soma de frações, mas da redução de uma delas. Estamos diante de um erro de cálculo ao operar com frações, nas palavras de Booth (1984), não em seu desenvolvimento, mas em sua fase final, já que o processo seguido é correto. É um erro específico de redução de quebrados. O aluno fez a operação 39/4 e arredondou para "10", porque nunca viu números fracionados com decimais. O erro está em não dividir ambos os operadores pelo mesmo número.
4. No quarto exercício se pede ao aluno que ordene de maior para menor estas cinco frações: 4/6; 8/8; 2/4; 5/5; 9/3. Esta foi a resposta: 9/3 > 8/8 > 5/5 > 4/6 > 2/4. O erro tem maior importância do que possa parecer à primeira vista. Após uma resposta que em geral poderia ser dada por válida, o fato de colocar 8/8 > 5/5 em vez de 8/8 = 5/5 está nos apontando um erro conceitual de certa relevância. Não se trata de um simples erro de execução, mas de conceito em relação ao valor de uma fração. Um exame dos numeradores de cada fração nos alerta sobre a causa da falha. O

aluno ordenou as frações guiando-se pelos numeradores de modo que sua lógica operacional teria sido: 9 > 8 > 5 > 4 > 2, sem levar em conta as cifras do denominador: 3, 8, 5, 6, 4.
5. Na primeira subtração de frações, ou seja, manifesta-se o erro conceitual, o aluno desconhece o fato de que os valores negativos também são aplicados às frações. Mas há algo mais: o erro do exercício anterior acontece de novo, quando o aluno se guia unicamente pelo numerador. O que acontece com o resultado da última subtração? O aluno operou adequadamente, mas que valor atribui a 0/8? Temos aqui uma resposta correta que deixa certa dúvida sobre a compreensão de tal resultado. Como é que se faz mal a subtração simples e se realiza bem a mais complexa?
6. A resposta à questão: Explique o que sabe sobre os vulcões, correspondente ao nível de 4ª série do ensino fundamental. Existem diversos erros ortográficos, uns mais graves como "a" (de haver) sem o h, e outros de acentuação que não deveriam ser levados em consideração, dado o nível escolar. O erro mais significativo, no entanto, é de caráter léxico-conceitual, já que se confunde cratera com lava. São dois termos novos, cujo significado o aluno ainda não chegou a dominar.

c) Para a aplicação desse exercício se dá unicamente a instrução: O próximo exercício é uma prova de matemática de um estudante de 6ª série. *Corrija esta prova como se fosse o professor, atribuindo-lhe uma nota.* E na questão do vulcão: *Corrija e qualifique a seguinte pergunta de ciências sociais feita a um aluno de 4ª série.* Na verdade, solicita-se corrigir e qualificar ambas as tarefas.

d) *Avaliação do caso prático.* O que se busca com essa prática não é comprovar se se corrige bem ou mal, mas extrair uma série de indicadores sobre o estilo de avaliar, isto é, sobre o modo como uma pessoa corrige, qualifica e orienta a atividade avaliativa. Uma coisa aparentemente tão objetiva como a correção e a qualificação de um exercício de matemática porá a descoberto a heterogeneidade e a diversidade de estilos de avaliação. Nem todas as pessoas dão o mesmo peso aos erros, tampouco partem de iguais critérios avaliativos ou qualificam com códigos iguais. Talvez o estilo analítico ou globalizador esteja determinando um estilo ou outro de avaliação.

Os parâmetros e as variáveis a serem levados em conta são:

1. O *código* utilizado na qualificação: quantitativo (numérico), qualitativo (de insuficiente a muito bom) ou misto, proporciona um primeiro indicador bastante objetivo de certas imagens mentais sobre a avaliação. Esse simples fato poderia talvez refletir uma tendência cognitiva analítica ou globalizadora, bem como um modo de fazer segundo o nível escolar.

2. A *qualificação* atribuída ao exercício de matemática e à pergunta de ciências, seja em sua forma numérica ou em sua forma quantitativa.
3. As *anotações* costumam estar relacionadas com os acertos e os erros. Nesse sentido, podemos nos deparar com casos em que não apareça nenhuma anotação nem observação, com qualificações parciais, com marcas localizadoras ou identificadoras do erro, com anotações corretoras indicando a forma correta, com comentários esclarecedores ou orientadores para o sujeito.
4. No que se refere ao *tipo de erro,* diferenciamos os exercícios de matemática e a pergunta de ciências. Em matemática, serão contabilizados o número de erros levados em conta na qualificação (com um máximo de 5) e a pontuação atribuída a cada exercício (quando existe) para constatar qual é o erro mais sancionado e o que é o menos, já que em todos eles existem irregularidades.

Na pergunta de ciências será avaliado unicamente se se atende aos erros ortográficos, erros de léxico (troca significativa entre lava e cratera) ou aos dois.

ESTRATÉGIAS CENTRADAS NO ALUNO

Sendo o aluno o principal atingido, no que se refere à consideração e ao tratamento dos erros na aprendizagem e à avaliação, é fundamental poder contar com sua opinião sobre o tema para poder confrontá-la com a do professor. Nesse sentido, serão utilizados alguns instrumentos comuns, como "completar frases" e "correção e qualificação de exercícios", e outros equivalentes, como "seu estilo de aprender", que tem seu paralelo em estratégias específicas, como a explicação aberta sobre o erro em forma de redação e a explicação engenhosa de erros. O que o aluno opina sobre os erros? Como os corrige e qualifica? Qual o estilo de aprender dominante? Essas são algumas das questões.

Seu estilo de aprender

Este questionário propõe objetivos, estrutura, apresentação e avaliação paralelos ao instrumento já analisado "A auto-imagem do estilo de ensinar". Se naquele nos referíamos ao estilo docente, neste se trata de identificar o estilo discente, entendido como tendência à análise ou à globalização naquelas atividades relativas à aprendizagem. Os parâmetros levados em conta se referem ao modo como o aluno retém ou lembra diversos tipos de informações, segue as explicações do professor, realiza as tarefas de aula, estuda para uma prova e aborda as provas de controle. Cada um desses núcleos de atividade discente contém cinco escalas de cinco níveis (de A a E).

Na *realização*, proporciona-se ao sujeito o questionário com a instrução: "Situe-se nas seguintes escalas, entre A e E, conforme você se considere mais ou menos próximo do conceito descrito em cada par de frases ou expressões. Você deve se guiar por suas preferências ou por seu modo habitual de proceder e marcar com um xis a opção correspondente. Se você se enganar, anule a resposta com um círculo. Não há respostas melhores ou piores, apenas modos diferentes de organizar a informação e aprender. Deve ler o questionário por linhas ou pares de expressões".

Avaliação. Obtém-se a pontuação por categorias e geral, atribuindo os valores 1, 2, 3, 4, 5, respectivamente, às letras A, B, C, D, E. Desse modo, de um máximo de 25 pontos por categoria, quando a pontuação se situar abaixo de um quarto da população, podemos falar de predomínio do estilo analítico e receptivo, dependente da informação proporcionada pelo professor, enquanto se a pontuação supera três quartos, estamos diante de uma pessoa de estilo globalizador e transformador, que vai além do conteúdo específico aprendido na aula. Mostra maior disposição criativa.

Redação sobre os erros

Trata-se de uma estratégia de índole qualitativa pela qual se reúne a informação mediante uma descrição aberta, sem indicadores, a fim de que o sujeito expresse livremente seu pensamento sobre o tema. Interessa recolher aqueles aspectos positivos e negativos atribuídos aos erros na aprendizagem e nas provas e constatar, desse modo, a dupla consideração do erro. Que consciência o estudante tem em relação aos erros? Em que sentido os considera positivos? Que sentimentos e vivências despertam nele?

A avaliação será feita mediante processos apreciativos e estimativos, já que, desse modo, obtemos uma significação globalizada da mensagem expressa em um texto aberto como o descrito. Quantificar uma redação seria como pretender reduzir a regras formais a imaginação e a criatividade de um relato. Não interessa quantificar, mas nos aproximar do pensamento implícito, da perspectiva e das vivências que o estudante tem sobre os erros. Será de especial interesse, portanto, a direção positiva ou negativa para os erros e a intensidade com que a expressa.

Outra estratégia utilizada para obter informação foi a explicação engenhosa para certas respostas claramente erradas. Nesse caso, o erro é apresentado de forma humorística. Como os alunos descrevem as situações? Entendemos que não basta o pensamento lógico, é necessário recorrer à imaginação criativa que permita interpretar a distorção mediante associações distanciadas da prática, embora relacionadas com os conhecimentos adquiridos. É um desafio ao pensamento divergente. Estas são algumas perguntas e respostas:

Indique em que sentido estão equivocadas as seguintes respostas e ache uma explicação engenhosa para elas:

1. O que se chama de globo ocular?
   Resposta: O globo terrestre que vemos na escola.
2. O que é um ano-luz?
   Reposta: Os dias que o sol nasce ao fim de um ano.
3. O que é chamado de Velho Mundo?
   Resposta: Todas as pessoas com mais de 25 anos.

Parte III

RESULTADOS

Um resultado é tanto mais valioso quanto mais inquietações desperta, quanto mais perguntas gera, quanto mais amplia o campo de conhecimento.

Para que exista descoberta, não basta a existência de fatos e estados de coisas, mas um sujeito que tenha capacidade de categorização do real, transformando os fatos em si em fenômenos para si. O dado não é puramente dado, nem meramente elaborado (Barrón, 1989).

6
Análise e discussão de resultados

CENTRADAS NOS PROFESSORES

Do tratamento e da análise da informação obtida por meio do inventário de palavras, da correção da prova e da conclusão de frases, depreende-se uma série de resultados que afiançam nossa idéia em torno da relatividade dos julgamentos avaliativos e da ambivalência em relação ao erro. Não deixa de ser curioso que enquanto os professores mantêm certas opiniões em nível teórico, como a consideração positiva dos erros, na prática se distanciem delas. Que fatores de índole pessoal, profissional, contextual e cognitiva influem mais na avaliação de uma prova? Quais são os componentes subjetivos que mais se projetam na decisão avaliativa?

O estilo docente

Em primeiro lugar, vou me referir ao *inventário de palavras*, mediante o qual pretendo definir quatro estilos e modos predominantes de comportamento docente: analítico *versus* global; tradicional *versus* inovador. Como escalas extremas de comprovação e sinceridade, uma tendência regressiva e permissiva. Tomado em sua globalidade, o dito inventário nos informa também sobre aqueles conceitos que gozam de maior consideração entre os professores e, por isso mesmo, permitem definir o perfil do pensamento implícito ou subjacente. Essas significações têm um papel decisivo não só na construção da realidade profissional como na ação, como demonstrou Bruner (1991, p.13) em sua recente publicação. "Dei-lhe o título de 'Atos de significado' para sublinhar seu tema principal: a natureza da construção do significado, sua conformação cultural e o papel essencial que desempenha na ação humana".

A ação não é mera execução mecânica, mas vai carregada de significados pessoais e contextuais. Quando um grupo de professores avalia a "programação" ou o "planejamento" muito mais que a "justificação" de sua atividade docente, orienta-nos sobre qual pode ser sua conduta habitual e que critérios subjazem a ela. Daí que o fato de optar por uns ou outros significados nos permite fazer inferências não apenas da conduta extrema como também dos componentes cognitivos e móveis da ação. Nosso conceito de estilo vai além das observações de conduta, enraizando-se no pensamento.

A Tabela 6.1 mostra os conceitos de maior peso entre os professores. Nela recolho as palavras de maior (5) e menor (1) pontuação de cada categoria, com a percentagem de sujeitos que atribuem tais valores. Tais termos nos proporcionam uma primeira aproximação aos conceitos pedagógicos predominantes na amostra de 242 professores, permitindo-nos validar o grau de sinceridade mediante o filtro de termos que refletem posições mais externas em cada uma das oito categorias, como justificar, ler/ditar, conscientizar, obrigatórias, liberação, exigir, erros, provas.

TABELA 6.1
Avaliação dos professores sobre atividades de sala de aula

1. Antes da aula	Planejar 5 (32%)	Justificar 1 (70%)
2. Procedimento	Explicar 5 (42%)	Ler/ditar 1 (54%)
3. Ensino-aprendizagem	Descobrir 5 (41)	Instruir 1 (40%)
4. Tarefas de aula	Dirigidas 5 (42%)	Livres 1 (34%)
		Obrigatórias 1 (34%)
5. Clima de aula	Comunicação 5 (44%)	Liberação 1 (69%)
6. Melhorar ensino	Inovar 5 (34%)	Exigir 1 (58%)
		Experimentar 5 (34%)
7. Atenção a	Processos 5 (38%)	Erros 1 (31%)
8. Qualificação	Trabalhos 5 (53%)	Prova 1 (63%)

Um exame atento dos termos de menor pontuação nos leva a avaliar positivamente o instrumento para obter a informação pretendida, ao dispor de um critério de controle da distorção ou das respostas ao acaso. Os sujeitos que apresentam um alta pontuação nesses termos, ou falseiam sua resposta ou adotam posições progressistas críticas ou regressivas, se coincide maior valoração nos itens 5, 11, 21, 31 e menor em 6, 16, 26, 36, ou o contrário. Todos os termos correspondem ao nosso pressuposto inicial, exceto "conscientizar", que obtém maior pontuação que "instruir". O perfil (Figura 6.1) ilustra as pontuações extremas de cada categoria.

Se observarmos aquelas palavras que apresentam maior percentagem de "cincos", depararemo-nos com uma clara ambivalência quanto à tendên-

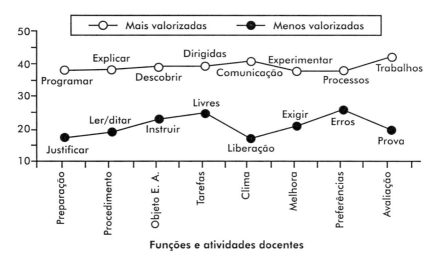

FIGURA 6.1 Termos mais ou menos valorizados por categoria.

cia para a transformação e a renovação ou mudança. É como se existissem duas populações contrapostas ou talvez complementares entre a necessidade de partir da realidade e a aspiração de melhorá-la. Estamos diante do dualismo, confrontação ou *tensão diferencial*, tantas vezes referido. Assim, junto a termos como planejar, explicar ou atividades dirigidas, encontramos a importância atribuída a inovar, descobrir ou importância dos processos. Em seguida, veremos que realmente estamos diante de duas formas de pensamento, a tendência transformadora provindo da formação pedagógica. A pedagogia é algo mais que uma formação instrumental e operativa para se atuar sobre a prática. É, antes de mais nada, um estilo de pensamento para enfrentar situações e problemas. O perfil (Figura 6.2) ilustra os conceitos de maior peso e os de menor consideração. A linha polinominal nos orienta sobre a tendência média.

No que se refere às *variáveis pessoais*, nem a idade ou o sexo parecem ter excessiva incidência no estilo nem na pontuação, como logo veremos. Uma análise de variância nos confirma que não existem diferenças significativas, por razão de idade, nas palavras que nos permitem configurar o estilo tradicional e inovador, por mais que a intuição nos levasse a afirmar que os mais jovens são mais propensos à inovação e os de mais idade, mais tradicionais. Naturalmente, tais resultados não são generalizáveis devido à limitação da amostragem. Existe, isso sim, uma diferença nas pontuações médias, que não chega a ser significativa. Os que estão entre os 19 e os 29 anos têm menor tendência para a tradição, aumentando-a com a idade. No que se refere à tendência inovadora, enquanto a pontuação média dos que se iniciam é de

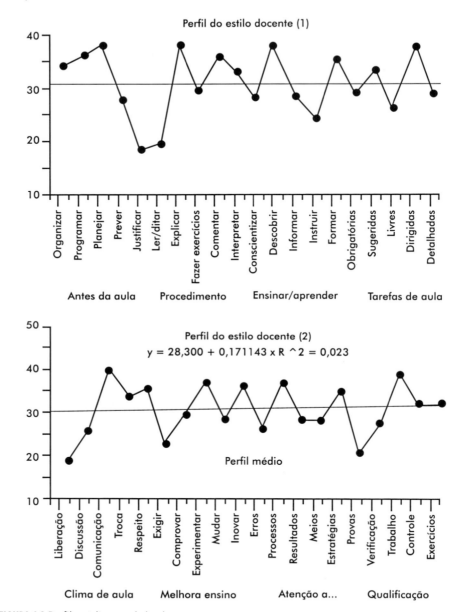

FIGURA 6.2 Perfil médio geral do docente.

3,47 sobre 5, os que têm mais de 50 anos obtêm uma pontuação média de 3,04. É evidente que a idade é um fator para se levar em conta ao se propor reformas e inovações.

Outra observação cabe ser feita quanto ao estilo analítico, de modo que os que obtêm uma maior pontuação são as pessoas com mais de 50 anos. Obtemos diferenças significativas no que se refere ao estilo globalizador, de tal modo que a pontuação mais ampla corresponde aos mais jovens. Isso confirmaria, portanto, a hipótese de que a idade contribui para formar um estilo docente mais analítico. A tendência à permissividade e à transformação crítica está presente na geração jovem e entre 30 e 40 anos, diminuindo em idades posteriores. São as idades mais adequadas para pôr em marcha as inovações. Pelo contrário, há maior tendência à regressão em idades superiores aos 50 anos que entre os jovens. Até certo ponto, é algo natural. Não existe novidade em tais afirmações. A novidade de nossa proposta está em que isso pode ser detectado pela terminologia sugerida mediante a linguagem relativa às tarefas docentes.

Nosso *inventário de palavras* não detecta diferenças devidas ao sexo, exceto em três pontos: fazer exercícios, conscientizar e exercício como meio de controle. Isso quer dizer que a linguagem vale tanto para professores como para professoras, não existindo diferenças no *estilo docente* por razão de sexo. Os perfis são praticamente coincidentes, como pode se ver no gráfico (Figura 6.3). Nota-se, no entanto, uma maior tendência para a inovação nas mulheres que nos homens. Enquanto que os professores tendem a utilizar mais os exercícios como procedimento didático, as professoras o utilizam mais como estratégia avaliativa e de qualificação.

Mas onde encontramos numerosas diferenças, a ponto de ter de falar de perfis diferentes, é ao comparar o inventário entre os que estudam ou estudaram pedagogia e os que não têm estudos pedagógicos. Tal formação universitária parece conformar um estilo de intervenção muito mais progressista e aberto, globalizador e inovador. Dos 40 itens ou conceitos, encontramos diferença em quase 22 deles. A superposição de ambos os perfis é a melhor ilustração que podemos dar (Figura 6.4).

De que maneira as *variáveis profissionais* afetam o estilo docente? Não podemos confirmar uma relação estreita entre anos de experiência e predomínio de um determinado estilo docente. No entanto, dada a relação entre idade e anos de experiência, apreciam-se as mesmas tendências em relação ao estilo analítico e se confirma tal diferença no estilo globalizador e inovador. Com a experiência, os professores se tornam mais analíticos, sendo os de estilo mais globalizador os professores que estão entre um e três anos no ensino. O mesmo cabe dizer do estilo inovador, que alcança uma média de 3,51 entre os que se iniciam e decresce para 3,11 entre os que têm mais de 30 anos, aumentando nestes a dispersão. O desejo de inovação decresce no período de estabilização (de 4 a 19 anos de experiência), aumentando de 20 a 29 devido talvez à necessidade de sair da rotina. A análise desses motivos requer um novo estudo. Aqui, apenas constatamos o fato. Essa alternância com respeito à inovação foi comparada anteriormente por Huberman (1989) em *La vie enseignants*. Os professores novos se mostram menos permissivos que os mais

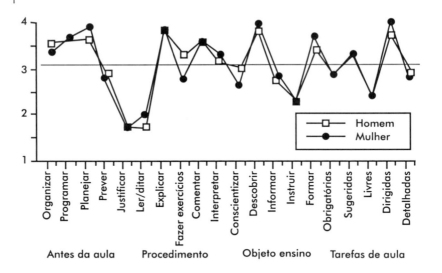

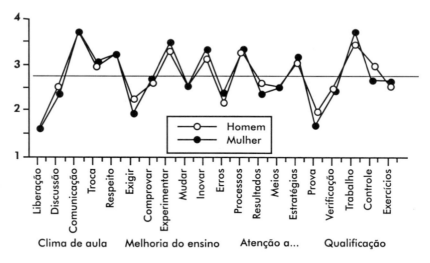

FIGURA 6.3 Comparação de perfil de estilo docente por sexo.

experimentados e, ao mesmo tempo, menos regressivos; neste último caso, de forma significativa em relação aos que contam com mais de 30 anos de experiência.

No que se refere às titulações, o fato de ser professor, licenciado, ou licenciado e professor não introduz diferenças significativas em relação ao es-

Aprender com os erros | 183

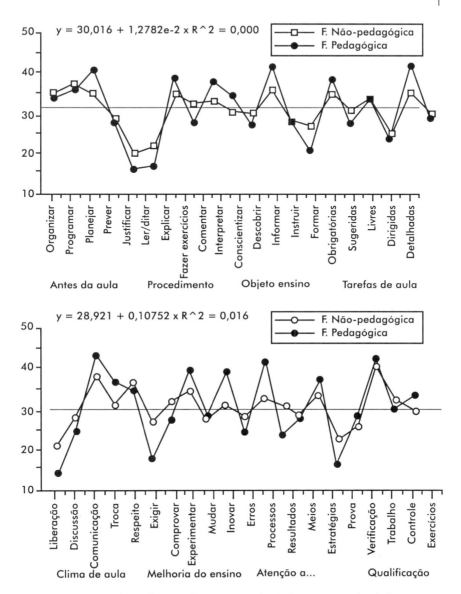

FIGURA 6.4 Comparação de perfis entre formação pedagógica e não-pedagógica.

tilo docente. Contudo na amostra estudada, vemos que os professores realizam os conceitos de globalização e informação, enquanto os licenciados pontuam mais nos analíticos. Entre os que são ao mesmo tempo professores e licenciados nos deparamos com a pontuação mais alta em liberalidade e tendência regressiva. Uma incongruência? Não é a primeira vez que encontramos estes pólos unidos. A escassa amostra desse grupo não nos autoriza a tirar conclusões. Talvez a explicação mais racional esteja na heterogeneidade do grupo.

O fato de lecionar todas as matérias nas séries iniciais do ensino fundamental, lecionar matérias de ciências, letras ou outras não guarda relação com o estilo analítico ou globalizador, mas introduz diferenças no inovador e mais ainda na tendência à liberalidade e à regressividade. No primeiro caso, a maior diferença não está entre professores de ciências e letras, mas entre os que lecionam letras e matérias diversas. Estes últimos estão mais abertos à mudança. Essa diferença se confirma acentuando-se na tendência à regressividade. Dado o escasso número de sujeitos que desempenharam cargos de direção ou chefias não nos atrevemos a tirar conclusões. De qualquer forma, feita a análise, nada nos permite afirmar que existam relações entre o estilo docente e os postos desempenhados.

Existe alguma relação entre as *variáveis contextuais* e o estilo docente? Encontramos algumas tendências docentes relacionadas com o lugar de trabalho? Faço referência a três parâmetros: o nível de ensino em que se trabalha, a localidade ou a cidade em que se fizeram as amostragens e a escola específica. Embora apresentem maior pontuação em estilo inovador e globalizador os que trabalham da 1ª à 5ª séries do ensino fundamental do que os que o fazem em outros níveis escolares, tal diferença pode se dever ao puro acaso ou ao fato de ser o grupo mais numeroso. De qualquer modo, é um resultado coerente com as expectativas. Menos razoável nos parece que o grupo mais liberal e ao mesmo tempo mais regressivo venha dado pelos 69 professores das séries finais do ensino fundamental.

As diferenças em estilo docente por razão do sexo são irrelevantes, como podemos apreciar no perfil.

No que se refere às localidades onde foram feitas as amostras (Barcelona, Madri, Valladolid, Santiago, Alicante, Sevilha) nos deparamos com resultados que não são fáceis de interpretar, se não for conhecendo o grupo específico de professores e o modo como este respondeu. Embora não tenhamos encontrado diferenças em relação ao estilo docente tradicional, encontramos em relação ao analítico e inovador. A pontuação mais alta em estilo analítico vem dos professores de Santiago, enquanto que a mais baixa encontramos em Madri, Barcelona e Valladolid, nesta ordem. A pontuação mais alta no que se refere à tendência inovadora está em Barcelona, explicável, se levarmos em conta que é dali o grupo que faz pedagogia, com professores mais abertos à mudança. A pontuação mais alta no que se refere à atitude liberal e permissiva encontramos no grupo de Madri e a mais baixa, na localidade que conta com mais professores das séries finais do ensino fundamental e do ensino médio.

As diferenças entre as nove escolas são explicáveis devido à sua heterogeneidade, os níveis escolares que representam e a influência mútua entre os professores da própria escola. A diferença mais relevante, contudo, se refere ao estilo inovador em que se destaca a Faculdade de Pedagogia.

Em resumo, o inventário de palavras é um instrumento pertinente para nosso propósito, refletindo os pensamentos implícitos e um estilo analítico ou globalizador, tradicional ou inovador que alimentam e guiam o comportamento docente. Como diz Bruner, significado e ação se implicam. Entendo o **estilo docente** como a tendência predominante do professor no modo de se adiantar à ação formativa, à consideração sobre o objeto de ensino-aprendizagem, ao procedimento metódico utilizado, à consideração das tarefas e ao clima de sala de aula, à disposição para a mudança, ao foco de atenção e, no fim, à avaliação. Todo o conjunto de tarefas conforma o núcleo do pensamento e da ação docente que transparece por meio de uma tendência para o analítico ou o global, a reprodução ou a transformação. Esses quatro vetores citados orientariam sua atividade, conforme ilustra a Figura 6.5.

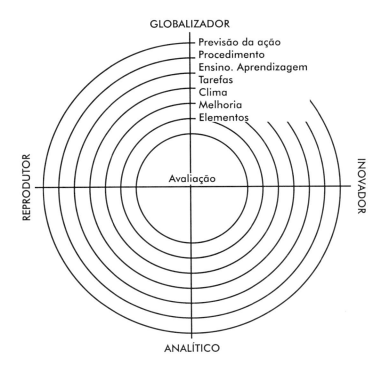

FIGURA 6.5 Estilos docentes e seus parâmetros.

Entre as diferentes variáveis – pessoais, profissionais e contextuais –, as que mais incidem na definição de um ou outro perfil são as relacionadas com a formação, em nosso caso pedagógica. A idade e o sexo apenas têm incidência. Outro tanto podemos dizer das variáveis profissionais como a experiência, as titulações, as matérias lecionadas e os cargos exercidos, e das variáveis contextuais como o nível de ensino, a localidade e a escola. De qualquer modo, as tendências inovadoras, globalizadoras ou analíticas parecem estar mais associadas a condições como a idade, os anos de experiência, o nível do ensino, etc.

O estilo avaliador e a consideração do erro

O modo de avaliar faz parte do estilo docente. Cada professor apresenta uma maneira de avaliar mais ou menos orientadora para o aluno. Enquanto alguns professores gostam de incorporar pontuações parciais, localizações, correções e até comentários, outros somente dão a qualificação final.

Nossa hipótese é que, junto da heterogeneidade de critérios e da diversidade de qualificações, existem certas condições de índole pessoal, profissional, contextual e cognitiva associadas ao modo ou ao estilo de avaliar. Inclusive em matemática, em que a correção ou incorreção parece ser algo objetivo para todos, um exercício pode ser qualificado com a pontuação mais baixa ou mais alta, dependendo da interpretação e do rigor com que se avaliem os erros. Pesa mais na qualificação o estilo avaliador do docente que a flexibilidade ou o rigor com que se tratem os erros. Porque a consideração dos erros é o critério subjacente que nos leva a uma ou a outra qualificação. Em suma, **a avaliação é um ato simbólico, interpretativo, guiado pela significação que se atribui aos acertos ou aos erros**. Somente será um ato mecânico em caso de correção de uma prova objetiva com planilha. O confronto entre *rigor analítico e tolerância globalizadora*, entre atitude de *escola, qualificação e correção formativa*, coloca o estilo docente geral no estilo avaliador. Isso é o que se perceberá pela análise das provas.

Os pontos que serão levados em consideração no exercício corrigido pelos professores, simulação de uma prova de matemática e ciências sociais, são os seguintes: a) *código numérico* ou verbal utilizado no exercício de matemática e ciências sociais, que representa uma clara simbolização do estilo analítico, globalizador ou misto; b) *rigor* na interpretação das falhas, postas de manifesto na qualificação atribuída, utilizando um ou outro código, em matemática e ciências sociais; c) *atitude* avaliadora demonstrada na carência de anotações até o comentário formativo e orientador.

a) Uma primeira aproximação descritiva indica que 65% dos professores preferem utilizar *o código* numérico em matemática, enquanto em ciências sociais esse total decresce para 52%. A pontuação verbal em matemática é utilizada por 26%, enquanto, pelo contrário, esta aumenta até 44% em ciências sociais. Não chegam a 10% os que usam ambos os códigos em matemática e a 4% em ciências sociais. De qualquer forma, é evidente a preferência pela nota numérica sobre a verbal, a qualificadora sobre a orientadora, a analítica sobre a global. É preciso que os professores tenham consciência desses dados e de seu significado. Mas o fato de preferir um ou outro código tem a ver com o predomínio de algum dos estilos docentes?

Os resultados encontrados por nós permitem afirmar uma relação direta e global entre código e estilo, tal como é definido pela lista de palavras. No entanto, uma análise detalhada dos termos mais pontuados pelos que utilizam um ou outro código de qualificação aponta certa tendência latente para uma concepção mais tradicional ou mais qualitativa. Assim, por exemplo, no exercício de matemática, os que o qualificam numericamente têm uma pontuação mais elevada em termos como: organizar, ler/ditar (significativo 5%), instruir (5%), obrigatórias, discussão (4%), exigir, erros (3%), resultados, *prova* (significativo 1%). Pelo contrário, os que utilizam o código verbal destacam termos como: prever, comentar (significativo 5%), descobrir, comunicação, troca, inovar, processos, meios, trabalho, exercícios (5%). Não fica evidente uma linguagem diferente em um caso e no outro?

Essa tendência é confirmada ao se aplicar tal critério ao exercício das ciências sociais. Os que utilizam a qualificação numérica destacam termos como: planejar, ler/ditar (5%), instruir, discussão, exigir, comprovar, erros, prova, regressivo. Pelo contrário, os que utilizam o código verbal destacam os termos: programar, fazer exercícios, comentar, descobrir (significativo 3%), comunicação (5%), troca, mudar, inovar. Embora alguns desses termos não alcancem um nível significativo, em seu conjunto contribuem para nos dar uma determinada imagem.

Mas há algo mais. Embora não encontremos grandes diferenças no estilo, é sintomático que os que utilizam pontuação numérica em matemática obtêm uma média significativamente mais alta no fator de regressividade.

b) As *qualificações* obtidas tanto em matemática como nas ciências sociais são extremamente heterogêneas. As próximas tabelas ilustram o que dizemos (referem-se ao mesmo exercício corrigido por 242 professores). As pontuações vão desde zero a 9,5; são qualificadas sempre sobre 10.

Uma comparação global entre o exercício de matemática (ciências) e ciências sociais (letras) mostra o maior rigor com que se pontuou o exercício das ciências sociais, já que cerca de 60% o avalia como insuficiente ou suficiente, enquanto no de matemática 60% se situam entre bom e muito bom. Tampouco se levou em conta que o exercício das ciências sociais foi respondido por um sujeito de 4ª série do ensino fundamental. Uma possível explicação da diferença pode se dever ao fato de que quanto melhor se conhece o conteúdo, maior é o nível de exigência. Mas isso deve ser comparado com outras análises. Em ciências sociais, possivelmente foram levados em conta os erros de omissão, enquanto em matemática, os erros de compreensão e execução.

TABELA 6.2
Percentual de utilização de códigos numérico e verbal

	Código verbal		Código numérico	
	Mat. %	C. sociais %	Mat. %	C. sociais %
Insuficiente	11	25	13	37
Suficiente	18	32	19	25
Bom	42	35	24	22
Muito bom	26	4	36	13
Excelente	3	3	8	2

Observando as diferenças entre a utilização de um ou outro código (numérico ou verbal), vemos que no exercício de matemática se invertem os valores entre bom e muito bom: enquanto a avaliação é "bom" no código verbal (42%), no numérico é entre 7-8 (36%). Por mais que nos pareça estranho, qualificam mais baixo os que utilizam o código verbal. Inclusive existem mais "excelentes" na qualificação numérica (8%) que na verbal (3%).

A tendência se inverte na área das ciências sociais. Nela, vemos que os que utilizam o código numérico se concentram no insuficiente para ir decrescendo a percentagem no resto das qualificações: 37, 25, 22, 13 e 2%. A distribuição percentual dos que utilizam o código verbal tem a média na qualificação de "bem" (35%) para diminuir até insuficiente e excelente, embora 50% se concentrem entre o suficiente e o insuficiente. A dispersão é menor.

A avaliação dos acertos e dos erros é considerada de forma diferente pelos docentes, influindo nisso uma série de condições de tipo pessoal, profissional, contextual e cognitivo. Que fatores estão associados na interpretação mais ou menos exigente com os erros e os equívocos? Isto é o que analisarei a seguir.

Entre as *variáveis pessoais,* nem a idade nem o sexo dos docentes parecem influir decisivamente na qualificação global, se bem que é verdade que se aprecia uma ligeira tendência a aumentar, com a idade, a qualificação em matemática, contrariamente o que acontece nas ciências sociais, se excetuarmos o grupo com mais de 50 anos, que se situa em uma posição intermediária. Nas ciências sociais, por exemplo, a média dos mais jovens é de 5,16 e a do grupo de 40 a 50 anos é de 4,36. Não encontramos diferenças devidas ao sexo em nenhuma das qualificações gerais nem nas pontuações parciais. No que se refere à formação pedagógica ou não-pedagógica dos professores, não se constatam diferenças em relação à qualificação global de matemática, mas sim nas ciências sociais. A média mais elevada no grupo dos pedagogos pode ser interpretada como uma maior compreensão dos erros no aluno de 10 anos. Os pedagogos adotam uma postura menos exigente.

Os *anos de experiência* tampouco introduzem variações em relação à consideração dos erros, de tal modo que não encontramos diferenças significativas entre os grupos de uma ou outra idade. Em qualquer caso, poderíamos comentar que, com a experiência, do mesmo modo que com a idade, percebe-se uma tendência a pontuar mais alto em matemática e mais baixo nas ciências sociais (sempre nos referindo ao exercício específico que foi dado para qualificar, sem que seja prudente extrapolá-lo para outras situações). A pergunta considerada mais equivocada é a número 2 e a mais correta, a número 1. Na verdade, o erro da pergunta número 2 consiste em uma confusão de execução mais que de conceito. Onde se oculta um verdadeiro erro de conceito é na pergunta número 5 e 5a, que foi interpretado por muitos como um erro banal. Como vemos, a qualificação sempre vem precedida de uma interpretação pessoal dos erros.

No que se refere às *titulações*, os que são licenciados tendem a ser mais exigentes e pontuam mais baixo que os professores, tanto em matemática como nas ciências sociais, se bem que não é uma tônica que possa ser generalizada. Os que lecionam preferencialmente ciências avaliaram mais alto que os outros grupos (professores das séries iniciais e de letras) o exercício de matemática e o das ciências sociais, mostrando-se com isso que a freqüente atribuição de maior exigência não se confirma em nosso caso. Realmente, em matemática a nota mais baixa entre eles é de 5 sobre 10.

Entendo que as variáveis *contextuais*, mais que influência direta no pensamento do professor, influem criando um clima ou troca que nos leva a falar de núcleos ou localidades diferentes. Embora tenhamos encontrado certas diferenças entre os professores que trabalham nos ensinos fundamental e médio, não se confirma uma clara relação entre níveis de ensino e qualificação. As diferenças se acentuam de uma localidade para outra, mas, sem uma ampla amostra, não é aconselhável realizar inferências. Não se percebe relação entre notas e tipo de anotações, mas sim entre o código numérico ou verbal utilizado e as anotações, tanto em matemática como nas ciências sociais. Fazem mais comentários os que qualificam verbalmente e os que têm uma formação pedagógica.

Em suma, a heterogeneidade das qualificações é um fato constatado, mas não explicado no momento. Toda decisão qualificadora vem precedida de uma interpretação de resultados e, mais especificamente, do peso atribuído aos erros ou equívocos. Mesmo que não possamos dizer que se trata de um ato totalmente subjetivo, depende em boa medida de considerações pessoais.

A tabela seguinte, em que se recolhem diversas análises de variação, mostra que a *qualificação* em matemática e ciências sociais mantém escassas relações com as variáveis estudadas.

TABELA 6.3
Comparação de médias em qualificação de matemática e em exercícios das ciências sociais

Comparação de médias em qualificação de matemática		
Variáveis	Valor F	Nível de significação
– Por razão de sexo	0,11	Não significativo
– Formação pedagógica	0,17	Não significativo
– Código em ciências sociais	0,36	Não significativo
– Código em matemática	3,79	Significativo 1%
– Interação código mat./ciências sociais	3,49	Significativo 1%
– Nota verbal em matemática	9,52	Significativo 1%
– Nota verbal em ciências sociais	5,09	Não significativo
– Interação nota verbal mat./ciências sociais	4,71	Não significativo
– Anotações em matemática	0,30	Não significativo
– Anotações em ciências sociais	0,12	Não significativo
– Interação anotações mat./ciências sociais	1,67	Não significativo

Comparação de médias em exercícios das ciências sociais		
– Código em matemática	0,43	Não significativo
– Código em ciências sociais	2,94	Significativo 5%
– Interação códigos mat./ciências sociais	1,28	Não significativo
– Nota verbal matemática	1,40	Não significativo
– Nota verbal ciências sociais	1,09	Não significativo
– Interação nota verbal mat./ciências sociais	9,81	Não significativo
– Anotações em matemática	1,43	Não significativo
– Anotações nas ciências sociais	1,35	Não significativo
– Interação anotações mat./ciências sociais	1,82	Significativo 6%

c) *As anotações* são o terceiro critério levado em conta para definir o estilo avaliador e principalmente para determinar a atitude meramente qualificadora ou formativa de dito processo. Enquanto a mera qualificação ou a simples localização do erro nos faz pensar em uma consideração punitiva ou regressiva em relação ao erro, a correção e principalmente o comentário esclarecedor refletem uma atitude de apoio construtivo. No primeiro caso, o erro se torna implicitamente critério sancionador e regressivo de avaliação, enquanto o comentário ou a correção proporciona ao aluno um indicador importante que transforma a avaliação em um processo formativo. Desse modo, a avaliação serve não apenas para qualificar como também para aprender. De um ato informativo a avaliação passa a ser um processo formativo. As anotações refletem, na minha opinião, *a ponta do iceberg da atuação docente*. Não conformam o estilo profissional, mas nos dão seu perfil, deixando entrever parte dela. A distribuição processual em relação às anotações na amostra estudada é a seguinte:

TABELA 6.4
Distribuição processual em relação às anotações dos professores

Anotações	Matemática	Ciências sociais
– Nenhuma anotação	25%	49%
– Pontuação parcial	17%	0%
– Localiza erro	23%	16%
– Corrige o erro	6%	27%
– Pont. parcial e corrige	7%	0%
– Comenta	22%	7%

Esses dados nos proporcionam várias observações e vários comentários. Tanto em matemática como nas ciências sociais predominam as situações de avaliação qualificadora, nas quais somente aparece a nota. Embora seja verdade que isso não deve ser interpretado como reflexo direto do que acontece nas aulas, informa-nos de uma atitude implícita tendente a reduzir os controles habituais a um ato pelo qual se extrai certa informação para poder qualificar o aluno. Quer dizer que, se as avaliações não fossem prescrições para informar a família, muitos professores deixariam de fazê-las. Realmente, o espírito formativo com que surgiram está muito longe de ser realidade. Poucas vezes cumprem a função de verdadeira orientação do processo, recebendo o mesmo tratamento os controles bimensais e a qualificação de fim de ano.

Em matemática alcançam uma percentagem semelhante os que se limitam a localizar o lugar do erro (23%) e os que realizam algum comentário (22%), enquanto que estes se reduzem a 7% no exercício de ciências sociais, apesar de obter uma média geral mais baixa. Em troca, há mais professores que fazem correções nas ciências sociais (27%) que em matemática (6%), embora se limitem, isso sim, a erros de tipo ortográfico e lexical. Enquanto muitos professores utilizam pontuações parciais no exercício de matemática, nenhum o faz nas ciências sociais, tratando a pergunta como um todo. Isso pode refletir certos hábitos já consolidados. A pontuação é dividida pelo número de perguntas que formam a prova, utilizando divisões de 10. Os três tipos de anotações principais são, portanto, localização, correção e comentário.

Vejamos de que maneira incidem as *variáveis pessoais*, profissionais e contextuais nas *anotações*. No que se refere às primeiras, a idade introduz variações significativas. Enquanto os professores novos são os que insistem mais em localizar o erro, pelo menos em matemática, os de 25 a 39 anos se estendem em comentários, e os que menos anotações realizam se encontram entre os 40 e os 50 anos. O sexo também é um fator a se levar em conta quando se trata de avaliar a atitude diante do erro e do aspecto formativo da avaliação. Enquanto o homem é mais dado a pontuações parciais (27% diante de 13% entre as mulheres), destacando um e outro na localização, são as mulheres que mais comentários fazem (12% de professores *versus* 27% de professoras). Mas onde fica mais patente uma diferença significativa em mais de 1% é entre os que têm formação pedagógica e os que não a têm. Assim, enquanto 42% dos professores comuns não realizam anotação alguma, isto ocorre somente em 13% dos que têm formação pedagógica. Em troca, a percentagem de pessoas que realizam comentários é maior entre estes últimos.

Dentre as variáveis qualificadas como profissionais, somente a que considera os anos de experiência se mostra significativa em relação às anotações. As titulações, as matérias lecionadas e os postos desempenhados não parecem ter excessiva influência. Enquanto os que têm de 1 a 9 anos de aula se destacam pela localização e pelos comentários, os que têm de 10 a 29 anos de ensino se limitam a qualificar o exercício. Não deixa de chamar nossa atenção que 38% dos professores que lecionam ciências realizam comentários no exercício de matemática, enquanto somente alcança 17% os que dão aulas de gramática. Essas percentagens decrescem a 7% no exercício das ciências sociais.

Encontram-se diferenças por localidades e principalmente por escolas no que se refere ao exercício de matemática, facilmente explicáveis por razões externas aos professores ou à troca de opiniões. Assim, enquanto em Barcelona os professores destacam a localização e o comentário sobre as outras perguntas, nas demais cidades predomina a qualificação sem nenhuma anotação. Pode muito bem depender do modo de apresentar o questionário.

Qual é o conteúdo das anotações e dos comentários? Enquanto em matemática se fazem freqüentes chamadas à observação, no exercício das ciências sociais a maior parte das anotações se centra na correção ortográfica, nos acentos e na confusão léxica de "lava" por "cratera". Não se fala de conceitos mais ou menos assumidos, das omissões nem da estrutura. Enquanto o exercício mereceu uma alta pontuação no contexto real do qual foi extraído, a baixa qualificação alcançada na amostra se deve basicamente a erros ortográficos e de acentuação, não se avaliando a linguagem própria em que o aluno se expressou. Pontua-se mais um conteúdo bem-memorizado que uma descrição pessoal. Como justificar que sejam mais penalizados os erros orográficos que os conceituais na 4ª série? Estes são alguns dos comentários realizados por vários professores:

- O nível de conhecimento do aluno é muito intuitivo, mas utiliza algum termo específico como "cratera" e "lava".
- Não tem claro o tema. Fazer um trabalho sobre os vulcões.
- Muitos erros ortográficos. Compreensão de termos.
- Não me sinto capaz de dar uma nota sem saber o que ensinei, como ensinei e o que quero avaliar.
- Muito bom, mas o que surge deste fogo?
- Muito bom. Vejo que você entendeu o tema (vulcões).

Muito orientadores são os comentários realizados no exercício de matemática. Vejamos alguns deles.

a) *Referentes ao conjunto:*
   – Daria um 8, mas seria excessivo pelos descuidos.
   – Tenha cuidado com as falhas. Tenha mais atenção.
   – Prestar mais atenção à ordem e à expressão. [Qualifica de insuficiente.]
b) *Referentes à primeira questão:*
   – Você inverteu a ordem da resposta.
   – Deve especificar quais representam números inteiros e quais decimais.
   – Procure responder com ordem para que se entenda.
   – Penso que você entendeu bem, mas quais são os decimais e os inteiros? Consulte-me. [Comentário digno de um professor preparado.]
c) *Referentes à segunda questão:*
   – [Muitos professores substituem "número de cima" por "numerador".]
   – Mal-expresso e mau exemplo.
   – O exemplo se contradiz com a definição.
   – O exemplo é incorreto, volte a ler o que escreveu.
   – Demasiado simples. Você tem de se acostumar a chamar cada coisa por seu nome.
   – Você estudou, mas não compreendeu.
   – A explicação não tem correspondência com o exemplo.
d) *Referente à terceira questão:*
   – A simplificação não é correta.
   – É preciso simplificar mais.
   – Quase bom. [Avalia o processo e corrige 10/4 por 14/4.]
   – Procure usar o Mínimo Múltiplo Comum.
   – Revise o exercício e pense na parte final.
   – Você se enganou ao simplificar 39/3, dá 13 não 10.
e) *Referentes à quarta questão:*
   – Há duas frações equivalentes que dariam o mesmo resultado.
   – Onde estão as operações ou a representação gráfica que demonstram que está certo?
   – Por que é essa a ordem? Como você compara 8/8 e 5/5?
   – Não fez as operações intermediárias. Há um erro que assinalo. Não simplificou nem seguiu o método de reduzir.
   – Está bom, mas há um aspecto que comentaremos em aula.
   – Qual foi o procedimento para chegar ao resultado?
f) *Referentes à quinta questão:*
   – Também pode ser 6/4 – 3,2/2,2 = 6/4.
   – Você também podia ter utilizado o 4 como Mínimo Múltiplo Comum.

- Não assimila os números inteiros nem a subtração como caso especial da soma. [Qualifica todo o exercício de insuficiente.]
- Depende se já trabalhou com números inteiros ou só com naturais. Pelos exercícios anteriores dá para supor que já estudaram.
- Estão boas as respostas (5b), mas a forma de resolver não está muito trabalhada.

A atribuição dos erros

A quem os professores atribuem os erros de aprendizagem?

Parece-me de extremo interesse transcrever certos comentários escritos por alguns professores, porque por meio deles se evidencia a direção (positiva ou negativa), as significações, as atribuições, os focos de atenção, etc. Não é nosso propósito analisar aqui tais redações da perspectiva dos dilemas, como o faz Zabalza em relação aos diários dos professores, mas sim levar em consideração seu pensamento sobre os erros. Eles têm suas teorias implícitas sobre os erros. Chegamos a elas mediante a solicitação de: *Uma redação sobre os erros ou equívocos na aprendizagem. Trata-se de que você expresse sua opinião sobre este tema tão livremente como quiser.*

A seguir, são recolhidas algumas delas textualmente, que acompanho de um rápido comentário.

> Entre os erros é necessário distinguir os de conceito e os acidentais. Se estes últimos são repetitivos é preciso tratar de investigar suas causas, pois podem tornar-se crônicos. Os erros de conceito são fáceis de detectar e sua correção, relativamente simples, procedendo a uma reaprendizagem. Os acidentais podem ocorrer devido à falta de atenção e são mais difíceis de erradicar a curto prazo, já que podem estar relacionados com uma falta de maturidade (professor de matemática).

Comentário: Deparamo-nos com uma das poucas redações que aborda o tema dos diferentes tipos de erros como aspecto a ser levado em conta para sua eliminação. Revela-se uma consideração de evitar o erro, que é focalizado nos alunos.

> Em minha opinião, as falhas na aprendizagem são por falta de compreensão em aula, seja por parte do professor, que não sabe se fazer entender, ou por parte do aluno, que não presta a devida atenção. Penso que um tema mal-entendido em aula é, depois, quase impossível de destrinchar, quando o aluno se encontra sozinho em casa. Como conseqüência disso, o aluno opta por memorizar aquilo que não compreendeu. Com isso, embora depois exponha parte dos conhecimentos corretamente, não sabe exemplificar adequadamente. A acumulação de conhecimentos mal-aprendidos ao longo dos anos faz com que a criança chegue ao ciclo superior com erros de base impressionantes e, por isso, deveria se pensar se é correto ou não o método utilizado nos primeiros anos de ensino (professora das séries iniciais).

Comentário: A falta de compreensão é a mãe de todos os erros. Esta seria a teoria subjacente no texto anterior, encontrando para eles uma dupla atribuição: aluno e professor. No primeiro caso, o motivo é a falta de atenção, no segundo, a deficiência metodológica. Sua reflexão didática aponta para a revisão metódica nas séries iniciais. Trata-se, portanto, de um professor das séries finais do ensino fundamental, com atribuição extrínseca. Novamente estamos diante de um enfoque de evitar do erro. Isso é coerente, em sua explicação, com a complementação de frases como "opino que os erros... *são reparáveis;* os erros dos alunos nos indicam... *falta de interesse;* os erros nos exames... *falta de estudo*". Os erros são atribuídos aos alunos.

> Erro fundamental: a criança não sabe estudar; e o que é pior, não é ensinada a estudar e, portanto, a aprender. Todo o esforço de professores, livros, métodos, etc., é em vão se não se torna fácil para o aluno a aprendizagem da matéria, seja esta qual for [...] O erro do ensino antigo era o excesso de memória para tudo, inclusive sem se compreender nada. Hoje (lá se vão quase 20 anos) estamos caindo no erro contrário, tal como desprezar a aprendizagem com base no esforço pessoal do aluno para aprender utilizando a memória. Devíamos nos orientar para a utilização da memória como ferramenta fundamental da palavra, mas não como um fim, e sim como um meio para nos enriquecer cada vez mais com as coisas aprendidas [...] A aprendizagem passa forçosamente pelo estudo individual do aluno e a utilização da memória para reter o aprendido (professor de ciências sociais).

Comentário: Aqui, a teoria subjacente adota um novo enfoque: o erro não está na falta de compreensão, mas na desorientação metodológica. Os erros no ensino passam a ser erros de enfoque pedagógico. É preciso ensinar a aprender sem deixar de lado a memória. Até certo ponto se conecta com as teorias cognitivas, mas somente em parte, porque não entra nos processos, fica apenas nos conteúdos. Insiste na necessidade do esforço e do estudo pessoal, pensamento que encontramos em muitos professores. Destaca a atribuição extrínseca e o sistema ou a concepção pedagógica como elemento ressaltado.

> O principal erro é que o mundo não sabe ler, nem, portanto, estudar. Muitos alunos passam horas e horas e não se concentram. Estão perdendo tempo. Faltam estímulos e motivações. Os livros-texto são muitas vezes autênticas chatices, sem sentido para o aluno. Fazem com que aprenda coisas que não lhe servem de nada (professor de ciências sociais e língua estrangeira).

Comentário: O texto apresenta dois focos de atenção e atribuição do erro: o aluno e o sistema. Os erros dos alunos nos indicam que o sistema falha por falta de estímulo. Não vê em si mesmo nenhum motivo de mudança. Não se refere a erros concretos de aprendizagem, mas a uma reflexão muito mais ampla. Dentro dela, no entanto, aponta para um fato específico como origem de muitos problemas de aprendizagem: a falta de compreensão na leitura.

Se ensinassem os alunos a ler e compreender o que lêem, solucionariam-se muitos problemas, pensa.

> Em minha opinião, os erros e equívocos na aprendizagem partem de várias causas. O desinteresse do aluno pelas matérias origina a falta de estudo. Os problemas de lacunas em conhecimentos anteriores provocam a impossibilidade de entender com clareza os conceitos posteriores. Processo defeituoso no momento de realizar a aprendizagem. Memoriza-se, mas não se raciocina nada (professora de ciências).

Comentário: Apontam-se três motivos de erro (todos eles centrados nos alunos) que, curiosamente, cobrem as três dimensões a que nos referimos outras vezes: a atitudinal (desinteresse pelas matérias), cognoscitiva (lacunas em conhecimentos) e habilidades cognitivas (processo de aprendizagem). Dentro da simplicidade com que tudo foi expresso, não deixa de nos sugerir essa tríplice via, se bem que, é verdade, deixa de lado o papel do professor, o do sistema educacional e o da concepção educativa.

> Os erros na aprendizagem nos mostram que não se realizou adequadamente o processo de ensino-aprendizagem, que falhou a comunicação entre professor-aluno. Nesses processos influem numerosas variáveis. Se estas forem analisadas, pode-se chegar a descobrir os motivos em alguns casos e, em conseqüência, contribuir para resolver os erros posteriores e para aprender com mais segurança. Portanto, os erros ou equívocos podem ser, muitas vezes, uma fonte de aprendizagem significativa. Assim, pois, os erros devem servir para aprender, analisar, refletir, tanto para os alunos como para os professores (anônimo).

Comentário: Não se podem expressar com mais simplicidade e realismo as idéias que quisemos transmitir ao longo do trabalho. Uma reflexão que, levada à prática, suporia uma auto-aprendizagem constante por parte de professores e alunos. Um enfoque claramente construtivo do erro e uma atribuição compartilhada entre professor e aluno. Enquanto o professor não levar em consideração que tem certa responsabilidade nos erros do aluno, dificilmente mudará seu comportamento metodológico e interativo. Porque ensino e aprendizagem são processos de transação entre professor e aluno ou alunos entre si.

Resumindo as idéias mais relevantes, diria que no pensamento atual dos professores predomina uma consideração evitativa dos erros, o predomínio da atribuição extrínseca sobre a intrínseca, uma maior incidência nos componentes atitudinais (falta de atenção, interesse, esforço) e cognoscitivos (falta de conhecimento e compreensão) do aluno que nas estratégias cognitivas. São poucos os professores que se referem à vertente construtiva, à utilização didática dos erros. E, no entanto, essa é uma via adequada para ensinar procedimentos. As referências aos erros do sistema, da concepção pedagógica e das aprendizagens em níveis inferiores são freqüentes.

CENTRADAS NOS ALUNOS

Se buscamos estratégias de inovação centradas na aula temos de levar em consideração a voz e o pensamento do aluno. Temos de recolher suas opiniões, seus pensamentos implícitos, seu estilo de aprender, sua forma de avaliar um exercício. Isso nos proporcionará a oportunidade de comparar as semelhanças e diferenças com as dos professores. Nesse sentido, elaborou-se um questionário, *Seu estilo de aprender (SEA)*, em que se recolhem, em forma de escala, as principais atividades como discente: percepção e retenção, acompanhamento de explicações, realização de tarefas, preparação de provas e controles, 25 itens em cinco categorias. Pediu-se aos alunos que corrigissem e qualificassem o mesmo exercício que os professores. Desse modo, temos uma primeira aproximação factual de tratamento dos erros e sua possível relação com o estilo de aprender. A outra fonte de informação provém da redação sobre os erros.

Estilo de aprender

Mediante o questionário *Seu estilo de aprender (SEA)*, pretende-se recolher informação sobre a tendência do sujeito para o concreto e formal ou para o imaginativo, o analítico ou para o global, para as diferenças ou semelhanças, para atitude reflexiva ou impulsiva, para os exercícios avaliativos específicos e fechados ou abertos. Tudo isso configura, na minha opinião, um estilo discente presente nas diferentes atividades, desde a coleta de informação e retenção até a avaliação. Uma primeira aproximação descritiva proporcionada pela média e pelo desvio de cada item (próxima tabela) nos indica que, em geral, recorda-se melhor a informação de tipo sensorial, espacial, de idéias gerais que a auditiva, a verbal e a numérica. Não deixam de chamar a atenção tais resultados se vemos a seguir a preferência pelas explicações sobre os fatos concretos, a utilização de esquemas e a relação de conceitos para as idéias gerais ou a explicação fora de roteiro. No tópico de realização de tarefas, ainda predomina mais o lado analítico, tão próprio do ensino que se leciona. As diferenças entre estudar para uma prova e realizá-la não são mensuradas.

Na próxima tabela se recolhem as médias e o nível significativo de algumas tarefas em relação ao sexo. Não encontramos diferenças no estilo docente, mas elas existem no estilo discente. Possivelmente a idade e a formação eliminem algumas das diferenças detectadas no nível escolar. As meninas são mais propensas a exibir condutas que, em nível escolar, são consideradas positivas como aplicação, atenção, análise, e aquelas que se amoldam às exigências do sistema. Não deixa de chamar nossa atenção o fato de que em todas as diferenças significativas que encontramos em nosso questionário, em relação ao sexo, os meninos obtêm uma média mais alta. Isso significa que se destacam as características situadas à direita da escala, enquanto as meninas se inclinam para situadas no lado oposto. Das cinco situações, encontramos diferença em três: prestar atenção, realização de tarefas e estudo ou preparação de provas.

TABELA 6.5
Valores médios e desvio típico de "Seu estilo de aprender"
N = 231

	Média	DT	
Lembra melhor as informações de tipo			
1. Auditivo (o que ouve)	3,59	1,37	Visual ou tátil (o que vê e toca)
2. Verbal ou semântico (as palavras)	3,71	1,29	Espacial ou figurativo (imagens)
3. Numérico	3,31	1,37	Rítmico e de movimento
4. Fatos específicos	3,25	1,44	Idéias gerais
5. Diferenças entre as coisas	2,93	1,22	Semelhanças entre as coisas
Pontuação média de lembrar	3,35	0,66	
Acompanha melhor as explicações do professor se:			
6. Faz um esquema ponto por ponto	2,13	1,33	Explica coisas fora do roteiro
7. Expõe fatos específicos	2,89	1,47	Expõe idéias gerais
8. Aponta as diferenças entre os fatos específicos	2,76	1,16	Aponta as semelhanças entre conceitos
9. Relaciona o tema com coisas já conhecidas	2,34	1,34	Relaciona o tema com idéias novas
10. Faz perguntas específicas sobre o explicado	2,83	1,44	Faz perguntas para pensar
Pontuação média em escutar	2,59	0,65	
Ao realizar as tarefas de sala de aula:			
11. Começa pelas mais urgentes	2,17	1,40	Começa pelo que mais gosta
12. Examina as tarefas antes de começar	2,02	1,26	Começa a fazer direto
13. Prefere tarefas de perguntas curtas e fechadas	2,68	1,60	Prefere tarefas de perguntas livres
14. Procura ser cuidadoso nos trabalhos	1,90	1,17	Procura ser rápido
15. Prefere que o professor diga como quer exatamente os trabalhos	2,90	1,5	Prefere que o professor não estabeleça normas nos trabalhos
Pontuação global média em tarefas	2,34	0,66	

(Continua)

TABELA 6.5
(continuação)

	Média	DT	
Ao estudar para uma prova			
16. Não gosta de misturar temas	1,93	1,13	Gosta de misturar temas
17. Faz resumos do conteúdo	2,85	1,46	Faz esquemas do conteúdo
18. Faz muitos itens com pouca informação	2,95	1,30	Faz poucos itens gerais com muita informação
19. Retém os temas o melhor que pode	3,13	1,38	Interpreta a seu modo a informação
20. Especifica e precisa a informação para não confundi-la com outra	2,90	1,39	Associa-a ou compara-a com outras informações recebidas
Pontuação média em estudar	2,75	0,71	
Nas provas ou nas verificações de controle:			
21. Prefere as de ciências ou matemática	2,78	1,52	Prefere as de língua e sociais
22. Prefere que sejam de respostas curtas	2,88	1,56	Prefere que sejam de resposta livre
23. Pensa as respostas antes de responder	2,04	1,32	Vai pensando conforme escreve
24. Responde as perguntas em ordem	3,60	1,61	Começa pelas que sabe melhor
25. Escreve só aquilo que lembra	2,43	1,37	Inventa algo quando não recorda
Pontuação média em provas	2,74	0,77	
Pontuação global em estilo de aprender	69	9	

TABELA 6.6
Média e diferenças significativas com relação ao sexo:
N = 231

Lembra melhor as informações de tipo			
Menino/Menina/Diferenças Significativas			
1. Auditivo (o que ouve)	3,59	3,66	Não Visual ou tátil (o que vê e toca)
2. Verbal ou semântico (as palavras)	3,86	3,60	Não Espacial ou figurativo (imagens)
3. Numérico	3,11	3,46	Não Rítmico e de movimento
4. Fatos específicos	3,43	3,12	Não Idéias gerais
5. Diferenças entre as coisas	3,15	2,76	Sim Semelhanças entre as coisas
Pontuação média de lembrar	3,40	3,31	Não

(Continua)

TABELA 6.6
(continuação)

Acompanha melhor as explicações do professor se:				
6. Faz um esquema ponto por ponto	2,36	1,95	Sim	Explica coisas fora do roteiro
7. Expõe fatos específicos	3,19	2,67	Sim	Expõe idéias gerais
8. Aponta as diferenças entre os fatos específicos	2,98	2,59	Sim	Aponta as semelhanças entre conceitos
9. Relaciona o tema com coisas já conhecidas	2,24	2,41	Não	Relaciona o tema com idéias novas
10. Faz perguntas específicas sobre o explicado	2,92	2,77	Não	Faz perguntas para pensar
Pontuação média em escutar	2,74	2,48	Sim	

Ao realizar as tarefas de aula:				
11. Começa pelas mais urgentes	2,33	2,05	Não	Começa pelo que mais gosta
12. Examina as tarefas antes de começar	2,14	1,93	Não	Começa a fazer direto
13. Prefere tarefas de perguntas curtas e fechadas	1,57	2,76	Não	Prefere tarefas de perguntas livres
14. Procura ser cuidadoso nos trabalhos para evitar os erros	2,00	1,82	Não	Procura ser rápido nos trabalhos, ainda que cometa falhas
15. Prefere que o professor diga como quer exatamente os trabalhos	3,7	2,7	Sim	Prefere que o professor não estabeleça normas nos trabalhos
Pontuação global média em tarefas	2,45	2,25	Sim	

Ao estudar para uma prova:				
16. Não gosta de misturar temas diferentes	2,10	1,80	Sim	Gosta de misturar temas diferentes
17. Faz resumos do conteúdo estudado	3,00	2,73	Não	Faz esquemas do conteúdo estudado
18. Faz muitos itens com pouca informação	3,06	2,87	Não	Faz poucos itens gerais com muita informação
19. Retém os temas o melhor que pode	3,22	3,07	Não	Interpreta a seu modo a informação
20. Especifica e precisa a informação para não confundi-la com outra	3,04	2,79	Não	Associa-a ou compara-a com outras informações recebidas
Pontuação média em estudar	2,88		*Sim*	

(Continua)

TABELA 6.6
(continuação)

Nas provas ou verificações de controle:				
21. Prefere as de ciências ou matemática	2,62	2,91	Não	Prefere as de língua e c. sociais
22. Prefere que sejam de respostas curtas	2,85	2,91	Não	Prefere que sejam de resposta livre
23. Pensa nas respostas antes de responder	2,09	2,01	Não	Vai pensando conforme escreve
24. Responde as perguntas em ordem	3,64	3,56	Não	Começa pelas que sabe melhor
25. Escreve só aquilo que lembra	2,69	2,22	Sim	Inventa algo quando não lembra
Pontuação média nas provas	2,78	2,71		
Pontuação global em estilo de aprender	71	67		

Os dois conceitos de maior coincidência do questionário, por um lado, correspondem a ser cuidadoso nos trabalhos *para evitar erros* (item 14) e o desagrado pela mistura de temas diferentes ao estudar para uma prova. Mais de 50% se identificam com essa apreciação em alto grau. Evitar o erro é uma idéia que opera implicitamente ao se realizar as tarefas. O questionário permitiu detectar essa rejeição generalizada aos erros. No outro extremo se destacam a melhor retenção da informação espacial ou figurativa (item 2) e a realização das provas de controle, começando pelo que se domina melhor (item 24).

Uma análise da variância das pontuações obtidas em estilo de aprender (7ª e 8ª séries do ensino fundamental e universitários) mostra algumas semelhanças e diferenças, recolhidas na próxima tabela:

TABELA 6.7
Pontuação média por categoria

Categorias	7ª Série	8ª Série	Univers.	Nível Significativo
Lembrar	3,02	3,33	3,47	0,02
Atenção	2,92	2,56	2,55	0,05
Tarefas	2,51	2,30	2,35	Não-significativo
Estudar	2,55	2,68	2,85	Não-significativo
Provas	2,55	2,67	2,91	0,05
Pont. Total	67,52	67,87	70,97	0,06

Os resultados necessitam de novas comparações para se poder confirmar ou rejeitar possíveis hipóteses.

Tampouco a série parece influir na pontuação atribuída no exercício de matemática, mas sim na das ciências sociais, sendo os estudantes universitários os que pontuam mais baixo. Também é mais baixa sua pontuação nos parciais 2 e 5, mas mais alta no parcial 1. O estilo de aprender guarda certa relação com o nível de estudos e o código utilizado na classificação. O grupo de universitários de psicologia e pedagogia obteve uma média significativamente mais alta nos itens 1, 3, 10, 11, 13, 16, 17, 20, 21, 22, mostrando com isso maior inclinação para a independência. Os que utilizam o código verbal se destacam nos itens 18, 19, 22.

Forma de corrigir e qualificar

Para comprovar até que ponto a correção e a qualificação variam de umas pessoas para outras, e de uns grupos para outros, propusemos a um amplo grupo de estudantes de diferentes níveis, cursos e localidades que corrigissem o exercício de matemática e ciências sociais. Os resultados são mostrados nas próximas tabelas, com n = 231. Enquanto 88% utilizam código numérico em matemática, somente 7% utilizam o verbal; em ciências sociais, o numérico é utilizado por 67% e o verbal cresce para 26%. É evidente a tendência a avaliar com código diferente os exercícios de ciências e gramáticas. Lembremos que, entre os professores, embora existisse diferença, ela era menor. Nos estudantes, existe maior tendência a utilizar o código numérico nas classificações.

TABELA 6.8
Utilização dos códigos numérico e verbal em correções de exercícios de matemática e ciências sociais

	Professores	Estudantes
Código verbal em matemática	26%	7%
Código numérico em matemática	65%	88%
Dupla qualificação em matemática	9%	5%
Código verbal em c. sociais	44%	26%
Código numérico em c. sociais	52%	68%
Dupla qualificação em c. sociais	4%	6%

A próxima tabela se refere às qualificações atribuídas pelos alunos segundo o código utilizado tanto em matemática como em ciências sociais. Existem diferenças em relação às percentagens as quais já vimos nas respostas dos professores.

Enquanto em matemática a utilização de um ou outro código não introduz grandes diferenças, elas existem no exercício de ciências sociais, pon-

TABELA 6.9
Qualificações atribuídas pelos alunos segundo o código utilizado

	Exerc. matemática		Exerc. ciências sociais	
	Código verbal	Código numérico	Código verbal	Código numérico
Insuficiente	0%	7%	5%	9%
Suficiente	18%	17%	27%	15%
Bom	32%	28%	53%	28%
Muito Bom	46%	42%	13%	40%
Excelente	4%	6%	1%	8%

tuando mais baixo os que o fazem verbalmente. A dispersão é muito maior em ciências sociais que em matemática, em que a média quase coincide nas três amostras realizadas, coisa que não acontece no exercício das ciências sociais. Neste, a dispersão é muito maior, como se ver por meio do Desvio Típico (DT).

	N	Média matemática	DT	Média ciências sociais	DT
Professores	158	6,37	1,73	4,92	1,94
Estudantes	213	6,66	1,37	6,65	1,69
Estudantes	290	6,35	1,41	5,17	2,13

Como vemos, a avaliação tem uma característica muito mais interpretativa do que poderia nos parecer à primeira vista, inclusive tratando-se de matemática. É evidente que a decisão avaliadora é menos previsível tratando-se de

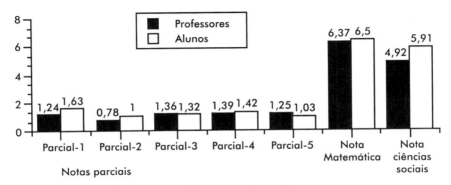

FIGURA 6.6 Pontuação média em matemática e ciências sociais.
[1] Este grupo de estudantes das séries fundamentais do ensino fundamental e do ensino médio não respondeu ao questionário *Estilo de Aprender*.

perguntas abertas. Os alunos aprendem determinados padrões com os professores, utilizando com maior profusão que eles as pontuações parciais em matemática. O próximo gráfico mostra uma melhor compreensão dos erros das questões primeira (execução) e quarta (conceito) que da segunda (léxico e execução). Poderia ser preocupante, se se tratasse de um fato generalizado. Um erro, quanto mais evidente, mais é sancionado, às vezes sem se examinar os motivos.

A próxima tabela de correlações mostra a escassa correspondência das pontuações parciais entre si e inclusive a baixa, embora significativa, correlação entre pontuação em matemática e ciências sociais (0'22). Isso nos proporciona certos indícios de que a pessoa que manifesta um estilo mais rigoroso ou tolerante o é em todas as provas, ainda que seja maior o peso de outros condicionantes, entre eles o exercício a avaliar. É maior a consistência das pontuações parciais com a pontuação total, destacando a primeira questão entre as demais, que alcança um nível de significação de 1% para N = 200.

TABELA 6.10
Correlações entre pontuações em matemática e ciências sociais

	P. 1	P. 2	P. 3	P. 4	P. 5	matemática	ciências sociais
Parcial-1	1	0,104	0,075	0,065	-0,069	0,517	0,206
Parcial-2	0,104	1	0,09	-0,54	-0,108	0,374	0,179
Parcial-3	0,075	0,09	1	-0,39	0,043	0,390	-0,03
Parcial-4	0,065	-0,054	-0,039	1	-0,101	0,461	0,006
Parcial-5	-0,069	-0,108	0,43	-0,101	1	0,393	0,101
N. matemática	0,517	0,374	0,39	0,461	0,392	1	0,217
N. c. sociais	0,206	0,179	-0,03	0,006	0,101	0,217	1

A principal fonte de variação tanto das notas como das anotações provém das escolas. Em nosso caso, tem uma possível explicação na comunicação entre os sujeitos. Mas, se isso é correto, não o é menos que o estilo avaliativo de seus professores pôde influir, pelo menos, na presença ou não de anotações e na falta de discriminação entre os tipos de erros. Existe uma especial incidência em sancionar erros evidentes, trate-se de execução em matemática ou ortografia nas ciências sociais. São escassas as referências, tanto por parte de professores como dos alunos, a omissões, estratégias, estruturas, etc. Esse é um dado de extrema importância se queremos ir além da aprendizagem como assimilação de conteúdos acadêmicos. Só se tem consciência de erros lógicos e formais se houver poucas referências aos conhecimentos prévios do sujeito e aos processos ou as estratégias cognitivas seguidas. Não se encontraram perguntas do tipo: por que o sujeito chegou a tais resultados?

O sexo e a idade parecem não introduzir diferenças significativas em relação às *anotações*. Estas são mais influenciadas pelos grupos, seja de nível, região, população ou escola. Dito com outras palavras, pelo contexto em que se movem os sujeitos. Por outro lado, as anotações fazem parte do estilo avaliador, proporcionando-nos um indicador do sentido formador ou sancionador do referido processo. Quando o sujeito somente qualifica ou pontua, está prevalecendo um ato sancionador; já quando ele se orienta por meio de suas anotações construtivas, o processo recobra uma interação formativa. Como vemos na tabela a seguir, tanto por professores como por alunos a avaliação continua sendo considerada como ato qualificador, em sua função de controle, mais que como processo formativo.

Comparando novamente a atitude de professores (n = 207) e alunos (n = 230) diante dessa dupla consideração, encontramos certas diferenças. Enquanto os alunos insistem na pontuação parcial e na localização do erro, os professores incidem na localização e no comentário esclarecedor em matemática. Essas percentagens variam no exercício de ciências sociais, aumentando a percentagem dos que somente qualificam e diminuindo significativamente o número de comentários, embora não o dos que corrigem.

TABELA 6.11
Atitude de professores e alunos sobre pontuações em matemática e ciências sociais

Anotações	Matemática		Ciências sociais	
	Professores	Alunos	Professores	Alunos
Nenhuma	25%	4%	49%	56%
Pontuação parcial numérica	17%	39%	–	–
Localiza erro	23%	31%	17%	15%
Corrige	13%	20%	27%	24%
Comenta	22%	6%	7%	5%

Em uma amostra de 303 estudantes de 8ª série do ensino fundamental, obtivemos os seguintes resultados em relação às anotações em ciências sociais: 68% corrige erros de ortografia, 40% de léxico, 17% de conceitos ou idéias mal-expressadas. O dado confirma nossa suspeita de que *se dá atenção aos erros formais mais que aos conceituais*. Tais resultados deveriam nos fazer refletir.

Quais são os comentários feitos pelos alunos nos exercícios de matemática e ciências sociais? Muitos deles reproduzem os padrões docentes, como recomendar maior esforço no estudo e mais atenção em aula. Seu tom e sua linguagem são menos formais e às vezes zombeteiros. "Você resolveu muito bem, mas cometeu erros muito bobos", diz um estudante da Reforma. "Você podia se esforçar muito mais. "Outra prova como essa e chamo seus pais para saber o que está acontecendo", escreve outro. "O garoto é inteligente, mas não o demonstra". Embora tais expressões não sejam representativas, denotam certa projeção do modo de atuar dos professores sobre os alunos. Por meio delas podemos entrever como os alunos percebem a autoridade do professor. Uma conduta amplamente compartilhada foi pontuar sobre 10, dando os pontos a cada pergunta correta. Encontrei apenas um caso em que o aluno valorizou mais a última questão.

Os comentários mais amplos são realizados por alunos do ensino médio, que foram induzidos a justificar sua qualificação. Vejamos alguns deles em matemática. Os estudantes se mostram mais inflexíveis que os professores diante dos erros de execução, como se nota na primeira questão. O fato de as frações estarem colocadas em ordem diferente da esperada é motivo suficiente para considerar errônea a resposta. Sobre a segunda questão: "Menos malandragem, cara. Quando não sabe uma pergunta não diga besteiras, que parecem adivinhações". Escreve outro: "Você cometeu erros importantes, mas se for responsável não voltará a cometê-los. Tenha mais cuidado com o que diz". Eis aqui uma ampla justificação: "Cada exercício vale dois pontos. O primeiro está bem-resolvido. No segundo está mal o exemplo, de modo que desconto 0,25. Além disso, falta um acento, mas, como é em matemática, eu o perdôo. O terceiro tem a primeira parte correta, mas o resultado está mal, por isso desconto 0,75. O quarto, considero correto. No quinto, a primeira parte está mal e falha em algumas operações, por isso desconto 1,25. A nota final é de 7,75. Em ciências sociais, desconto 0,5 a cada erro". Sobram os comentários, mas refletem muitas condutas avaliativas, incluindo a de não sancionar a ortografia em matemática. É curioso constatar que falam de *descontar pontos por erros*.

Em ciências sociais, cada erro de ortografia é punido com a diminuição de 0,25, 0,5 e até 1 ponto. A maior parte dos comentários gira em torno dos erros de ortografia. Vejamos algumas expressões: "Muito frouxo. Incompleto. Muitos erros de ortografia"; "Dei um 6 para você porque tem erros de ortografia e se enganou no final"; "Descontei 2 pontos pelos erros do final"; "Não veja tanta televisão e estude mais"; "Você confundiu a cratera com a lava e teve vários erros bobos por não ter lido"; "A espécie de buraco por onde sai a lava é o olho do vulcão"; "O de cima se chama cratera, a lava é o que sai".

Quantos avaliaram as idéias que foram corretamente expressadas? Não será possível adotar o ponto de vista mais construtivo? Na avaliação, converge o duplo processo de análise e síntese – a decomposição do exercício em diferentes partes, para reconstruí-lo posteriormente em uma avaliação unitária e globalizadora. Implícita ou explicitamente são levados em consideração determinados critérios que nos fazem fragmentar o *corpus* de uma tarefa, ou exercício, em elementos mais reduzidos, para reconstruí-lo posteriormente em uma apreciação global. Nisto se parece com a análise de conteúdo.

Qual a opinião dos alunos em relação aos erros?

Vimos anteriormente que os professores atribuíam os erros nas tarefas de aprendizagem ao sistema e aos alunos. O que os alunos pensam? Qual é sua atribuição? Quais os elementos ressaltados? Para poder responder a essas ques-

tões foram escolhidas mais de duas centenas de redações sobre os erros, dando aos alunos igual instrução que aos professores: *Faça uma redação sobre os erros ou equívocos na aprendizagem. Trata-se de que você expresse sua opinião sobre este tema tão livremente quanto quiser.*
Como impressão geral cabe destacar que:

1. Existe uma grande heterogeneidade entre os alunos em relação à concepção positiva ou negativa dos erros, a atribuição intrínseca ou extrínseca e os elementos nos quais fixam sua atenção.
2. Percebe-se um alto grau de espontaneidade e até de satisfação em poder se expressar sobre o tema.
3. Predomina uma linguagem específica, coloquial, cheia de alusões pessoais e referências à própria experiência, contrastando com o tom generalizador que víamos nos professores.
4. Não entram na análise dos processos, limitando-se a enumerar ou a descrever possíveis motivos.
5. Os elementos que citam com mais freqüência, associados aos erros, são as provas e, ocasionalmente, os exercícios de sala de aula, os professores e eles mesmos.
6. A atribuição intrínseca é muito mais habitual do que poderia se suspeitar, inferindo-se disso que os alunos têm assumido certo papel de culpa em relação aos erros.

Não estudo o suficiente para não cometer tantos erros como faço, diz um. *Outro motivo pode ser que eu não presto atenção ao que os professores dizem.* Outros, como é natural, atribuem a culpa ao professor, que não explica o suficiente, ou inclusive à escola, em que alguns serviços falham. A redação se transforma em uma verdadeira "caixa de sugestões" para os professores e a direção da escola. Em um debate, nem todos expressam igualmente suas opiniões, mas sim em um escrito deste tipo. Penso que a atribuição é um dado a se levar em conta antes de iniciar um plano de utilização didática dos erros. Enquanto professores e alunos não tiverem consciência de suas próprias falhas será difícil mudar seu comportamento.

Não existe uma *concepção* generalizada em relação ao caráter negativo ou positivo do erro, mas se referem a ele nos mais variados tons. O ponto de vista positivo é que se pode aprender com eles; o negativo, as baixas qualificações. Muitos alunos insistem no nervosismo como motivo de equívocos e erros, o que nos leva à consideração emocional dos erros. Vejamos alguns julgamentos positivos:

- "Acho que os erros às vezes fazem bem porque assim você aprende para a próxima vez".
- "Quando o professor lhe dá a prova e você vê os erros, se dá conta de onde se equivocou e procura não cair novamente no mesmo erro".

- "Qualquer um pode cometer um erro. Para mim o erro é o começo para aprender uma coisa, porque, depois que você se equivocou, entende melhor".
- "Se paramos para pensar, os erros não têm nada de mau, e é isso o que trato de explicar nesta redação. Todos nos enganamos na vida... No meu colégio se aceitam os erros e acho que em outros também".
- "Acho que é bom se enganar quando lhe explicam as coisas, porque desse modo você aprende melhor e não se engana de novo".
- "Minha opinião é que os erros durante os anos do ensino fundamental são normais, principalmente nas primeiras séries. Alguns professores desejam e exigem que façamos tudo perfeito, e isso não pode ser assim. A escola existe para que possamos aprender e nos enganar todas as vezes que forem necessárias, e não para fazer tudo com perfeição. Todos cometemos erros e mais ainda no ensino. Os professores estão aí para ensinar as crianças e corrigir seus erros. Em resumo, para mim os equívocos são normais e, conforme sejam, necessários".

A idéia mais repetida é que quando alguém se equivoca pode aprender, evitando cair novamente no mesmo erro. Os que afirmam isso têm por certo que os equívocos são fonte de aprendizagem no nível escolar. Falta a instrumentalização por parte do professor para que tais erros não apenas deixem de se repetir como também sejam utilizados como via de análise dos processos de aprender.

Os erros também merecem uma consideração negativa, como se nota nas seguintes afirmações:

- "Muitas vezes os erros acontecem durante uma prova. Quando a gente fica nervoso não se lembra de alguma coisa".
- "A conseqüência de se equivocar é que pode custar algum ponto a você ou inclusive a aprovação. Equivocar-se tem seu perigo".
- "É ruim se enganar nas provas, porque baixam a nota da gente".
- "Quando cometemos erros, alguns professores nos mandam fazer cópias ou nos castigam cortando o recreio".

Em suma, o lado negativo vai associado com as provas e qualificações.

E, junto às afirmações anteriores, encontramos outras ambivalentes como estas:

- "Acho que é ruim se enganar, porque isso representa que você não entendeu o que explicaram a você; mas também é bom se enganar porque assim você sabe o que falha e pode pesquisar".
- "Quando acerto um exercício que não esperava é como 'se o champanhe me subisse à cabeça'; mas se acontece o contrário, fico murcho como uma passa".

– "Aprende-se muito com os erros, mas eu cometi muitos e não aprendi nada. É normal que se cometam erros porque ninguém se lembra de tudo".

A atribuição é o segundo conceito a ser examinado. A quem os alunos atribuem seus erros nas tarefas escolares? Surpreendentemente, é maior o número de sujeitos que demonstram uma atribuição intrínseca, em relação aos erros, que os que os atribuem aos professores ou adotam uma postura ambivalente. Uma alta percentagem de alunos reconhece estar neles mesmos os motivos de fracasso e falhas. Em uma amostra de 175 redações analisadas, 30% destacam a atribuição extrínseca, 44% manifestam uma atribuição intrínseca dos erros e 26% adotam uma postura mista, referindo-se tanto aos professores como a eles mesmos. *Eu não entendo o que leio*, confessa um aluno de 7ª série. Confissão que talvez poderia ser estendida a muitos estudantes com dificuldades na aprendizagem. É um motivo de reflexão para os professores que estabelecem o limite de sua função na qualificação. Quantos alunos mostram em aula que não entendem o que lêem? Como ajudá-los? São muitos os casos que demandam um enfoque diferenciado do ensino.

Os principais *motivos de autoculpabilização:* falta de estudo, falta de atenção em aula, não entender as explicações ou não lembrar a informação, nervosismo ao realizar a prova, não entender o significado de palavras, etc. Como vemos, todas causas alheias às próprias capacidades ou deficiências cognitivas. É que é pouco satisfatório reconhecer as limitações intelectuais, às quais tantas vezes os professores se referem. *Meu principal erro,* dizem muitos deles, **é que não estudo em casa ou que não presto atenção em aula**. Nisso coincidem com os professores. O esforço para aprender que caracterizou outras gerações não é um valor que atraia as atuais. Se em outro tempo o estudo era uma atração para um posto de trabalho vantajoso no futuro, hoje existe um ceticismo generalizado sobre tais considerações. Mudou a escala de valores e de motivações. *Podem ter culpa os alunos que, devido aos costumes sociais, são mais irresponsáveis, mais despreocupados, com menos interesse por aprender*.

Em relação aos *motivos extrínsecos,* os argumentos são tão variados como: os professores não explicam bem, explicam pouco, não exigem ou exigem muito, más explicações nos livros, etc. "Algumas vezes os professores acham que ensinam da maneira mais fácil, mas para nós é a mais difícil"; "Acho que uma pessoa não aprende porque os professores não explicam tão bem como deveriam e não estimulam ao estudo". Um aluno vai mais longe ao escrever: "Eu acho que o primeiro erro na aprendizagem está em ter que ir obrigado ao colégio".

Naturalmente que isso, dito por uma menina de 13 anos, alarma-nos e faz pensar que os professores enfrentam todo dia grupos totalmente desmotivados em relação ao ensino. E esse é o maior desafio didático que enfrentam sem que existam receitas nem teorias que, por ora, tenham se mostrado eficazes, exceto a de esquecer-se do programa estabelecido e acoplar-se a seus interesses. Aqui está o nó górdio da Reforma. Como atuar com estes grupos, mais do que freqüentes nos colégios públicos, ao longo de quatro anos de ensino médio obrigatório?

Um aluno de 7ª série nos resume seu ponto de vista sobre o fracasso escolar, referindo-se a três elementos importantes, que sem dúvida estão na mente de muitos de nós. Até agora falamos de professor e aluno, mas a intervenção familiar determina em muitos casos os resultados escolares: "Eu penso", escreve com grande ponderação, "que parte da culpa pelo fracasso escolar é dos alunos, dos professores e dos pais. Há muitos alunos que não estudam nem mesmo o suficiente, outros têm dificuldades de estudar e entender o que estudam. Outra parte da culpa é dos professores, porque alguns estão com os que sabem mais e sempre passam. Em troca deveriam estar mais com os que são reprovados e tentar ajudá-los, desde que o aluno queira estudar e lhe custe (sic). E a terceira parte de culpa cabe aos pais, porque alguns não se preocupam muito com seus filhos nem olham seus deveres nem falam com os professores". Não fala de erros específicos e sim de fracasso escolar, mas intui que os pais desempenham um papel decisivo, principalmente naqueles casos em que os alunos têm mais dificuldades na aprendizagem.

Entre os *elementos* mais destacados em relação aos erros estão os professores, os alunos, as provas, o colégio e, em alguns casos, todos eles. A proporção em que aparecem nas redações examinadas é a seguinte: 31% professores e alunos, 14% provas, 11% o colégio, 13% todos eles (misto).

Existe em nossa sociedade – estudantes, professores e pais – certa "cultura" consolidada sobre o valor sancionador das provas, de tal modo que a vida acadêmica gira muitas vezes em torno desse eixo. Existe uma obsessão pela avaliação qualificadora. Os alunos não concebem realizar exercícios ou provas de controle sem que sejam seguidos de uma qualificação acumulativa. Recentemente, uma professora me comentava que chegaram uns pais, no horário da tutoria, extremamente alterados, pedindo-lhe explicações sobre por que seu filho tinha tirado apenas um 5 em um trabalho que, entre muitos outros, havia realizado em língua. O surpreendente é que para isso o pai teve de deixar o trabalho e vir de táxi, a fim poder esclarecer a suposta "injustiça". O resultado foi que, comparando dito trabalho com outros, houve necessidade de baixar a pontuação do aluno. Os pais teriam esta mesma reação se o filho tivesse obtido uma nota excelente, sabendo que tal trabalho não havia sido feito por ele? Chega um momento em que parece importar mais a qualificação que as aprendizagens adquiridas. Essa é a perigosa obsessão a que me refiro. O erro pode se transformar em engano.

Minha obsessão é outra. Minha atenção está posta na necessidade de revitalizar o valor decisório de tais provas de controle, de caráter administrativo, por entender que proporcionam apenas uma informação parcial das aprendizagens alcançadas pelo aluno. Vejamos aqui o julgamento que merecem de um estudante da educação profissional: "Quanto às provas, acho que estão se enganando ao fazê-las, porque influenciam demais nos nervos e não deixam a gente pensar direito. Por outro lado, a gente pode saber tudo muito bem e, por um erro ou uma correção inadequada do professor, ser reprovada. Na minha opinião também deveriam fazer provas orais".

Ao ter a oportunidade de ler escritos referentes ao mesmo tema por estudantes de diferentes localidades e escolas, pude constatar o baixo nível de expressão, a falta de estruturação do texto e a grande quantidade de erros gramaticais. Não são muitos os estudantes que sabem se expressar correta e estruturalmente por escrito. Escrevem sobre um tema sem ter se proposto previamente uma mensagem. Esse fato deveria ser abordado pelos professores preocupados com a melhora educativa ou por aqueles que têm definido um projeto educativo. A expressão escrita faz parte da aprendizagem instrumental, ao mesmo tempo em que reflete a maturidade lingüística e conceitual alcançada pelo aluno, devido à dificuldade que implica dominar tais recursos. A narração (comunicação oral ou escrita) põe em evidência estruturas de pensamento, como nos lembra Bruner (1991, p.133) em sua recente publicação *Atos de significação*, em que afirma:

> Tratei de mostrar como a criança, por dotação genética e por exposição, chega a participar na cultura usando a linguagem e seu discurso narrativo ao vivo. Cheguei inclusive a especular a idéia de que a gramática humana poderia ter surgido a partir da pressão protolingüística de narrar.

É que a linguagem, seja oral ou escrita, é a mais alta manifestação do pensamento e da cultura.

7

Conclusões
O que aprendemos com os erros

> Nossos pensamentos estão, digamos, "aqui dentro".
> Nossas conclusões estão "lá fora". Carol Feldman
> denomina este erro tão humano de ôntico, e nunca teve
> muito trabalho para encontrar exemplos deste universo.
> No entanto, na maior parte das interações humanas,
> a "realidade" é o resultado de prolongados e
> intrincados processos de construção e negociação
> profundamente implantados na cultura [...] Os acertos e
> erros desse tipo não equivalem a verdades
> ou falsidades absolutas
> (Bruner, 1991).

As próximas conclusões e considerações didáticas devem ser interpretadas com a prudência que merece todo estudo preliminar sobre um tema que conta com poucas pesquisas. Seria um grave erro adotar uma linguagem axiomática e generalizada quando não se parte sequer de uma amostra representativa. Nesse sentido, as afirmações recolhidas aqui são fruto do estudo teórico realizado na primeira parte e da análise empírica feita com um grupo limitado de professores e alunos, caracterizado por sua diversidade mais que por sua quantidade. O propósito final não é outro que *iluminar um novo campo de hipóteses* sobre as condições que mais influem na consideração dos erros e da avaliação das tarefas, antes de iniciar novos projetos de mudança e inovação baseados na utilização didática dos erros.

A primeira constatação é a carência de pesquisas rigorosas sobre o tema em nosso país, de modo que não saberia citar nem uma só publicação que tenha apresentado o tratamento didático dos erros como conseqüência de uma pesquisa prévia, se excetuarmos alguma compilação isolada como a de Ferrán (1990) e Alonso (1991). Isso não quer dizer que não contamos com alguma literatura a respeito, em sua maior parte traduzida do inglês, como Clinchy e Rosenthal, Nikerson e outros, De Bono, Enciclopédia Internacional da Educação, etc. Quando um conceito salta para as páginas de uma enciclopédia é porque já foi assumido por parte da comunidade científica. No caso citado, recolhem-se três artigos referentes à análise dos erros em idiomas, matemática e avaliação curricular que, embora breves, não deixam de nos demonstrar o interesse e a novidade do tema. Novidade que mergulha suas raízes na sabedoria popular e nas teorias cognitivas.

CONSIDERAÇÕES GERAIS

Já encontramos a dupla consideração do erro, como resultado reprovável e como instrumento de aprendizagem, na filosofia popular, refletida em ditados como: "O erro é tanto mais perigoso quanto mais verdade contém"; "Todos nos enganamos, mas cada um a seu modo"; "O sábio aprende com os erros, o estúpido não os aproveita"; "Errar é humano". O tema do erro foi tratado pela física, pela matemática, pela estatística, pela filosofia, pela literatura, pelo direito, pelas novas tecnologias, pelo ensino de idiomas, etc. É evidente seu *caráter interdisciplinar*. Mas será a psicologia cognitiva de Piaget, Bruner, Papert que, reagindo ao conceito skinneriano do erro como algo negativo, trata de utilizá-lo como meio de diagnóstico e de melhor conhecimento das estratégias de aprendizagem. A metodologia heurística substitui a programada. Esse é o referencial sobre o qual se apóia nossa análise.

Uma idéia que pretendi transmitir desde o início deste trabalho é *o caráter construtivo dos erros*, não apenas no desenvolvimento do conhecimento científico como na vida diária e nas tarefas de aprendizagem e avaliação. É sem dúvida a conclusão mais evidente. Ao longo da história do ensino, os erros foram tratados como atos puníveis, sancionados, evitados, mas também como simples *desequilíbrio entre o esperado e o obtido* na realização de tarefas ou nas atividades formativas. Os erros tornam possível o avanço da ciência, disse recentemente Popper (1991):

> Os erros podem existir ocultos do conhecimento de todos, inclusive em nossas teorias melhor comprovadas; assim, a tarefa específica do cientista é buscar trais erros. Portanto, temos de mudar nossa atitude para com nossos erros. É aqui que é preciso começar nossa reforma prática da ética. O novo princípio básico é que, para evitar equívocos, devemos aprender com nossos próprios erros.

Desse modo, o erro, de reprovado e ocultado, passa a ser um princípio de atuação. Levado à prática, esse princípio quer dizer que nas pesquisas não só é preciso dar a conhecer o que saiu bem, como mostrar os erros cometidos, já que pode se aprender tanto com os equívocos como com os acertos.

Nesse sentido, e transferindo para o ensino a nova filosofia e ética de conhecimento, atreveria-me a afirmar que os *erros são uma escola de tolerância*. Os erros levam a refletir, a perguntar o porquê dos fatos e dos processos, a examinar os fracassos das estratégias; em suma, são um convite a compreender os demais. Essa consideração faz parte de uma psicologia mais profunda, segundo a qual o sofrimento e os problemas tendem a aproximar as pessoas muito mais que os triunfos. As amizades mais arraigadas surgiram, muitas vezes, quando as pessoas compartilharam problemas. Pois bem, os erros, nossos próprios erros, constituem uma excelente via de tolerância e de compreensão dos erros alheios. O professor que se considera "perfeito" não aceitará com boa vontade os equívocos de seus alunos; agora, quem reflete sobre seus erros passados, pelo contrário, está mais predisposto a compreender as falhas de seus alunos.

Uma quarta idéia é o *caráter processual e diferencial* do tratamento didático dos erros diante da exaltação do resultado dominante na "pedagogia do êxito". Atribuir aos erros uma consideração didática significa utilizá-los como fonte de informação para intervir de forma adaptativa. Um mesmo erro pode obedecer a motivos diferentes em diferentes sujeitos. Os erros proporcionam aos professores e aos alunos indicadores úteis do processo de ensinar e aprender. Adotar uma atitude positiva diante dos erros nas tarefas de aprendizagem comporta fixar-se mais no porquê do desajuste que no resultado obtido.

Uma conseqüência disto é a maior *atenção prestada aos diferentes tipos de erros* ou equívocos. Se em uma pedagogia generalista não se leva em consideração a diferença dos erros, em uma perspectiva processual, centrada nos sujeitos, avalia-se também o caráter ou o tipo de erro cometido. Seguindo o modelo sistêmico-processual, diferenciamos três categorias básicas: erros de entrada, de organização e de execução. Cada um deles reclama um tratamento didático diferente, como já expusemos.

Afirmávamos em nossa principal hipótese que existe uma *dupla consideração dos erros* entre professores e alunos: do ponto de vista teórico se aceita o valor positivo dos erros, enquanto, na prática, eles são sancionados e penalizados. Alguns professores e alunos têm uma opinião construtiva dos erros no processo de ensinar e aprender, mas na prática predomina a conduta de evitá-los e sua penalização no caso de avaliação. Enquanto encontramos muitos exemplos de atitude positiva quando se pede que professores completem as frases: "Acho que os erros...", "Os erros dos alunos nos indicam...", diminuem nas redações abertas e escasseiam os comentários orientadores. Uma conseqüência negativa dos erros são as baixas qualificações. Tal fato nos alerta sobre a distância que é preciso vencer entre o pensamento pedagógico do professor e sua atuação. A concretização da Reforma ou de qualquer inovação demanda algo mais que conhecimento e atitude positiva. É necessário induzir progressivamente outro tipo de mudança sobre a prática. O professor deve dispor de exemplos específicos e *situações em que exista compromisso com a mudança*. O mero conhecimento mostrou-se pouco frutífero para operar certas mudanças, o que também pode ser dito sobre o pensamento dos professores. É preciso pôr a descoberto seu pensamento latente, sua *tensão diferencial entre o desejável e o real*, geradora de reflexão crítica e promotora de mudanças na ordem atitudinal e profissional.

Um aspecto concreto derivado dessa dupla consideração é a *atribuição dos erros na aprendizagem*. A quem professores e alunos atribuem os erros? Enquanto entre os professores predomina a atribuição extrínseca, entre os alunos é mais freqüente a intrínseca. Para os professores, o motivo principal dos erros deve ser buscado na falta de atenção, de compreensão por parte do aluno, e nos escassos hábitos de estudo. Muitos não sabem ler nem se interessam pelos conteúdos de aprendizagem. E não há dúvida de que têm muita razão, tanto mais quanto coincidem com a autopercepção dos alunos. As referências aos erros do sistema e das aprendizagens em níveis inferiores são freqüentes. Além das próprias limitações cognitivas e atitudinais (falta de atenção, léxico, nervosismo, não lembrar a informação, etc.), os alunos se referem às deficiências dos professores em relação à falta de clareza em suas explicações, à escassa atenção aos necessitados de ajuda, ao nível de exigência, demasiado ou escasso. Os elementos mais citados, em relação aos erros, foram os professores, os alunos e os exames. O conceito de erro está mais vinculado às provas do que às tarefas ou aos exercícios de aprendizagem. A consideração didática a que nos levam esses fatos é que, enquanto não for introduzida a reflexão crítica sobre os próprios erros, dificilmente se mudará o comportamento habitual.

Outra conclusão global a que chegamos após examinar as redações (dos alunos) é o *baixo nível de expressão escrita* que os alunos das séries finais do ensino fundamental possuem. Fora raras exceções, entendo que existe uma generalizada falta de estruturação nos escritos, carência de mensagem intencional, muitos erros léxicos e ortográficos e escassez de recursos na linguagem. Se excetuarmos expressões metafóricas, como "Quando acerto um exercício que não esperava é como 'se o champanhe me subisse à cabeça", ou de uma vivência conflitante, como "Aprende-se muito com os erros, mas eu cometi muitos e não aprendi nada", as redações se caracterizam por uma linguagem pobre em idéias e imagens. Se pretendemos desenvolver as capacidades cognitivas em suas variadas manifestações, o caminho dos significados é o mais pertinente, como nos lembra Bruner (1991, p.133): "As vidas e as mentes humanas são reflexo da cultura e da história tanto como da biologia e dos recursos físicos". Trabalhar a expressão oral e escrita é uma maneira de estimular o pensamento lógico, a coerência, a seqüenciação, a comunicação humana. O corolário didático de tudo isso deveria ser prestar maior atenção à expressão, mediante estratégias criativas como as sugeridas por Mallart (1991). A atenção prestada aos erros ortográficos deveria ser complementada com uma maior atenção aos erros de omissão na estrutura e nas idéias.

Se alguma idéia emerge com força da revisão teórica e da análise empírica dos erros é a consideração da *avaliação como um processo interpretativo*, no qual influem tanto os resultados como a interpretação de que deles o avaliador realiza. Inclusive nas provas de matemática, aparentemente mais objetivas e nas quais esperamos maior coincidência na avaliação, concorrem critérios pessoais e discriminatórios que levam a atribuir diferente peso a um mesmo erro ou equívoco. Vimos como um mesmo exercício de matemática foi qualificado de insuficiente por uns (13%) e de excelente por outros (8%). Por quê? Porque existe uma ponderação diferente sobre as falhas encontradas. Cada professor leva em consideração determinados parâmetros, dando lugar ao que chamaríamos de *estilo avaliador*. A formação, as variáveis contextuais e as cognitivas influem nessa interpretação. No entanto, não pudemos constatar nesse processo a influência das variáveis profissionais (experiência, titulações, matérias lecionadas, cargos desempenhados).

Se, como se depreende da conclusão anterior, a avaliação leva consigo atos interpretativos, é alarmante, e talvez injusto, tomar decisões que comprometam a promoção das pessoas com base em uma simples verificação ou em uma prova avaliada por uma só pessoa. É preciso revisar tais práticas, mesmo sabendo-se que fazem parte da cultura profissional dos docentes e que não será fácil mudá-las. Não deveria se confundir autonomia com individualismo. Ao fazer tais afirmações, estou pensando em casos específicos em que professores impedem o acesso às provas de seletividade, baseando-se não na imaturidade do sujeito nem em suas graves lacunas, mas no julgamento de que lhes falta alguns décimos para chegar à média. Que critérios permitem a eles afirmar que essa qualificação é um reflexo fiel dos conhecimentos e das habilidades adquiridos pelo discente? Quando uma qualificação "limítrofe" foi compartilhada de forma unânime por outros avaliadores? Quem não guarda em sua memória algum caso de decisão duvidosa? Vista a relatividade das qualificações se torna conveniente *revisar o sistema de avaliação fazendo-se provas diversificadas* ou complementares, tomando decisões em equipe como procedimento habitual. Realmente, muitos professores já as realizam desse modo mediante a avaliação contínua. Ao fazer várias provas, podemos encontrar resultados mais ou menos constantes, abaixo ou acima, ou resultados divergentes. Estes devem atrair a atenção dos professores para averiguar se obedecem a motivos circunstanciais ou a uma forma irregular de estudar. Nem sempre as notas ou as qualificações refletem o rendimento e o progresso dos alunos.

Centrando-nos mais estritamente nos *resultados empíricos da pesquisa*, podemos formular as seguintes conclusões e sugestões, agrupando-as em torno de professores e alunos.

CONCLUSÕES CENTRADAS NOS PROFESSORES

1. Não existe evidência de que as condições pessoais, profissionais, contextuais ou cognitivas influam de modo significativo na *qualificação verbal* dos professores. Não pudemos determinar os critérios implícitos que possam explicar a dispersão existente entre os professores, se bem que seja certo que a percentagem dos que utilizaram a forma verbal se reduziu a 38% diante dos

59% que se valeram do código numérico. Somente 3% recorreram a ambas as formas.

2. No que se refere à *qualificação numérica*, encontramos diferenças que são devidas aos colégios e ao código utilizado em matemática, tais diferenças aumentando na qualificação do exercício de ciências sociais. Nesse caso, a *formação pedagógica* é determinante de uma pontuação média mais alta que naqueles professores que não têm essa formação. Obedecerá a seu caráter humanístico? Achamos que poderia se dever mais à sua disposição adaptativa ao nível do sujeito, que em nosso caso é de 4ª série. Parece-me relevante esse dado, porque incidirá novamente nas anotações e nas variáveis cognitivas. A formação pedagógica dos professores se torna mais evidente no pensamento e no estilo docente que em atuações técnicas. Também as variáveis de localidade ou de escola introduzem diferenças em matemática e ciências sociais.

3. Utilizam *pontuações parciais* em matemática 40% dos professores pesquisados. Pois bem, dentre todas elas encontramos mais diferenças na primeira questão de matemática, associadas à idade, à experiência, à formação pedagógica, à localidade e ao colégio. No resto das pontuações, somente se detecta certa relação entre a pontuação da quarta questão e as anotações. Atribuem uma pontuação mais alta na primeira questão os professores que têm formação pedagógica, os mais jovens e aqueles que contam com menos anos de experiência. Isso pode significar que fazem uma interpretação menos rigorosa ou são mais tolerantes com os erros de ordenação e execução. No entanto, isso deveria ser confirmado com amostragens mais amplas e representativas.

4. Em relação ao *código de qualificação* utilizado, numérico ou verbal, não se confirma nossa hipótese de que os professores que utilizam o código verbal são de estilo globalizador e tendem a ser mais tolerantes com os erros que os que utilizam o código numérico, que seriam mais analíticos. A razão disso pode estar no instrumento utilizado para delimitar os estilos docentes. Embora alguns adotem uma pontuação verbal no exercício de ciências sociais e numérica no de matemática, é maior a percentagem dos que utilizam igual código em um e outro exercício. Em qualquer caso, não deixa de ser significativo o fato de que se recorra a uma forma de qualificação mais qualitativa no exercício de ciências sociais e numérica em matemática. As diferenças encontradas em relação às funções desempenhadas, à localidade e ao colégio precisam de novas confirmações devido ao escasso número de sujeitos em alguns desses grupos.

5. Onde encontramos mais diferenças significativas é nas *anotações*, que de certo modo nos transmitem a imagem de uma atitude qualificadora ou formativa. Aquele professor que se limita a qualificar denota menor preocupação com uma avaliação formativa. No entanto, quem adverte o sujeito do

erro, o corrige ou acompanha com comentários orientadores está utilizando os erros como instrumento de ensino. Em alguns casos, o erro é penalizado; em outros, utilizado como alerta do desajuste entre a resposta dada e a esperada. Já dissemos que são mais numerosas as anotações no exercício de matemática que no de ciências sociais. As percentagens mais elevadas em matemática se concentram em: nenhuma anotação, 25%; localização dos erros, 23%; realizam algum comentário, 22%; enquanto em ciências sociais 49% não realizam anotações; 16% localizam o erro; 27% corrigem e somente 7% comentam. Isso quer dizer que predominam as atitudes de avaliação qualificadora sobre as de formativa. Dito com outras palavras, as situações de avaliação e controle não são aproveitadas como veículo de ensino-aprendizagem. As anotações no exercício são uma clara manifestação do estilo não apenas avaliador como docente. São a ponta do *iceberg* de seu pensamento implícito.

As anotações em matemática variam com a idade, o sexo, a formação pedagógica, a experiência, a escola e o código utilizado. Enquanto os professores se inclinam mais a qualificar sem anotações, ou recorrem a pontuações parciais, existem mais professoras que localizam os erros e realizam comentários. No que se refere à idade e à experiência, são os jovens e com menor tempo de experiência os que mais comentários realizam, diminuindo a partir dos 40 anos e 20 de serviço. Mas onde encontramos a pista mais significativa dos comentários é ao comparar a formação pedagógica dos docentes. Enquanto 41% dos que têm estudos de pedagogia fazem correções ou comentários, somente realizam tais anotações 26% dos que não têm tais estudos, existindo 42% que não realizam anotação alguma, enquanto essa situação se reduz a 13% entre os pedagogos. Fomos os primeiros surpreendidos com tais resultados, ao comprovar os efeitos cognitivos e atitudinais de alguns estudos mais humanísticos que tecnológicos. Nossa interpretação se inscreve no efeito formador do curso de pedagogia. Os estudos de pedagogia conformam um estilo docente mais adaptativo, formador e aberto à inovação. Daí a conveniência de se fazer uma formação pedagógica se realmente se busca pôr em marcha a Reforma de acordo com os princípios psicopedagógicos que a inspiram. Não fazê-lo é arriscar-se a ficar em mudanças meramente organizacionais.

6. Qual é o *conteúdo das anotações* e dos comentários? Enquanto em matemática se realizam freqüentes alertas sobre observação, no exercício de ciências sociais a maior parte das anotações se centra na retificação ortográfica e léxico-conceitual (cratera por lava). Encontramos poucas referências aos erros de omissão, embora possam ser considerados implícitos nas baixas qualificações de ciências sociais. Tampouco achamos muitos comentários de caráter heurísticos tal como: "Bem, mas por que surge esse fogo?" Não se levam em consideração os tipos de erro, penalizando-se tanto os erros de execução como os de ordenação, exemplificação e conceito. Fica pendente o estudo que

relacione os comentários com as diferentes variáveis pessoais, profissionais, contextuais e cognitivas.

7. Em relação às diferenças introduzidas pelas *variáveis cognitivas* (estilos), não pudemos determinar, mediante o inventário de palavras, sua influência no código verbal ou numérico nem nas qualificações. Como dado a ressaltar, estão as correlações negativas entre os quatro estilos definidos, o que confirma a polaridade sob a qual se definem. Uma correlação negativa de 0,45 entre o estilo tradicional e o inovador deve ser interpretada como uma aceitável polaridade entre ambas as variáveis. Portanto, o instrumento utilizado discrimina entre a tendência para um ou outro estilo. Mas o mais relevante desse bloco de variáveis é que a formação pedagógica introduz diferenças significativas, obtendo médias mais baixas em estilo tradicional e analítico e mais altas em global e inovador. As variáveis cognitivas estudadas também são afetadas pela idade e pela experiência, de modo que os mais jovens têm uma pontuação maior em estilo globalizador e inovador que os de mais idade e experiência. Anteriormente, vimos como a idade e a experiência também influem nas anotações. Isso nos faz pensar que, em face da Reforma, nos deparamos com dois modos de enfrentar ao ensino: *os professores que estão abertos às mudanças e os que resistirão.* Isso não é exclusivo da idade, mas encontrado em qualquer estágio do desenvolvimento profissional.

8. Uma *análise transversal* das variáveis pessoais, profissionais e contextuais evidencia que são as primeiras e as últimas que mais diferenças introduzem. Não deixa de ter seu interesse o fato de que sejam os anos de experiência a variável profissional com maior incidência no estilo globalizador e inovador, anotações em matemática e na qualificação da primeira questão de matemática. Das variáveis pessoais, o sexo só nos deu uma diferença relativa às anotações; em troca, a idade a cinco e a formação pedagógica a sete. A relevância desta última confirma empiricamente o que poderíamos intuir sem provas. Nesse sentido, um projeto sobre a utilização didática dos erros será mais viável se entre seus componentes existirem *pessoas com estudos de pedagogia.* Tais professores podem dar impulso a muitas inovações, facilitando a superação de possíveis resistências. Nosso corolário iria mais longe ao afirmar a necessidade da formação pedagógica para a Reforma do ensino. Das variáveis contextuais, o colégio é a que maior incidência apresenta nas variáveis cognitivas, código de qualificação, anotações, nota numérica e pontuações parciais. Embora não duvidemos dos resultados, parece prudente não tirar conclusões precipitadas, em razão da amostragem reduzida, fora a convicção de que cada escola possui sua *cultura* própria, entendendo esta como o conjunto de significações, costumes e usos compartilhados por uma comunidade humana. Trabalhos recentes de inovação educativa, como os de Dalin e Rust (1990), Rudduck (1991), Smith e Peterson (1990), sobre a liderança, fundamentam essa proposta.

CONCLUSÕES CENTRADAS NOS ALUNOS

1. Paralelamente ao estilo docente, tentei definir o *estilo de aprender* como aquele modo predominante – analítico ou global – que o aluno tem de enfrentar as tarefas de aprendizagem: lembrar, tomar informação, estudar, realizar tarefas de aula e as verificações de controle ou provas. Ao contrário do que se poderia esperar, a tendência para a globalidade ou para a seqüencialidade e a análise não é constante. Enquanto existe uma crença generalizada de se lembrar melhor as informações visuoespaciais, rítmicas e idéias gerais (global) frente às auditivo-verbais, numéricas e pontuais (analítico), é patente o predomínio das ações seriais, seqüenciais e analíticas no resto das atividades. Assim, pelo que se refere às explicações do professor, os alunos preferem que estas sigam um roteiro ou esquema em vez de carecerem dele, ou que o professor relacione o tema com coisas já explicadas em vez de fazê-lo com coisas novas. Na realização das tarefas de aula, valorizam mais o cuidado para evitar os erros que a rapidez. Preferem não se arriscar a cometer erros. Ao estudar para um exame, desagrada-lhes misturar temas diferentes, ao mesmo tempo em que reconhecem interpretar a seu modo a informação mais que memorizá-la. Também preferem, nas verificações de controle, começar pelas perguntas que sabem melhor, em vez de fazê-lo por ordem de apresentação.

2. Não deixa de ser interessante que, enquanto a *variável sexo* apenas introduz diferenças nos itens que configuram o estilo docente, dá espaço para diversas variantes no estilo de aprender. A idéia geral que pode se extrair de nossa análise é que as meninas são mais inclinadas que os meninos a exibir condutas referentes a "bons estudantes": aplicação, atenção, análise, interesse pelo específico, seguir as instruções de professor(a), etc. Os meninos, pelo contrário, tendem a exaltar a globalidade, a independência, a variação, as semelhanças, etc. Sem dúvida, é preciso ainda romper com muitos padrões familiares e sociais que se abrigam em modos diferentes de fazer e pensar por razão de sexo. Em minha experiência docente com estudantes do ensino médio e da educação profissional pude constatar tais diferenças, de modo que um grupo de meninas altamente motivadas chegava a criar um clima de superação que não se encontrava onde as meninas eram minoria.

3. Entre os estudantes é maior a tendência a utilizar o *código numérico* que entre os professores. Sua pontuação média é ligeiramente superior em matemática e significativamente mais alta em ciências sociais. O fato de utilizar o código verbal não significa que se qualifique mais alto. Pelo menos em ciências sociais, 50% dos que utilizavam o código o qualificam de muito bom e excelente, enquanto somente alcança 15% entre os que qualificam com o código verbal. Ocorre maior dispersão em ciências sociais que em matemática.

4. No que se refere às *anotações*, os alunos costumam seguir linhas de avaliação aprendidas com os professores. Contudo, existem variações, como a insistência em pontuações parciais e localização do erro, diminuindo, pelo contrário, os comentários. Os erros ortográficos são mais corrigidos e, em matemática, os de ordenação ou execução. Isso nos faz pensar que se dá mais atenção aos erros formais que aos conceituais e de omissão. Intuo que no ensino da língua predomina um enfoque excessivamente estrutural, gramatical, em detrimento de sua dimensão comunicativa, vivencial, narrativa, criativa, e, em suma, configuradora do pensamento. Não se está utilizando todo o potencial cognitivo que leva consigo a aprendizagem da língua. Por outro lado, as freqüentes incorreções achadas nas redações nos indicam que os professores tampouco adotam o rigor de outros tempos, quando três erros ortográficos eram motivo suficiente para reprovar em uma prova de ingresso ao antigo ginásio. O que se ganhou e o que se perdeu com o sistema atual? Eis uma questão a mais para se resolver.

5. No pensamento dos estudantes *coexistem dois conceitos contrapostos*: o caráter penalizador, e portanto evitativo dos erros, e sua dimensão construtiva. Os erros mantêm fortes conotações regressivas em relação às provas; ao mesmo tempo, os alunos falam deles como instrumento de aprendizagem. "É ruim se enganar nas provas, porque baixam a nota da gente", escreve um. "Para mim" – diz outro –, "o erro é o começo para aprender uma coisa, porque, depois que você se equivocou, entende melhor". Uma idéia muito repetida é a de que, quando a pessoa se engana, pode *aprender, se evita* cair de novo no mesmo erro. *Aprender e evitar* são, portanto, duas ações complementares sobre os erros. Os elementos mais ligados aos erros são: os professores, os alunos, as provas, a escola ou o conjunto de todos eles. Alguns apontam o sistema educacional.

Recapitulando: com o estudo dos erros aprendemos sobre seu caráter interdisciplinar e humano, já que onde se dá uma ação ou um pensamento humano existe possibilidade de errar; sobre sua relatividade, de modo que o que se considera certo em um contexto é taxado de errôneo em outro, e o que é um grave erro para uns, para outros não o é tanto. Aprendemos sobre os erros como escola de tolerância e compreensão dos demais mediante a reflexão sobre nossas próprias falhas ou nossos próprios equívocos; sobre o caráter processual e adaptativo às diferenças individuais, assim como instrumento para avaliar procedimentos e estratégias cognitivas; sobre a conveniência de se prestar mais atenção aos diferentes tipos de erros; sobre a interação sociocognitiva entre professores e alunos ou alunos entre si, facilitando uma aprendizagem compartilhada; sobre sua dupla consideração: evitativa e construtiva, que o professor só muda quando se compromete, não sendo suficiente o conhecimento nem a atitude esporádica. Aprendemos que a atribuição intrínseca é uma via necessária para remover os erros; que a avaliação das aprendizagens deve ser entendida como um processo interpretativo, em que influem tanto os resultados quanto a interpretação que dele o avaliador realiza; que é necessário revisar sempre o sistema atual de avaliação das aprendizagens tornando-o mais diversificado, multidimensional e coerente com a extensão atual da aprendizagem a conhecimentos, habilidades e atitudes.

Quanto à análise empírica de algumas variáveis, constata-se: que existe uma tendência a utilizar o código numérico mais que o verbal; que nenhuma das condições pessoais, profissionais, contextuais nem cognitivas parece influir decisivamente na qualificação verbal, mas sim na qualificação numérica. Pelo contrário, as anotações no exercício de matemática parecem guardar relação com idade, sexo, experiência, escola e principalmente com a formação pedagógica. Foi principalmente a formação pedagógica dos professores a que maior incidência teve na consideração formativa da avaliação. A heterogeneidade é um dado comprovado, de tal modo que um mesmo exercício obtém desde a mais baixa até a mais alta qualificação. A utilização do código numérico ou verbal não parece guardar relação com o estilo analítico ou globalizador, como tínhamos suposto, pelo menos com os instrumentos utilizados. O conteúdo das anotações e dos comentários é diferente em matemática e ciências sociais, destacando-se no primeiro caso a localização dos erros e as chamadas de atenção, enquanto em ciências sociais se centram na correção ortográfica e léxica. No que se refere às variáveis cognitivas, o *estilo inovador* é o melhor definido, destacando-se também nele os que têm estudos pedagógicos. Um projeto de inovação seria mais viável se entre os participantes existissem pessoas com formação pedagógica.

Enquanto existe uma crença generalizada entre os alunos de que lembram melhor as informações que têm a ver com um estilo global, é patente o predomínio das ações seriais e seqüenciais em outras atividades, como acompanhar as explicações, estudar, realizar tarefas ou provas. Nesses casos predominam as operações analíticas. Também detectamos certas diferenças no estilo de aprender por razão de sexo, de modo que as meninas se inclinam por atuações mais receptivas e analíticas, enquanto os meninos valorizam mais a independência, a semelhança e a globalidade. A excessiva incidência nos erros de caráter formal, executivo, ortográfico e léxico nos faz pensar que não se presta a devida atenção às idéias e não se está utilizando todo o potencial cognitivo que a aprendizagem de matérias como língua e ciências sociais levam consigo.

Em suma, diríamos como Popper: devemos *mudar nossa atitude para com os erros*. Aqui deveria começar a reforma prática da ética. Um princípio básico é que, para evitar equívocos novamente, devemos aprender com nossos próprios erros. O estudo dos erros abre espaço a uma nova filosofia frente à vida, a uma nova disposição para enfrentar os desacertos, a uma nova ética profissional do docente. Enfim, nunca imaginei que poderiam se dizer tantas coisas construtiva sobre o erro. Mas a mais importante de todas é sem dúvida a *tolerância*. Agora compreendo por que o maior erro está em achar que a gente não se engana.

QUESTÕES PARA FUTURAS PESQUISAS SOBRE OS ERROS NOS PROCESSOS DE ENSINO-APRENDIZAGEM

Do que foi escrito até aqui parece se evidenciar que o tema pode proporcionar *uma nova linha de pesquisa*. Existe um corpo teórico estreitamente vinculado aos processos cognitivos e particularmente aos estilos, mas também às tarefas escolares e à avaliação formativa. É um campo conceitual em que se cruzam teoria e prática, já que faz parte da atividade habitual do ensino. Os erros acompanham freqüentemente o processo de aprender e são inseparáveis das tarefas avaliativas.

As próximas questões, que agrupo em torno de elementos curriculares, nos permitem apreciar a variedade de incógnitas ainda por resolver e supostas hipóteses. Não estamos diante de um tema pontual, senão que, como as tarefas escolares ou as práticas docentes, aglutinam pontos de vista teóricos e um modo específico de entender a prática educativa baseada na atividade indagadora do aluno. Fischer e Lipson (1986) se colocam diversas questões sobre os erros dos estudantes, embora não cheguem a respondê-las completamente.

a) Sobre os *pressupostos teóricos e a realidade educativa*:
- O erro, de categoria punitiva a consideração didática. Que pressupostos teóricos subjazem nessa mudança de concepção?
- Aproximação interdisciplinar ao erro. Os erros humanos a partir de uma perspectiva filosófica, cultural e antropológica. Que consideração têm os erros nas diferentes culturas? Como se reage em cada uma diante deles?
- Aproximação psicológica ao erro. Por que algumas pessoas cometem mais erros que outras? Que fatores psicológicos influem mais nos erros? De que modo incidem as aptidões mentais, o caráter e a concentração?
- Erros e estilos cognitivos. Que relação guarda o silêncio cognitivo com o número e tipo de equívocos cometidos?
- Aproximação social. De que modo o grupo influi nos erros e em seu evitamento? De que maneira pode o grupo contribuir para melhorar os níveis de compreensão e de execução de tarefas?
- A atenção didática aos erros como veículo de formação dos professores e inovação educativa. Como desenvolver um projeto dessa natureza?
- Os erros como estratégia para organizar o ensino em torno de grupos homogêneos. Que efeitos produziria a formação de grupos em sala de aula que atendessem aos erros mais freqüentes?

- Qual é a opinião e a atitude de professores, alunos e pais diante dos erros? Como os erros são avaliados em nossas escolas?
- É adequado o termo *erro* para significar a regulação do pensamento?
- Quando os erros no ensino são úteis?
- A consideração e importância atribuída a eles é relativa, variando com o contexto e o meio social em que ocorrem e as pessoas que os avaliam.

b) *Sobre o discente ou educando*:
- Como os estudantes podem *aprender* com seus *erros*?
- Por que as crianças se enganam em tarefas ou *operações conhecidas*? Os adultos se enganam do mesmo modo?
- Que tipos de erros são *mais freqüentes*? E por quê? Como evitá-los?
- Como *manejar o processo* de pensamento para reduzir os erros de conceito, organização e execução?
- De que modo incide o *domínio de um conhecimento* nos tipos e nas retificações dos erros?
- Que aspectos do *meio* influem mais nos erros de aprendizagem?
- Em que sentido os erros são o *termômetro* das realizações e das deficiências na aprendizagem?
- O erro como instrumento *diagnóstico* do desenvolvimento. Como muda com a idade? Como elaborar uma escala baseada na quantidade e nos tipos de erros cometidos?
- O erro e as *diferenças individuais*. Que características do estudante influem mais nos erros que comete?
- As *repercussões sociais* dos erros. Os erros têm o mesmo sentido para a criança e o adulto? Afetam de igual modo a uns e a outros?
- Processo de *retificação* dos erros. Como realizá-lo na aula?
- Por que algumas crianças cometem repetidamente os *mesmos erros*? Como atuar em tais casos?
- De que modo a *análise dos erros* pode nos ajudar a compreender os mecanismos de aprendizagem?
- Os erros em situação de *aprendizagem não-escolar*. Os erros têm a mesma consideração e importância que na aprendizagem escolar?

c) *Sobre o docente ou formador*:
- O que os professores fazem diante dos erros dos alunos?
- O que os erros mostram dos alunos para os professores? Como os professores utilizam tal informação?
- Que presunções errôneas fazem parte do pensamento dos professores?
- De que modo os professores podem utilizar e tirar partido dos erros dos alunos?
- Que relação guarda o estilo docente com o tratamento dos erros?

– Que consideração os formadores atribuem aos erros? Como fazer uso didático dos erros no ensino não-formal?

d) *Sobre a metodologia*:
– Que relação existe entre o método de ensino e os erros cometidos pelos alunos?
– A utilização dos erros como estratégia de ensino com sujeitos que têm dificuldades na aprendizagem e sujeitos de educação especial. Por que estes sujeitos se enganam mais?
– Como influi a aprendizagem grupal na atitude de evitar os erros?
– Valor heurístico dos erros na situação de solução de problemas. Qual é seu papel, tipos, conseqüências, tratamento?
– Utilização dos recursos informáticos e tratamento dos erros. Erros de programação *(bug)*. Os erros na aprendizagem da linguagem LOGO. Seu valor heurístico.

e) *Sobre os conteúdos*:
– Análise dos erros nas tarefas escolares. De que modo o conteúdo da tarefa influi nos erros?
– Análise dos erros e tratamento didático na aprendizagem de matemática e ciências sociais.
– Análise dos erros e tratamento didático na aprendizagem de língua.
– Análise dos erros e tratamento didático na aprendizagem de idiomas e segundas línguas.
– Análise dos erros e bilingüismo. Inferências lingüísticas.
– Análise dos erros e tratamento didático na aprendizagem das ciências sociais.
– Análise e tratamento dos erros em outros conteúdos de aprendizagem de caráter conceitual ou de habilidade.

f) *Sobre a avaliação*:
– O tratamento didático dos erros nas provas. É possível avaliar e qualificar sem penalizar o erro?
– O tratamento didático dos erros e a avaliação formativa. Como utilizar os erros na avaliação formativa?
– Os tipos de erro como indicadores do processo de raciocínio e aprendizagem.
– Análise dos erros como método de avaliação curricular.
– Tempo e avaliação dos erros de execução. Como reduzir os erros de execução?
– Métodos para controlar os erros e estudos da mudança organizativa.
– Estilo avaliador e tratamento do erro.

Estas e outras perguntas sugerem um amplo campo de hipóteses que nos permitem falar de uma linha de pesquisa sobre o tratamento didático dos erros na aprendizagem. Os erros nos proporcionam informação que é necessário utilizar antes de rejeitá-los como algo negativo. De Bono foi mais longe ao afirmar: **"Equivocar-se costuma ser essencial para a criatividade"**. É que o novo costuma estar fora do conhecido e habitual.

Anexo

Seu estilo de aprender

Nome completo _____ Curso _____ Grupo _____
Escolaridade _____ Idade _____ Sexo _____ Escola _____ Data _____

Situe-se nas seguintes escalas, entre A e E, conforme você se considere mais ou menos próximo ao conceito descrito em cada par de frases. Você deve se guiar por suas preferências ou por seu habitual modo de proceder e *pôr um xis na linha correspondente*. Se houver engano, anule a resposta com um círculo. Não há respostas melhores ou piores, mas modos diferentes de proceder e de realizar as tarefas docentes. O questionário deve ser lido por linhas ou pares de conceitos.

Exemplo
A B C D E
Gosto de estudar sozinho ....

Lembra melhor as informações de tipo:
A B C D E

1. Auditivo (o que ouve)	Visual ou tátil (o que vê e toca)
2. Verbal ou semântico (as palavras)	Espacial ou figurativo (imagens)
3. Numérico	Rítmico e de movimento
4. Fatos específicos.	Idéias gerais
5. Diferenças entre as coisas	Semelhanças entre as coisas

(Continua)

(Continuação)

Acompanha melhor as explicações do professor se:
A B C D E

6. Faz um esquema ponto por ponto	Explica coisas fora do roteiro
7. Expõe fatos específicos	Expõe idéias gerais
8. Aponta as diferenças entre os .... fatos específicos	Aponta as semelhanças entre conceitos
9. Relaciona o tema com coisas .... já conhecidas	Relaciona o tema com idéias novas
10. Faz perguntas específicas sobre .... o explicado	Faz perguntas para pensar

Ao realizar as tarefas de sala de aula:
A B C D E

11. Começa pelas mais urgentes	Começa pelo que mais gosta
12. Examina as tarefas antes de começar	Começa a fazer direto
13. Prefere tarefas de perguntas curtas .... e fechadas	Prefere tarefas de perguntas livres
14. Procura ser cuidadoso nos trabalhos	Procura ser rápido
15. Prefere que o professor diga como .... quer exatamente os trabalhos	Prefere que o professor não estabeleça normas para a realização dos trabalhos

Ao estudar para uma prova:
A B C D E

16. Não gosta de misturar temas	Gosta de misturar temas
17. Faz resumos do conteúdo	Faz esquemas do conteúdo
18. Faz muitos itens com pouca .... informação	Faz poucos itens gerais com muita informação
19. Retém os temas o melhor que pode	Interpreta a seu modo a informação
20. Especifica e precisa a informação .... para não confundi-la com outra	Associa-a ou compara-a com outras informações recebidas

Nas provas ou verificações de controle:
A B C D E

21. Prefere as de ciências ou matemática	Prefere as de língua e ciências sociais
22. Prefere que sejam de respostas curtas	Prefere que sejam de resposta livre
23. Pensa nas respostas antes de responder	Vai pensando conforme escreve
24. Responde às perguntas em ordem	Começa pelas que sabe melhor
25. Escreve só aquilo que lembra	Inventa algo quando não lembra

Agora temos uma prova de matemática de um aluno de 6ª série. Corrija esta prova como se fosse o professor e lhe dê notas.

Sua nota é _____ .

Aprender com os erros | **231**

1. Escreva três frações que representem números inteiros e três que representem decimais:

   $\frac{3}{4} ; \frac{4}{5} ; \frac{5}{6}$ y $\frac{4}{2} ; \frac{6}{3} ; \frac{8}{4}$

2. Quando uma fração vale mais que a unidade?

   Quando o número de cima é maior que o de baixo. Por exemplo, 5/6.

3. Faça as seguintes somas de frações:

   $4/3 + 73 = \frac{4+7}{3} = \frac{11}{3}$

   $5/4 + 6/3 = \frac{5 \times 3}{4 \times 3} + \frac{6 \times 4}{4 \times 3} = \frac{15}{12} + \frac{24}{12} = \frac{39}{12} = \frac{10}{4}$

4. Escreva as seguintes frações, da maior para a menor:
   4/6; 8/8; 2/4; 5/5; 9/3

   $\frac{9}{3} > \frac{8}{8} > \frac{5}{5} > \frac{4}{6} > \frac{2}{4}$

5. Faça as seguintes subtrações de frações:

   $4/6 - 5/6 =$ *Não é possível, porque daria negativo.*

   $6/4 - 3/2 = \frac{6 \times 2}{4 \times 2} - \frac{4 \times 3}{4 \times 2} = \frac{12}{8} - \frac{12}{8} = \frac{0}{8}$

Qualifique a seguinte pergunta de ciências sociais de um aluno de 4ª série do ensino fundamental. Sua nota seria _____ .

Explique o que você sabe sobre os vulcões

Os vulcões formam grandes buracos sobre as montanhas. Quando está em erupção, saem pedras e terra quente, porque dentro há fogo que destrói tudo como em um grande incêndio. A boca negra que se abre se chama cratera, o que sai de cima dela se chama lava.

Referências

Alonso, J. (1991): *Motivación y aprendizaje en el aula. Cómo enseñar a pensar.* Madri, Santillana.

Amato, A. (ed.) (1981): *Analisi contrastiva e analisi degli errori. Problemática,* Roma, Bulzoni.

Anderson, R. C. et al. (1987): *Do Errors on Classroom Reading Tasks Slow Growth in Reading? (E. em Língua)*, Cambridge (III): U. Urbana Center.

Arce, J. L. (1973): *El problema del error en Descartes. (E. em Filosofia),* Madri, Universidade Complutense, Tese de doutorado.

Asimov, I. (1989): *La relatividad del error,* Barcelona, Planeta.

Bardin, L. (1986): *L' Analise de contenu,* Paris, PUF, Reedición, 1980.

Barrón, A. (1989): "Similitudes entre psicogénesis del conocimiento en el sujeto y la historiografía del conocimiento científico", na *Revista Española de Pedagogía,* 183, págs. 315-336.

Baudelot, Ch. e Establet, R. (1990): *El nivel educativo sube,* Madri, Morata.

Bavelas, J. B.; Black, A.; Chovil, N.; Mullett, J. (1990): *Equivocal Communication,* Londres, Sage.

Benedito, V. (Dir.) (1986): *Plà experimental d'introducció de la informàtica a la EGB. Informe de Progrès,* Barcelona, ICE.

Benetido, V. (Dir.) (1986): *Plà experimental d'introducció de la informàtica a la EGB. Informe de final,* Barcelona, ICE.

Benetido, V. (Dir.) (1987): *Introducción a la Didáctica,* Barcelona, Barcanova.

Benetido, V. e Torre, S. de la (1990): "Seguimiento del Plan Experimental de Introducción de la Informática en la EGB através de LOGO", *Infodicac,* nº 10, p. 35-42.

Benetido, V.; Bordas, I; Torre, S. et al. (1988): *Innovación en el aprendizaje universitario,* Barcelona, P. P. U.

Beretta, Alan (1989): "Attention to Form or Meaning? Error Treatment in the Bangalore Project, *Tesol Quarterly,* vol. 23 (2), p. 283-303.

Bickerton, D. (1971): "Cross-level Interface: The Influence of L1 Structure on L2 Morph Error", em Perren e Trimm (eds.), *Applications of Linguistics,* Cambridge, Cambridge University Press, p. 133.

Birdsong, D. e Kassem, M. A. (1988): "Teachers 'and Students' Evaluations of Foreign Language Errors: a Meeting of Mind?", *The Modern Language Journal,* vol. 72., p. 1-12.

Booth, L. R. (1984): *Algebra: Children's Strategies and Errors,* Londres, NFER Nelson.

Bossuet. G. (1985): *La computadora en la escuela,* Buenos Aires, Paidós.

Bransford, J. e Stein, B. S. (1987): *Solución ideal de problemas. Guía para mejor pensar, aprender y crear,* Barcelona, Labor.

Bruner, J. S. (1985): *En busca de la mente,* México. F. C. E.

Bruner, J. S. (1991): *Actos de significado,* Madri, Alianza.

Bunge, M. (1986): *Intuición y razón,* Madri, Tecnos.

Burger, J. M. (1991): "Changes in Atributions Over Time: The Ephemeral Fundamental Attribution Error", *Social Cognition,* vol. 9 (2), p. 182-193.

Cairns, E. e Cammock, T. (1978): "Development of a more reliable version for the Matching Familiar Figures Test", *Development Psychology,* vol. 14, p. 555-560.

Casavola, H. e outros (1983): "El rol constructivo de los errores en la adquisición de conocimientos", *Cuadernos de pedagogía,* 108, p. 49-54.

Casavola, H. M.; Castorina, J. A.; Fernández, S.; Lenzi, S. (1988): "El rol constructivo de los errores en la adquisición de conocimientos", em Castorina, J. A. e outros, *Psicología genética. Aspectos metodológicos,* Buenos Aires, Miño y Dávila, p. 43-63.

Chalmers, A. F. (1984): *¿Qué es esa cosa llamada ciencia?,* Madri, siglo XXI.

Clinchy, B. e Rosenthal, K. (1981): "Análisis de errores infantiles", em Lesser, G. S. (ed.), *La psicología de la práctica educativa,* México.

Cobos Gómez, M. A. (1987): *Presupuestos del error sobre la prohibición.* (E. jurídico), Madri, Eds. de Derecho reunidas.

Coll, C. (1990): *Aprendizaje escolar y construcción del conocimiento,* Barcelona, Paidós.

Corder, S. P. (1967): "The Signicante of Learners' errors". (E. em língua), *IRAL: International Rev. of Applied Linguistics,* V, p. 161-170.

Corder, S. P. (1986): *Error analysis and Interlanguage.* (E. em língua), Oxford, Oxford Univ. Press.

Corral, A. (1986): "Errores, distorsiones y resistencia en el funcionamiento intelectual", *Cuadernos de Pedagogía,* nº 136, p. 49-51.

Courtis, J., *Cómo aprender de los propios errores en la gestión empresarial,* Bilbao, Deusto.

Crocker, R. D. (1986): "El paradigma funcional de los profesores", na *Revista de Innovación e Investigación Educativa,* nº 1, p. 53-64.

De Bono, E. (1973): *La práctica de pensar o cómo resolver problemas cotidianos,* Barcelona, Kairos.

De Bono, E. (1975): *Historia de los inventos,* Barcelona, Labor.

De Bono, E. (1988): *Seis sombreros para pensar,* Buenos Aires, Gránica.

De Cea, F. e Estebanell, M. (1988): *Orientations Metodologiques per Fer LOGO,* Barcelona, ICE.

De Giacinto, S. (1990): "Error", em Flores y d'Arcais, *Diccionario de Ciencias de la Educación,* Madri, Paulinas, págs. 879 e ss.

Dede, Ch. (1990): "Futures Research on Strategic Planning in Teacher Education", em Houston, W. R., *Handbook of Research on Teacher Education,* Nova Iorque, Macmillan, págs. 3-24.

Denker, H. (1983): *Error de diagnóstico.* (E. Literatura), Barcelona, Bruguera.

Doyle, W. (1990): "Themes in Teacher Education", em Houston, W. R., *Handbook of Research on Teacher Education,* Nova Iorque, Macmillan, págs. 3-24.

Dulay, H.; Burt, M. K. (1974): "Errors and Strategies in Child Second Language Adquisition", *Tesol Quartely,* vol. 8 (2), págs. 129-136.

Duskova, L. (1969): "On Sources of Error in Foreig Language Learning", *IRAL: International Rev. of Applied Linguistics,* VII, nº 1, págs. 11-36.

Entwistle, N. (ed.) (1990): *Handbook of Educational Ideas and Practies,* Londres, Routledge.

Entwistle, N. (ed.) (1990): *New Directions in Educational Psychology,* Londres, Falmer Press.

Entwistle, N. (ed.) (1988): *La comprensión del aprendizaje en el aula,* Barcelona, Paidós/MEC.

Entwistle, N. (1986): *Styles of Learning and Teaching,* Londres, J. Willey.

Evans, J. (1982): *The Psychology of Deductive Reasoning,* Londres, Routledge.

Fernández, G. (1987): *Los errores del cambio.* (E. Política), Barcelona, Plaza y Janés.

Fernández Pérez, M. (1988): *La profesionalización del docente,* Madri, Escuela Española.

Fernández Pérez, M. (1989): *Así enseña nuestra Universidad,* Madri, Librería Arias Montano.

Ferrán Salvado, J. M. (1990): "La corrección del error. Fundamentos. Criterios. Técnicas", em Bello P.; Feria, A. e outros, *Didáctica de las Segundas Lenguas.* (E. Língua), Madri, Santillana, págs. 282-300.

Fischer, K. M. (1986): "Twenty Questions About Student Errors", em *Journal of Research in Science Teaching,* vol. 23 (9), págs. 783-803.

Fontana, D. (1990): "Personality and Cognitive Style", em Entwistle, N. (ed.), *Handbook of Educational Ideas and Practices,* Londres, Routledge, págs. 981-991.

Fowler, W. S. (1992): *Errors: Analysis, Detection, Correction Teaching English as a Foreign Language,* Barcelona, documento xerocado.

French, J. C. (1949): *Common Errors in English: Their Cause, Prevention and Cure.* (E. Língua), Oxford, Oxford University Press.

Gil Pérez, D. (1987): "Los errores conceptuales como origen de un nuevo modelo didáctico: de la búsqueda a la investigación", *Investigación en la Escuela,* I, págs. 35-41.

Giordan, A. (1985): "Interés didáctico de los errores de los alumnos", *Enseñanza de las Ciencias,* 3, págs. 11-17.

Goetz, J. P. e Lecompte, M. D. (1988): *Etnografía y diseño cualitativo en investigación educativa,* Madri, Morata.

Goldstein, K. M. e Blackman, Sh. (1978): *Cognitive Style. Five Approaches and Relevant Research,* Nova Iorque, J. Wiley.

Goodman, L. e outros (1987): "LD Students' wrinting: Analyzing Errors", *Academic Therapy*, vol. 22 (5), págs. 456-461.

Guillén, A. (1980): *El error militar de las "izquierdas"*. (E. Política), Barcelona, Hacer.

Hayward, M. M. (1989): *Recent Trends in Error Treatment: An Annotaded Bibliography*, Pensilvânia, EDRS.

Hennings, D. G. (1978): *El dominio de la comunicación educativa*, Madri, Anaya.

Huber, G. e Marcelo, C. (1990): "Algo más que recuperar palabras y contar frecuencias: la ayuda del ordenador de análisis de dados cualitativos", *Bordon*, vol. 42 (4), p. 357-370.

Hull, Glynda (1987): "Current Views of Error and Editing" (E. didática língua), *Topics in Language Disorders*, vol. 7 (4), p. 55-65.

Izuzquiza, I. (1990): *La sociedad sin hombres. N. Luhmann o la teoría como escándalo*, Barcelona, Anthropos.

Johnson D. W. e Johnson, R. (1979): "Conflict in the Classroom: Controversy and Learning", *Review of Educational Research*, 12, Monográfico.

Kelly, B.; Gersten, R.; Carnine, D. (1990): "Student Error Patterns as a Function od Curriculum Design", *Journal os Learning Disabilities*, vol. 23 (1), p. 23-29).

Kirby, J. R. (1984): *Cognitive Strategies and Educational Performance*, Londres, Academic Press.

Kleiter. G. D. e Schyawarzenbacher, K. (1989): *Cognition*, vol. 32 (1), p. 255-277.

Klinck, P. A. (1984): "The Ecological Validity of Error Analysis & peer Correction, (E. Didática Língua), *Canadian Modern Language Review*, vol. 21 (2), p. 413-420.

Knifonfg, J. D. (1989): "Análisis de errores en Matemática", *Enciclopedia Internacional de la Educación*, Barcelona, V. Vives/ MEC.

Kogan, N. (1971): "Educational Implications of Cognitive Styles", em Lesser, G. S. (ed.), *Psychological and Educational Practice*, Scot (USA), Bleview.

Kogan, N. (1973): *Categorizing and Conceptualizing Styles in Younger and Older Adults*, Priceton, Educational Testing Service.

Kogan, N. (1976): *Cognitive Styles in Infancy and Early Childhood*, Londres, Erlbaum.

Khun, T. S. (1987): *La tensión esencial*, México, FCE.

La Fuente, M. (1982): *El último error*. (E. Literatura), Barcelona, Bruguera.

La Fuente, M. (1982): *Error de ventajista*. (E. Literatura), Barcelona, Bruguera.

Lakoff (1986): *Las metáforas de la vida cotidiana*.

Lamy, A. (1983): "Conceptualisation et pédagogie de la faute", *Le Françaíse dans le Monde*, nº 184.

Lamy, A. (1984): "Mes rendez-vous avec la faute", *Le Françaíse dans le Monde*, nº 185.

Latorre, A. (1990): "Representación cognitiva de la situación institucional en el profesor", *Revista de psicología de la Educación*, vol. 2 (3), p. 51-70.

Lennon, P. (1991): "Error and the Very Advanced Learner", *IRAL*, vol. 29 (1), p. 31-44.

Lennon, P. (1991): "Error: some Problems of Definition, Identification and Distintion", *Applied Linguistic*, vol. 12 (2), p. 1280-196.

Leplat, J. (1989): "Error Analysis Instrumental and Object of Task Analysis", *Ergonomics,* vol. 32 (7), p. 318-822.

Luria, S. E. (1986): *Autobiografía de un hombre de ciencia,* México, FCE.

Mallart, J. (1991): "La creatividad en la expresión escrita comunicativa", em Marín, R. e Torre, S. (Dirs.), *Manual de la creatividad*, Barcelona, Vicens Vives, p. 370-379).

Marcelo, C. (1992): "Dar sentido a los datos. La combinación de perspectivas cuantitativo-cualitativas", *Revista Educación.*

Martí, E. (1987): "La búsqueda del error. La explotación positiva de algo aparentemente negativo, según una experiencia", *La Vanguardia,* Suplumento, 22 de março de 1987.

Martínez, J. M. e outros (1990): *Hacia un enfoque interpretativo de la enseñanza,* Granada, Servicio de Pub. Universidad.

Messick, S. (1990): "Style in the Interplay of Structure and Process", em Entwistle, N. (ed.), *New Directions in educational Psychology,* Londres, Falamer Press, p. 93-96.

Miller, A. G. e Lawson, T. (1989): "The Effect of an Informational Option on the fundamental Attribution Error", *Personality and social psychology Bulletin,* 15 (2), p. 194-204.

Miller, A. G.; Ashton, W. e Mishal, M. (1990): "Beliefs Concerning the Features of Constrained Behavior: a Basis for the Atribution Error", *Journal of Personality and Social Psychology,* 59 (4), p. 635-650.

Milles, M. B. e Huberman, M. (1984): *Qualitative Data Analysis,* Nova Iorque, Plenum Press.

Moore, R. L. e Rust, J. O. (1989): "Printing Errors in the Prediction of Academic Performance", *The Journal of School Psychology,* vol. 27, p. 297-300.

Moreno, M. (1986): "Ciencia y construcción del conocimiento", *enseñanza de las Ciesncias,* 4 (1), p. 57-63.

Morrison, P. e Noble, G. (1984): Tolerant Sftware for thje Recognition of User-defined Commands in a Data-base Environment, *Behavior and Information Technology,* vol. 3 (1), p. 3-12.

Muñoz Conde, F. (1989): *El error en derecho penal.* (E. Jurídico), Valência, Tirant lo Blanch.

Nikerson, R. S., Perkins, D. N. e Smith, E. E. (1987): *Enseñar a pensar. Apesctos de la aptitud intelectual,* Barcelona, Paidós-MEC.

Nikerson, R. S. (1986): *Reflections on Reasoning,* Hillsdale (NJ): LEA.

Nikerson, R. S. (1985): "Understanding", *American Journal of Education,* vol. 93, p. 301-309.

Nisbet, J. e Shucksmith, J. (1987): *Estrategias de aprendizaje,* Madri, Santillana.

Nisbett, R. E. e Ross, L. (1980): *Human Inferencie: Strategies and Shortcoming of Social Judgement,* Englewood Cliffs, Printice-Hall.

Noel, B. e Baligand, F. (1984): "Analyse des Resultans aux Items du GEFT/Item Analysis of the GEFT, *Sciencia Pedagogica Experimentalis,* vol. 21 (2), p. 225-236.

Norrish, John (1983): *Language Learner and Their Error.* (E. Linguagem), Londres, Macmillan.

Novack, J. D. (1988): "Constrcutivismo humano: Un consenso emegente", *enseñanza de las ciencias,* vol. 6 (3), p. 213-223.

Referêcias

Novack, Erich (1988): *Deterministic and Stochastic Error Bounds in Numetical Analysis.* (Estatística), Berlim, Springer.

Oudot, J. (1982): *L'erreur,* Lyon, Jean Pierre Revillard.

Palazzi, F. e Filippi, S. (1984): *El libro de los mil sabios,* Madri, Dossat.

Perkins, D. N.; Allen, R.; Hafner, J. (1983): "Difficulties in Everyday Reasoning", em Maxwell (Comp.), *Tinking,* Filadélfia, The Franklin Institute Press.

Perkins, V. L. (1988): "Feedback Effects on Oral Reading Errors of Children with Learning Disabilities" (E. educação especial), *Journal of Learning Disabilities,* vol. 21 (4), págs. 244-248.

Perrenoud, Ph. (1990): *La construcción del éxito y del fracaso escolar,* Madri, Morata.

Peyrato, L. (1985): *La interferencia lingüística,* Barcelona, Pub. De la Abadía de Montserrat.

Piaget, J. (1981): *Epistemología genética y equilibración,* Madri, Fundamentos.

Piaget, J. (1978): *Investigaciones sobre la contradicción,* Madri, Siglo XXI.

Pierre, A. (1990): "Acquisition Errors in the Absence of Experience", *Behavioral and Brain Science.*

Popper, K. (1991): "La sociedad abierta, hoy", *La vanguardia,* 15 e 16 de novembro de 1991.

Popper, K. (1991): "Los doce principios para una nueva ética", *El País,* terça-feira, 29 de outubro de 1991.

Postlethwaite, T. N. (1989): "Análisis de errores com,o método de evaluación del currículum", em Postlethwaite, T. N. (ed.), *Enciclopedia Internacional de la Educación,* Barcelona, V. Vives/MEC, págs. 196-197.

Radatz, H. (1979): "Error Analysis in Mathematic Education", *J. Research of Mathematic education,* nº 10, págs. 163-172.

Rasmussen, J.; Dunkan, K.; Leplat, J. (1987): *New Tecnology of Human Errors,* Chichester, J. Willey.

Rearson, J. (1987): "A Framework for Classifiying Errors", em J. Rasmussen (ed.), *Neu Technology and Human Erros,* Chichester, J. Willey.

Resnick, L. e Ford, W. (1990): *La enseñanza de la Matemática y sus fundamentos psicológicos,* Barcelona, Paidós/MEC.

Resnick, L. B. (1984): *Beyond Error Analysis: the Role of Understanding in School Arithmetic,* Pittsburg U.: Learning R. and D. Cent. (E. Didática matemática).

Richards, J. C. (1974): *Error analysis,* (E. Língua), Harlow: Longman.

Rivas, F. e Alcantud, F. 91989): *La evaluación criterial en la educación primaria,* Madri, MEC (CIDE).

Robinett, B., Schacheter, J. (1983): *Second Language Learning: Contrast, Analysis, Error Analysis,* Michigan (Mi); Ann Arbor.

Rodoreda, M. A. (1982): *El misterio de los anónimos: error judicial.* (E. LiteraturaO, Barcelona, Toray.

Rothenberg, A. (1987): "To Err is Human: the Role of Error in Creativity and Psychotherapy", em Scksteder, J. (ed.), *Attachment and the Therapeutic Process,* Medison, International Univ. Press, cap. 8.

Royce, J. R. e Powel, A. (1981): "Teoría multifactorial-sistémica", *Estudios de Psicología*, nº 4, p. 76-127.

Royce, J. R. e Powel, A. (1983): *Theory of Personality and Individual Differences. Factors, Systems and Process,* Eglewood Cliff (NJ), Prentice-Hall.

Rubio, A. E. (1991): "Popper pide a cinetíficos, políticos y periodistas que reconozcan lo ignorantes que son". *El País,* terça-feira, 29 de outubro de 1991.

Rudduck, J. (1991): *Innovation and Change,* Milton Keynes, Open University.

Sajavaara, J., em Postlethwaite, T. N. (ed.) (1989): "Análisis de errores de idioma extranjero", *Enciclopedia Internacional de la Educación,* Barcelona, V. Vives/MEC, p. 197-198.

Sánches del Río, C. (1989): *Análisis de errores,* Madri, Eudema.

Saterly, D. J. (1989): "Estilos cognoscitivos", *Enciclopedia Internacional de la Educación,* Barcelona, Vicens-Vives.

Segura Cámara, P. (1985): *Tratamiento de datos y análisis del error,* (informática), Barcelona, PPU.

Shaheen, A. R. (1984): "Errors and the Teaching of Literature", (E. Didática de literatura), *International Review of Applied Ling. Teach,* vol. 22 (4), p. 311-316.

Smith, P. e Peterson, M. (1990): *Liderazgo, organización y cultura,* Madri, Pirámide.

Snyders, G. (1976): *¿Adónde se encamina la Pedagogía si normas?,* Barcelona, Planeta.

Solís-Cámara, R. P. e Solís-Cámara, V. P. (1987): "Is the Matching Familiar Figures Test a Measure of Cognitive Style?", *Perceptual and Motor Skills,* vol. 64, p. 59-74.

Solís-Cámara, R. P.; Troyo, S. R.; e Solís-Cámara, V. P. (1983): "Relación entre los estilos de reflexión-impulsividad y el desempeño, en niños, de una tarea", *Salud Mental,* nº 6, p. 23-32.

Solzenicyn, A. I. (1982): *El error de Occidente,* (E. Literatura), Barcelona, Planeta.

Sorman, G. (1991): *Los verdaderos pensadores de nuestro tiempo,* Barcelona, Seix Barral.

Taylor, J. R. (1982): *An Introduction to Error Analysis: the Study of Uncertainties,* (E. Física), Mill Valley (Ca), U. Sicience Books.

Tirado, M. (1988): *Barbaridades en clase,* Ciudad Real, Perea Ediciones.

Torre, M. de la (1983): *La justicia se equivocó,* (E. Juficial), Barcelona, Heres.

Torre, S. de la (1984): *Creatividad plural,* Barcelona, PPU.

Torre, S. de la (1987): *Educar en la creatividad,* Madri, Narcea, 2ª edição.

Torre, S. de la (1988): *Estilos cognitivos y estrategias de aprendizaje,* Barcelona, Policopia.

Torre, S. de la (1989): *Aproximación bibliográfica a la creatividad,* Barcelona, PPU.

Torre, S. de la (1989b): "El contexto de la innovación didáctica", em González, A. P. (Dir.), *Estrategias para la innovación didáctica,* Madri, Uned., p. 279-391.

Torre, S. de la (1990): "Los estilos cognitivos en la formación del profesorado", *Infodiac,* nº 6, p. 35-43.

Torre, S. de la (1990b): "¿Qué comporta la formación del profesorado en informática educativa?", *Infodiac,* nº 2-3, p. 53-57.

Torre, S. de la (1991): "La técnica de ideogramación", em Marín, R. e Torre, S. (Dirs.), *Manual de cratividad,* Barcelona, Vicens-Vives.

Torre, S. de la (1991b): "Metodología heurística", em Marín, R. e Torre, S. (Dirs.), *Manual de cratividad,* Barcelona, Vicens-Vives, p. 169-189.

Torre, S. de la (1991c): "Evaluación de la creatividad", Madri. Escuela Española.

Torre, S. de la (1992): *Proyecto Docente e Investigador,* Barcelona, Inédito.

Torre, S. de la e Benedito. V. (1988): "Informática en la formación del professorat", em Aguareles, M. A. e outros, *L'Educació devant la informàtica,* Barcelona, PPU, p. 207-224.

Torre, S. de la; Benedito, V.; e De Cea, F. (1991): "El potencial cognitivo del lenguaje LOGO", *Infodiac,* nº 16, p. 20-26.

Torre, S. de la e Ferrer, V. (1991):"Los estilos sociocognitivos", *Aprender a Pensar,* nº 3.

Torre, S. de la e Mallart, J. (1989): "Estilos cognitivos y aprendizaje escolar", *Educação.* Porto Alegre, Brasil, nº 43-71.

Torre, S. de la e Mallart, J. (1991): "Estilos cognitivos y currículum", *Bordón,* nº 43 (1), p. 39-54.

Torre, S. de la e Onrubia, J. (1989): *Estilos cognitivos en el aprendizaje del lenguaje LOGO. Informe,* Barcelona, ICE (xerocado).

Torre, S. de la; Mallart, J.; Tort, Ll.; Rajadell, N.; Laffitte, R.; Olivier, G. (1993): "Tratamiento didáctico de los errores en la enseãnza", Barcelona, informe inédito.

Torre, J. (1991): *Currículo oculto,* Madri, Morata.

Tous, J. M. (1989): "Dimensiones de personalidad y estilos de procesamiento cognitivo", em Pueyo, A. e Tous, J. M., *Psicología diferencial y de la personalidad,* Barcelona, PPU, p. 311-368.

Vásquez, S. M. (1990): "Rendimiento escolar, estilos cognitivos y pensamiento formal", *Revista Española de Pedagogía,* nº 187, p. 461-479.

Villalonga, J. L. (1980): *La nostalgia es un error.* (E. Literatura), Barcelona, Planeta.

Voronkiov, V. (1979): *Errores típicos,* (em xadrez), Barcelona, Martínez Roca.

Walczyk, J. J. e Hall, V. C. (1991): "A Development Study of Children's Ability to Adopt Perspectives and Find Error in Text", *Contemporary Educational Psychology.*

Winograd, P. e Johnson, P. (1982): "Comprehension Monitoring and the Error Detection Paradigm", *Journal of Reading Behavior,* vol. 14, p. 61-76.

Yanger, S. J. e Smith, P. L. (1990): "Issues in Research on Teacher Education", em Houston, W. R. (ed.), *Handbook of Research on Teacher Education,* Nova York, Macmillan, p. 25-41.